"十四五"职业教育国家规划教材

跨境电子商务
创新型人才培养系列教材

U0734204

跨境
网店运营

·第2版·慕课版·

蔡文芳 / 主编

石雪娜 戎丹 / 副主编

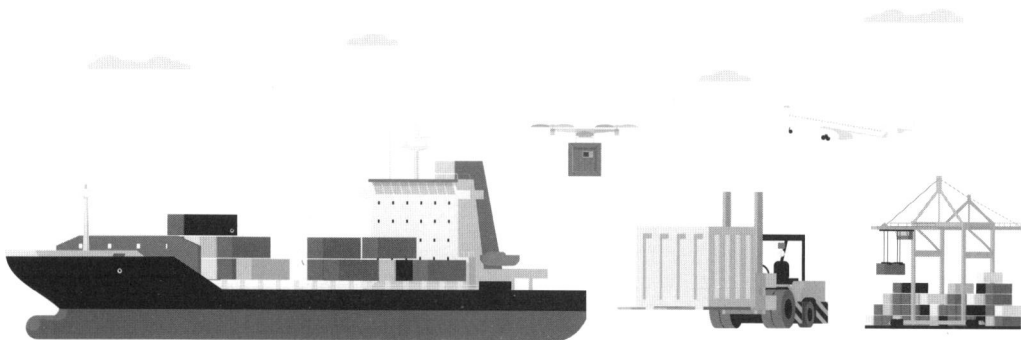

CROSS-BORDER
Electronic Commerce

人民邮电出版社

北京

图书在版编目（CIP）数据

跨境网店运营：慕课版 / 蔡文芳主编. -- 2 版.

北京 : 人民邮电出版社，2025. --（跨境电子商务创新型人才培养系列教材）. -- ISBN 978-7-115-67438-8

Ⅰ. F713.365.2

中国国家版本馆 CIP 数据核字第 2025M3C216 号

内 容 提 要

本书紧密对接跨境电商的发展和变革趋势，根据跨境网店运营岗位要求，以企业真实工作任务为载体，设立了前期准备工作、店铺呈现、视觉美工、店铺营销推广、店铺管理、店铺数据分析与优化、店铺整体运营、店铺财务管理 8 个模块。

本书选取全球速卖通、亚马逊等跨境电商平台的店铺运营为实践项目，并将跨境网店运营岗位技能要求、职业技能等级证书标准和跨境电商技能大赛要求融入理论学习和任务实践当中，内容丰富实用，既可以作为职业院校跨境电子商务、国际经济与贸易、商务英语等专业的教学用书，又可以作为跨境电商相关从业者的参考用书。

◆ 主　　编　蔡文芳

　　副 主 编　石雪娜　戎　丹

　　责任编辑　崔　伟

　　责任印制　王　郁　彭芯环

◆ 人民邮电出版社出版发行　　北京市丰台区成寿寺路 11 号

　　邮编　100164　电子邮件　315@ptpress.com.cn

　　网址　https://www.ptpress.com.cn

　　三河市祥达印刷包装有限公司印刷

◆ 开本：787×1092　1/16

　　印张：14.5　　　　　　　　　　2025 年 8 月第 2 版

　　字数：418 千字　　　　　　　　2025 年 8 月河北第 1 次印刷

定价：59.80 元

读者服务热线：(010)81055256　印装质量热线：(010)81055316

反盗版热线：(010)81055315

FOREWORD

////////////////////// 前　言 //////////////////////

2024 年 7 月 18 日，党的二十届三中全会通过《中共中央关于进一步全面深化改革、推进中国式现代化的决定》（以下简称《决定》）。《决定》指出，"强化贸易政策和财税、金融、产业政策协同，打造贸易强国制度支撑和政策支持体系，加快内外贸一体化改革，积极应对贸易数字化、绿色化趋势"。跨境电商作为外贸的新业态、新功能，已成为国家经济重点发展方向之一。

2024 年我国跨境电商进出口总额达 2.63 万亿元，同比增长 10.8%，出口表现尤为突出，出口规模位居全球第二。这表明我国的跨境电商产业已成为连接国内外市场资源的桥梁纽带、推动外贸货源提质的重要力量，显现出巨大的市场活力和增长韧性。如今，跨境电商市场竞争日益趋向白热化，品牌出海更加注重精细化、本土化，商品设计需要创新。直播电商、社交电商、内容电商等新模式开辟市场新赛道，企业供应链、产业链数字化转型升级，众多创新元素汇集于跨境电商领域。

伴随着跨境电商的发展，行业、企业对跨境电商人才的需求量也在不断增加。为此，各院校纷纷开设跨境电子商务专业，以支撑跨境电商行业更快更好地发展。在此背景下，我们对《跨境网店运营（慕课版）》进行了修订，以期更好地帮助读者和中小微企业进入跨境电商领域，开拓全球市场。

本书以跨境电商行业特点与人才要求为基准，结合新时代大学生学习、成长和发展的特点，围绕"诚信经营、货通天下、创新争先、务实进取、精益求精"5 个育人目标，培养能"抓住中国机遇、发挥中国智慧、做好中国商人、维护中国形象"的跨境电商人才。为此，书中按照跨境电商店铺运营的工作流程设立了 8 个学习模块，分别为前期准备工作、店铺呈现、视觉美工、店铺营销推广、店铺管理、店铺数据分析与优化、店铺整体运营、店铺财务管理。本书的特点如下。

1. 坚持产教融合、技能培养与创新创业相结合的编写理念

本书把共建"一带一路"倡议和区域经济发展理念融入其中，致力于服务地方经济建设，培养复合型跨境电商人才。

2. 校企"双元"合作开发

本书由浙江省高校"双带头人"教师党支部书记工作室负责人蔡文芳教授领衔，联合多校专业教师和跨境电商企业专家共同完成，确保教学内容与企业实际运营过程对接，提高学生的岗位胜任力。

3. 采用新形态一体化编写体例

本书采用理论与实践结合的编写模式，每个模块都包含学习目标、思维导图、项目背景、知识储备、任务实施、岗位素养提升、技能训练7部分内容。扫描正文旁的二维码可获取对应的数字化教学资源。

4. "岗课赛证"综合育人

本书基于跨境电商运营岗位的工作过程构建内容框架；以企业真实工作任务为载体，选取主流跨境电商平台的店铺运营为实践项目；将跨境网店运营岗位技能要求、职业技能等级证书标准和跨境电商技能大赛要求融入理论学习和应用实践项目当中。

5. 纸质教材配套优质线上资源

本书将信息技术和形式创新相结合，配套国家精品在线开放课程等线上教学资源，丰富了纸质教材的内容呈现形式；并通过视频、主题讨论、案例分析、经验分享等新形态展现，供授课教师进行混合式教学、翻转课堂等教学改革，实现教学线上线下融合。

本书相关的线上课程"跨境电商之速卖通"（2020年国家精品在线开放课程）、"跨境网店运营"（2022年职业教育国家在线精品课程）分别在爱课程、智慧职教平台上开课多期，相关课程资源也在不断更新，建议有条件的院校利用该课程资源尝试混合式教学。

本书共8个模块，模块一、模块四、模块七由蔡文芳（宁波城市职业技术学院）、石雪娜（宁波聚垚电子商务有限公司）、林巧（宁波城市职业技术学院）编写，模块二由蔡文芳、沈元（宁波市职业技术教育中心学校）、戎丹（宁波城市职业技术学院）编写，模块三由李岚（宁波城市职业技术学院）编写，模块五由蔡文芳、李孟娜（桂林理工大学南宁分校）编写，模块六由蔡文芳、欧阳莲英（厦门软件职业技术学院）编写，模块八由蔡文芳、陆菁菁（宁波城市职业技术学院）和郑英英（宁波城市职业技术学院）编写，最后由蔡文芳完成全书的统稿工作。在编写过程中，编写组成员得到了东莞市彤鑫实业投资有限公司张何文总经理、宁波索莱贸易有限公司许云扬总经理和宁波思逸倍欣进出口有限公司孙琴经理的大力支持，在此一并表示感谢！

在编写本书的过程中，编者参考、引用了部分出版物中的相关资料以及网络资源，在此对这些资料的作者表示感谢！

本书配套的教学资源包括课件、慕课视频、习题答案、教学大纲、教案等，教师可登录人邮教育社区（www.ryjiaoyu.com）下载。

由于跨境电商行业发展迅速，编者的水平和经验有限，书中难免有疏漏之处，敬请广大读者批评指正。

蔡文芳

2025年5月

CONTENTS

///////////////// 目　　录 /////////////////

模块一

前期准备工作

学习目标

知识目标
- ➤ 掌握跨境电商市场调研的方法
- ➤ 掌握跨境电商选品的方法与渠道
- ➤ 了解跨境电商账号注册和开店流程

技能目标
- ➤ 能够根据目标市场调研情况分析市场需求和客户定位
- ➤ 能够根据店铺定位、资源配置等条件进行选品
- ➤ 能够根据不同平台的规则做好店铺运营准备工作

素质目标
- ➤ 通过对跨境电商运营的整体认识，从跨境电商机理来理解"人类命运共同体"的精神内核，领会"和平合作、开放包容、互学互鉴、互利共赢"的丝路精神
- ➤ 通过对选品与采购知识的学习，树立质量意识和品牌意识
- ➤ 通过对运营准备知识的学习，形成规则意识

思维导图

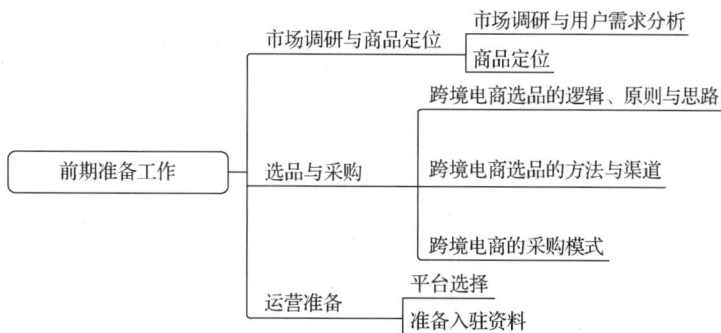

项目背景

　　近年来，随着国内消费市场趋于饱和，极具发展潜力的海外市场成为中国企业开拓第二增长曲线的关键。作为数字经济在国际贸易领域的重要业态，跨境电商极大地降低了开拓海外市场的门槛，成为中国企业"出海"的首选渠道。

　　2023 年 4 月，宁波知汇电商有限公司为了扩大业务，打算转型发展跨境电商 B2C（Business to Customer，企业卖家对个人卖家）业务，但是当前跨境电商平台数量繁多，如 Temu、TikTok 等新兴平台也提供了众多优惠，确实难以选择出最为合适的平台。公司跨境电商运营专员陆谦在线上、线下查阅了大量资料，了解了目前中国跨境电商发展的状况，对各大跨境电商平台也做了深入的分析后，决定先从最适合新手卖家的全球速卖通（以下简称"速卖通"）平台入手，积累一定经验之后，再根据团队的运营情况开通其他平台的账号。

工作任务一　市场调研与商品定位

知识储备　↓

一、市场调研与用户需求分析

（一）市场调研的方法

1．观察法

　　观察法是人们最常使用、也最直观的方法。调研人员需要先选好场地和人群，然后去观察自己所关注的地方，最终得到结果。

2．实验法

　　实验法要求调研人员必须按照调研需求，用实验的方式，将调研对象控制在特定环境条件下，对其进行观察以获得相应的信息。控制的调研对象可以是商品的价格、品质、包装等。这种方法便于调研人员在可控制的条件下观察市场现象，揭示在自然条件下不易发现的市场规律。

3．访问法

　　访问法分为结构化访问、非结构化访问和集体访问。结构化访问是指通过预先统一设计的、有一定结构的问卷进行的访问。非结构化访问是指没有统一的问卷，调查人员和受访者自由对话的访问。在非结构化访问过程中，调查人员和受访者可以根据调查内容进行广泛的交流。集体访问是指通过团体座谈听取受访者的想法，收集信息资料。

4．问卷法

　　问卷法是通过设计问卷并回收填写结果来获得受访者的信息，即调研人员将待调研的信息设计成问卷后，让接受调研的对象将自己的意见或答案记录下来并将其收回。在实地调查中，问卷法的应用最广。

5．境外考察法

　　实地考察法是指调研人员可以去境外一些国家或地区多与当地人沟通，了解其喜好和习惯，以此获取第一手信息。

6．查看境外零售网站

调研人员研究国外类似品牌的官方旗舰店等，了解商品定价和市场定位。

7．分析买家频道

这种方法是指调研人员根据买家频道中相关视频去分析销量高的商品的特点和共性，进而了解客户需求。

8．观看境外影视剧

这种方法是指通过影视剧了解境外消费者的生活习惯及日常生活用品等。

（二）用户需求分析

1．社交媒体分析

社交媒体是了解市场趋势和话题的重要平台。卖家可以通过社交媒体分析工具来监测热门话题和关键词，了解客户的兴趣和需求。此外，卖家还可以参与社交媒体上的讨论，与客户进行互动和沟通，以获取更多的反馈和意见。

2．竞争对手研究

竞争对手研究是了解市场竞争格局和趋势的重要方法。卖家可以通过分析竞争对手的商品、定价和营销策略，了解市场的竞争格局和趋势。此外，卖家还可以参考竞争对手成功的经验和失败的教训，制订自己的营销策略和计划。

3．行业报告和统计数据

行业报告和统计数据是了解市场趋势和规模的重要来源。卖家可以查阅行业报告和统计数据，了解市场规模、增长率和趋势，以明确市场进入策略和商品定位。

4．商品评价和反馈

商品评价和反馈是了解客户需求和满意度的重要来源。卖家可以通过平台上的评价和反馈了解客户需求，以改进商品设计和提高服务质量。

需要注意的是，评估市场需求和趋势需要卖家投入大量时间、精力和资源，需要持续不断地监测和分析市场变化和客户反馈。但是，如果能够成功地评估市场需求和趋势，将有助于卖家制订更加精准、有效的营销策略和计划。

二、商品定位

（一）商品定位要素

商品定位是一个关键的战略决策过程，它涉及将商品特性、价值和形象与目标市场、消费者需求及卖家实际情况相匹配。这一过程应考虑以下要素。

1．目标市场和潜在消费者群体

卖家要对目标市场和潜在消费者群体进行深入了解，分析他们的需求和偏好。相关策略包括：一是调查目标市场的消费者特征，如年龄、性别、收入等，这有助于构建客户画像，更好地进行商品定位；二是深入了解消费者需求，挖掘他们的痛点和期望，以便在商品设计和营销策略中进行有效应对。

2．竞争优势

在选定目标市场之后，需要确保商品具备竞争优势。

（1）功能、性能：提供独特的功能、性能或新技术，使商品具有优于竞品的质量或使用体验。

（2）设计：采用引人注目的设计，提升商品形象及吸引力。

（3）定价：通过高价策略展现商品的高品质和价值，或者采取低价策略满足消费者对性价比的需求。

3. 品牌形象

品牌形象在商品定位中占有举足轻重的地位。商品应与品牌形象保持一致，传达品牌价值观，同时保持个性化。以下策略有助于塑造品牌形象。

（1）打造独特的品牌故事和理念，使消费者更容易与品牌建立情感联系。

（2）营造统一的品牌风格，并在所有渠道保持一致，包括网站设计、广告、包装等。

（3）强调品牌的特殊成就、荣誉或社会责任，使消费者认同品牌价值。

4. 市场细分策略

针对目标市场的不同细分群体，卖家可以对商品进行差异化定位，以满足特定消费者的需求。以下为市场细分策略的实施要点。

（1）基于市场调查数据，识别不同细分群体的不同需求。

（2）根据细分市场需求来调整商品功能、设计和价格。

（3）采用有针对性的营销策略，以打动特定细分市场的消费者。

（二）商品定位的方法

1. 目标市场定位法

目标市场定位是一个市场细分与目标市场选择的过程，即明白为谁服务。运用目标市场定位法选择目标顾客，首先需要明确市场细分的标准，然后对整体市场进行细分，再对细分后的市场进行评估，最终确定目标市场。

2. 商品需求定位法

商品需求定位是了解需求的过程。商品价值组合是由商品的功能组合实现的，不同的消费者对商品有着不同的价值诉求，这就要求企业提供与诉求点相同的商品。

3. 商品测试定位法

商品测试定位法，即通过商品测试确定企业提供何种商品或提供的商品是否满足消费者的需求。该方法要求企业通过图片或实体形式来展示商品（未开发和已开发）的特性，考察消费者对商品概念的理解、偏好、接受程度。运用该方法需要从心理层面到行为层面进行深入探究，以了解消费者对某一商品概念的整体接受情况。

4. 商品差异化价值点定位法

商品差异化价值点定位既要解决消费者的需求与企业的商品、相关竞品的特点相结合的问题，也要考虑提炼的这些特点如何与其他营销属性相结合。商品差异化价值点定位法包括商品独特价值特色定位、商品解决问题特色定位、商品使用场合定位、消费者类型定位、竞争品牌对比定位、商品类别的游离者定位、综合定位等。

5. 营销组合定位法

营销组合定位不仅是品牌推广的过程，还是商品价格、渠道策略和沟通策略有机组合的过程。在商品差异化很难实现时，必须通过营销差异化来吸引客户。例如，一种新商品畅销不到一个月，就有模仿品出现在市场上，这时仅有商品需求定位已经远远不够，企业必须从商品需求定位扩展至营销组合定位。

任务实施 ↓

在激烈的市场竞争中，如何做到"运筹策帷帐之中，决胜于千里之外"，在很大程度上取决于跨境电商卖家能否做好市场分析。跨境电商市场分析必须结合互联网信息的整合、共享、迭代等特点，借助大数据开展。

新品牌做跨境电商，最重要的是做好市场调研。市场调研大体可分为市场空间、竞品数量、商品定价、渠道广告、促销活动等方向。企业根据具体的调研结果制订商品的目标市场推广计划。

📖　**【步骤一】通过线上搜索，调研客户的搜索习惯**

（1）通过谷歌（Google）锁定核心关键词。

打开谷歌浏览器，安装 Keyword Everywhere 插件，借此我们可以查看每个关键词的搜索量（Volume）、单次点击成本（Cost per Click，CPC）、竞争力（Competition），从而提炼出竞争力较强的关键词，并分析关键词的搜索热度趋势。安装 SEOquake 插件后，我们可以检测到网站上的搜索引擎优化（Search Engine Optimization，SEO）设置是否完善，也可以查看同行的 SEO 设置，并将其作为参考。此外，我们还可以通过查看同行的网站外链设置，找到更多的推广渠道。

接下来是确定语种国家或地区。陆谦将美国作为目标市场，想了解宠物用品"狗窝"的销售情况，于是确定"狗窝"的关键词为"kennel""doghouse""doghole"，然后使用工具确定 3 个关键词的搜索量，发现关键词"kennel"的搜索量最大，因此把核心关键词确定为"kennel"。

（2）寻找相对靠前的竞品品牌。

确定核心关键词"kennel"之后，在谷歌上寻找相对靠前的竞品品牌。搜索时将关键词改成"kennel shop"就能找到该商品的购物网站，这时我们可以记录相关的品牌网站，以便后期做 SEO 的时候跟踪参考。

从搜索结果来看，"kennel"这个词的范围太大，还不能具体到商品，但是我们可以确定推广的商品方向是什么，比如"铁笼子""窝""室内的狗窝"等。

（3）根据搜索量判定目标市场的容量。

从谷歌趋势（Google Trends）上查看关键词"dog kennel"在目标市场的搜索增长趋势（见图 1-1），我们可以发现该关键词的搜索量是比较平稳的，不存在暴增或暴跌的情况。注意，如果搜索的关键词出现搜索量暴增的情况，那么在该阶段可以把此商品当作爆款商品进行选款测试。

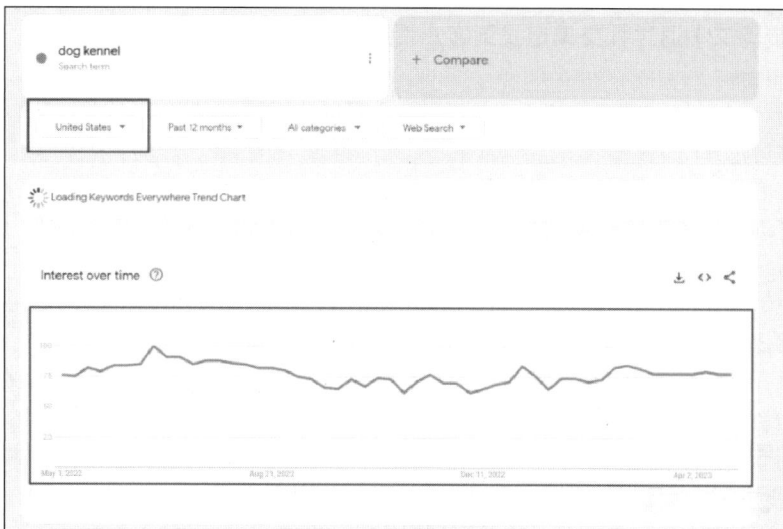

图 1-1 ｜ 搜索增长趋势

（4）调研核心关键词 CPC 成本。

通过 Semrush 调研核心关键词 CPC 成本。从谷歌趋势里找到长尾词和核心关键词之后，接下来要通过预估这个词的广告成本来核算投资回报率（Return on Investment，ROI）。通过关键词搜索工具，我们可以查看核心关键词"dog kennel"的搜索趋势在各个国家或地区的占比，发现其在美国占比最高。

查出该关键词的日平均搜索量后，再比较该关键词的 SEM（Search Engine Marketing，搜索引擎营销）成本和 SEO 竞争难度，如图 1-2 中 KD% 和 CPC（USD）所示。从数据中分析，该关键词的 SEO 竞争难度偏大，但广告成本低，所以在做这个商品时，我们需要根据这些数据来判断是从 SEO 入手还是从广告入手。

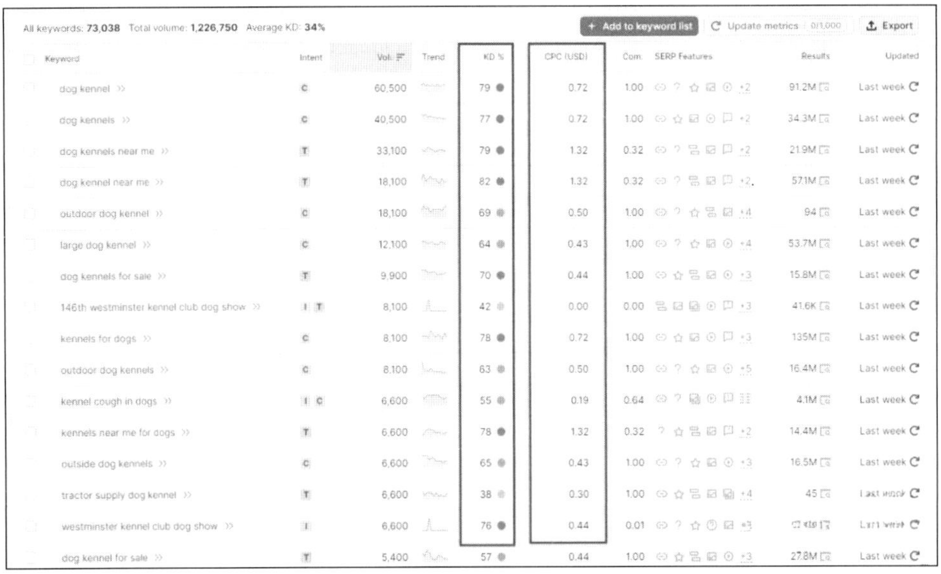

图 1-2 | 比较关键词的 SEM 成本和 SEO 竞争难度

综上所述，这一步就是通过 Google 锁定核心关键词和通过谷歌趋势预估相关关键词及关键词整体的搜索量，再利用 Semrush 等工具来预估广告成本等，从而判断商业机会与方向。

【步骤二】通过社交渠道找到客户话题点和广告创意

（1）Facebook。

在 Facebook 上，通过搜索并查看"关键词"主页，分析帖文和视频，查看其下方的互动内容来判别商品的讨论方向。

我们通过群组、主页可以发现目标商品的竞争情况，也可以通过广告的 SPY 工具发现现有的广告策略或者创意是如何吸引客户的。

（2）Instagram。

Instagram 的用户大多是年轻人，如果目标群体比较年轻，我们可以选择在 Instagram 上关注竞品的社交媒体运营策略，或者利用话题标签找到内容裂变的关键。

由此可见，社交媒体的调研是很重要的，社交媒体内容的裂变推广可使商品销量在短时间内实现爆发式增长。所以，通过社交媒体来确定具体的商品、广告方向及社交媒体的运营方向可以帮助我们找到商品的广告创意。

【步骤三】利用 Facebook Ads 查看商品的潜在人群

我们可以通过 Facebook Ads 的核心关键词定位目标人群。核心关键词不仅仅是商品词，还可以是人群词、性能词、类目词或者场景词，我们可以通过确定核心商品相关的应用场景来检测目标人群数量，预判自己的商品是否有足够多的目标人群。如果社交媒体上只有一两百万人对我们的商品感兴趣，那么可以更换商品或拓展品类，因为在后期的工作中，如果天花板太低很容易形成死局：

客单量增长乏力，但广告预算投入太多，导致投入和回报不成正比。同时，我们仍需要根据人群和 CPM（Cost per Mille，每千次展示成本）来估算预计投入的成本，以便财务模型预估总花费。

📖 **【步骤四】通过平台找到相关商品和平台售卖数据**

我们可以通过亚马逊找到目标商品的绝对统一性商品和相对相似性商品，然后分析排名前 10 的商品的共同点和差异点在哪里，结合社交媒体或者搜索渠道来注入一些元素，打造差异化的商品，再通过媒体去推广。通过这种方法，我们可以查到目标商品的数量、销量、流量趋势、点击转化率等情况，同时还能看到一些延伸词，这将方便在后期的商品研究中找到差异点，帮助我们确定商品的定价和差异化优势，如图 1-3 所示。

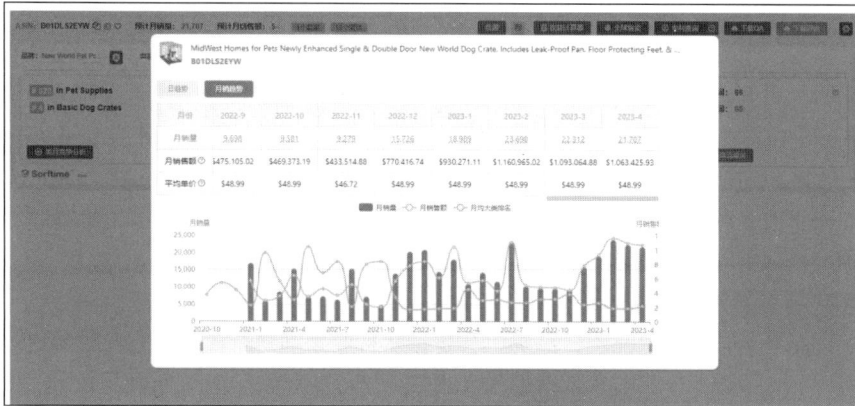

图 1-3 | 通过平台查找目标商品的相关数据

📖 **【步骤五】在竞品网站调研商品的名称、价格等内容**

通过独立站或亚马逊研究竞品要展示的商品描述是什么，按照自己的逻辑梳理出竞品的框架：商品名称、SKU（Stock Keeping Unit，最小存货单位）、价格、文字描述、评价等，这样方便我们之后学习及整理自己商品的介绍时作为参考。

📖 **【步骤六】通过 Coupon 或 Deal 等折扣网站研究竞品品牌的折扣码**

通过 Coupon 或 Deal 等折扣网站找到商品的活动力度和平台促销价格与这些品牌的实际价格和虚拟价格的差值，这样方便我们确定后续的定价和折扣力度，如图 1-4 所示。

图 1-4 | 通过折扣网站调研竞品折扣码

工作任务二　选品与采购

知识储备 ↓

一、跨境电商选品的逻辑、原则与思路

（一）选品的逻辑

1. 看商品对应的市场需求

卖家确定商品的市场需求时应考虑3个问题，即谁会买（消费者是谁）、为什么买（消费动机）、什么时候会买（消费场景）。当一款商品能清晰地回答这3个问题时，卖家便可判断此款商品的市场需求是存在的；当一款商品很难回答这3个问题时，卖家则可判断这款商品的"死亡率"极高，而新品类商品出现此种状况居多。跨境电商选品最大的问题在于卖家对境外市场不熟悉，不了解目标市场的文化，所以对境外市场进行调研很重要。

2. 看商品对应的品类机会

每一款商品都有其所属的品类，品类机会是指从行业角度判断该品类的发展是否处于适宜进入市场的阶段。一般情况下，品类发展阶段分为导入期、成长期、成熟期、衰退期。从整个行业角度讲，所属品类处于导入期、成长期的商品，卖家只要确定其趋势良好，则此时就是选择该商品的最佳时机。当品类进入成熟期时，该品类下的商品拥有较大的价格优势，也可选择，但成熟期的品类因为渠道已饱和，消费者对该品类第一品牌的认知已建立，因此低价商品在运作初期只能靠"挤"才能获得市场机会。当品类进入衰退期时，最好不选该品类商品。

3. 看商品对应的品牌在所属品类中的竞争力

品牌的内涵和本质，包括品类、商品、品项、渠道、知名度等，其中品类、商品、品项、渠道这4项是核心，知名度是此4项运作积累的结果。已经具备极高知名度的品牌，只在其成名品类上具备竞争力，跨境电商的卖家在选品时要尽可能避开知名品牌的非成名品类。

4. 看商品的市场推广思路

深挖境外文化和消费者的消费习惯，也是提高商品市场推广效率的基础。跨境电商的卖家在建立店铺初期可以通过社交媒体进行内容营销，从而积累粉丝，并在与粉丝的互动中了解消费者的喜好，发现畅销商品，或在已有畅销商品中开发周边商品。

（二）选品的原则

1. 判断目标市场的客户需求和流行趋势

跨境电商面对的是全球市场，不同国家或地区的消费者的生活习惯、消费能力、消费习惯、文化背景等都不同，因此，同样一件商品不可能适合所有国家或地区的消费者。例如，将销往亚洲市场的服装销往欧美市场就不一定可行，因为欧美市场服装的尺码普遍要比亚洲市场服装的尺码大；销往欧美市场的服装在巴西市场就不一定受欢迎，因为巴西消费者较热爱颜色鲜艳的款式。因此，跨境电商的卖家在选品之前，要先研究目标市场消费者的需求，了解他们的消费习惯和流行趋势。

2. 适应跨境电商的物流运输方式

跨境电商的物流具有成本高、运输时间长、流程复杂等特点，在漫长的运输途中，包裹容易

遭受损坏。所以，卖家选品时要考虑商品的保质期、耐挤压程度等因素，也需要考虑包裹因重量、体积所产生的物流费用是否在消费者可承受的范围内。

3. 判断货源优势

货源优势对选品也非常重要。对于跨境电商新手卖家来说，如果其所处的地区有成规模的产业带或较大的批发市场，可以考虑直接从这些市场上寻找现成的货源；在没有货源优势的情况下，再考虑在线寻找货源。有一定的销量基础且积累了大量销售经验的卖家，能够初步判断哪些商品的市场接受度较高时，可以考虑寻找工厂资源，针对比较有把握的商品，进行少量下单试款。经验丰富且具有经济实力的卖家可以尝试预售，确认市场接受度后再下单让工厂生产，这样可以减少库存压力和资金压力。

4. 兴趣使然原则

跨境电商的卖家在选品时只有选择自己感兴趣的商品，才有可能投入更多时间去了解商品的功能、特性、用途和品质等，并投入更多精力去研究商品的优势、价值和消费群体等。卖家只有充分了解商品，才能切实地解答消费者的疑问，才不会因不了解商品而丢单。

（三）选品的思路

选品的思路大致可以分为罗列、分析、选择、创新、注重品牌，具体介绍如下。

1. 罗列

先把所有能做的选项罗列出来，如服装、五金、汽配、物流、支付等。

2. 分析

选出能做哪些，再根据自身的能力进行分析筛选。例如服装市场不好做，不选；五金市场自身条件有限，不选……经过一番分析，总结出哪些选项比较适合自己并且前景还不错。

3. 选择

经过罗列和分析后，选品就会逐渐清晰了。分析后的结果选项通常不止一个，建议卖家选择自己最感兴趣的一个。

4. 创新

任何商品都是有生命周期及地域性的。无论从事什么行业，选择卖什么商品，创新都有利于商品更好地吸引消费者，这也是选品时需要考虑的重要因素。此外，商品的质量也非常重要，卖家选品时要有质量意识。

5. 注重品牌

从跨境电商发展的趋势来看，最重要的是要发展自有品牌，卖家选品时更应注重品牌的选择。品牌化是商品营销的必然结果。跨境电商卖家应该将目光放长远，树立良好的品牌意识，在平台的规则日渐严格的当下，选择独立站的方式创建自有品牌网站也是个不错的选择。

小贴士

跨境电商选品小技巧

二、跨境电商选品的方法与渠道

（一）选品方法

选品方法主要有以下 3 种。

1. 差评数据分析法

差评数据分析法是指以抓取平台上热卖商品的差评数据为主，找出客户不满意的地方，然后进行商品改良或选择能解决客户痛点的商品。差评数据分析法侧重于抓取差评数据，同时也注重分析商品的好评数据，找出客户真正的需求点和期望值。

在做数据分析时，卖家可以借助数据分析工具，如 Terapeak、TrendsAmazon、数字酋长等，也可以委托数据分析师使用数据挖掘工具进行分析。

2. 选品组合分析法

选品组合分析法是指以商品组合的思维来选品，即卖家在建立商品线时，计划 20%的核心商品，用以获取高利润；10%的头部商品，用以获取流量；70%的常态商品，用以互相配合。选品要针对不同的目标客户，因此所选商品应有不同的价格段和品质，形成价格和品质阶梯，从而产生更多的订单。

不管是核心商品、头部商品，还是常态商品，卖家选品时都必须评估商品的毛利。商品毛利的计算方式如下：

商品毛利=销售单价-采购单价-单品运费成本-单品平台费用-单品引流成本-单品运营成本

一般而言，卖家在选品时，核心商品倾向于小众化、利润高的商品；头部商品倾向于热门商品或紧跟热点并即将流行的商品；常态商品倾向于性价比较高的商品，即客户认为价值较高且价格适中的商品。

3. 谷歌趋势分析法

谷歌趋势分析法是指卖家利用谷歌的数据分析工具，对企业外部的行业信息和内部的经营信息进行分析，并挖掘出有价值的信息，以此作为选品参考的方法。我们可以利用谷歌趋势工具分析品类的周期性特点，通过关键词抓取工具（KeywordSpy）发现品类搜索热度和品类关键词，使用谷歌分析工具（Google Analytics）获得已上架商品的销售信息，从而分析哪些商品销量更高、整体动销率如何等。

谷歌趋势分析法要看行业的整体数据和变动趋势、行业内各品牌的销售情况、品类的销售和分布、单品的销售数据和价格，也要看行业内至少 3 家核心店铺和主要竞争对手的销售数据（流量、转化率、跳出率、客单价等）。此外，谷歌趋势分析法强调卖家从选品成功和失败的经历中积累经验，循序渐进地成为选品高手。

选品时卖家一定要多关注行业自媒体，多跟境外客户交流（如自己店铺的忠诚客户），掌握潮流趋势数据，保持商品敏锐度，再灵活运用各种数据分析工具，这样才能事半功倍。

（二）选品渠道

目前跨境电商卖家常用的选品渠道有以下几种。

1. 在 1688 平台上寻找货源

这种渠道的优点是其拥有海量商品和大量可选择的供应商，这让卖家可以很方便地寻找特色商品和"蓝海"商品；缺点是也会让卖家缺乏方向，工作量大，且成效低。

2. 在代销网站上寻找货源

这种渠道的优点是供应商提供一键上传数据包，可上传海量商品，卖家不需要做商品的相关信息编辑，新品、畅销商品应有尽有，还可以代发货；缺点是商品同质化现象严重，价格偏高，商品描述千篇一律，也容易出现断货的情况。

3. 线下寻找合作工厂，经销品牌商品

这种渠道的优点是对于要打造品牌和提升利润的卖家来说，可以建立自己的供应链和品牌，如果能拿到品牌授权，销售额就有保障；缺点是卖家的选择少，商品单一，不适合起步阶段的企业或小团队。

4. 捕捉市场信息进行选品

这种渠道的优点是卖家可以根据市场热点进行选品，如紧跟奥运会、世界杯等时事热点，有

利于打造畅销商品；缺点是如果卖家缺乏对行业和市场的敏锐度，就需要长时间的积累和实践来沉淀。

三、跨境电商的采购模式

目前跨境电商采购主要有 4 种模式。

1. 自行生产制造

自行生产制造模式适合销售美妆用品和做服装定制的卖家。此外，它还适合那些具备商品开发能力的卖家。自行生产制造通常是跨境电商卖家的第一选择。

2. 委托制造

委托制造就是卖家找代工工厂制造商品，也就是常说的 OEM（Original Equipment Manufacturer，贴牌生产、代加工），这是一种节省后端时间的好方法。这种模式适合那些要设计新的设备，以及已经对商品进行了良好的测试，并且对其销售完全有信心的卖家。

3. 批量采购

批量采购就是卖家采用极低的价格批量购买商品，然后以较高的价格进行转卖的模式。这是很多跨境电商卖家常用的采购策略，也是多数实体零售商使用的策略，比如沃尔玛、开市客等大型超市都会从生产商那里批量采购，从而降低单件的采购成本。

4. 一件代发

一件代发（Drop Shipping）是指卖家不需要囤货或提前采购就可以开展销售的模式。一件代发模式下，卖家不拥有任何库存，如果客户进行了购买，则由第三方将商品打包并交付。一件代发模式适用于希望承担较小风险或投入很少时间就能尝试电商业务的卖家。

任务实施 ↓

在了解了跨境电商选品的思路和方法后，团队要开始为自己的店铺进行选品了。接下来，团队成员分头行动，完成店铺选品工作。

📖 **【步骤一】利用亚马逊选品工具进行选品**

登录亚马逊，查看亚马逊官方的榜单。先不限制类目，将个别自己没条件做或竞争过于激烈的类目略过，将其他类目都查看一遍；再认真查看我们想做的类目，比如宠物用品类（Pet Supplies）；最后查看下面的子类目，如鸟类（Birds）、猫类（Cats）、狗类（Dogs）等，如图 1-5 所示。

图 1-5 | 查看亚马逊榜单

我们可以通过修改图 1-6 中方框里的数字，突破只能看两页 100 个商品的限制，不过最多可以看到 400 个商品。这种方法对子类目依然适用，所以一个大类里的几千个新品我们都可以看到，这对于多数人而言基本够用了。

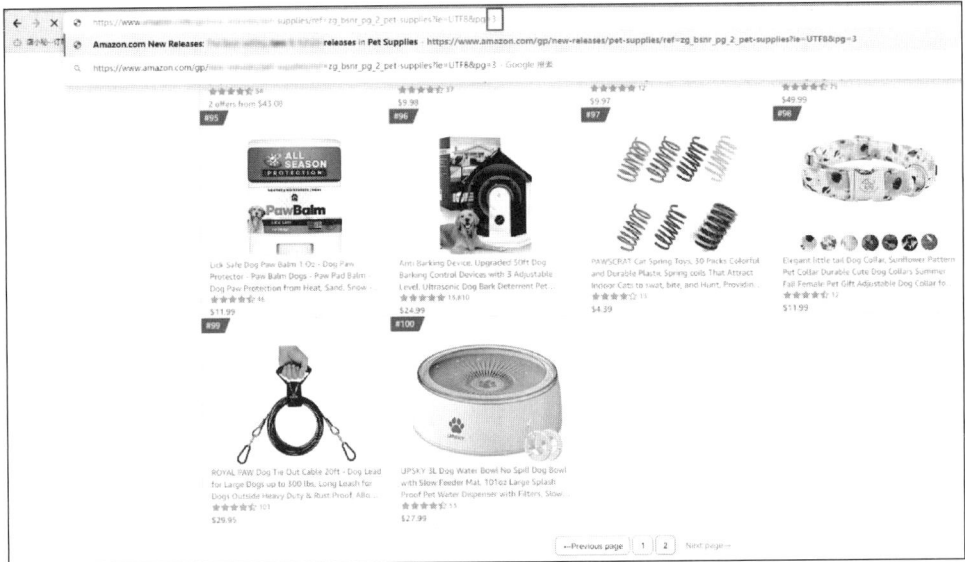

图 1-6 | 查看亚马逊榜单子类目商品

📖 **【步骤二】通过速卖通平台进行选品**

通过速卖通关键词列表查看其热销的一些商品关键词（见图 1-7），我们也可以及时获取市场上有哪些畅销商品。

图 1-7 | 利用速卖通关键词列表选品

📖 **【步骤三】通过谷歌趋势进行选品**

谷歌趋势选品的重点在于卖家可以根据关键词按区域、时间、类别、筛选网址 4 个条件进行筛选，了解市场需求的变化；同时，卖家还能看到所选筛选条件下该关键词的热度随时间变化的趋势，如图 1-8 所示。如果同时选中两个或多个关键词进行对比，谷歌趋势还会将不同关键词的数据分开展示。

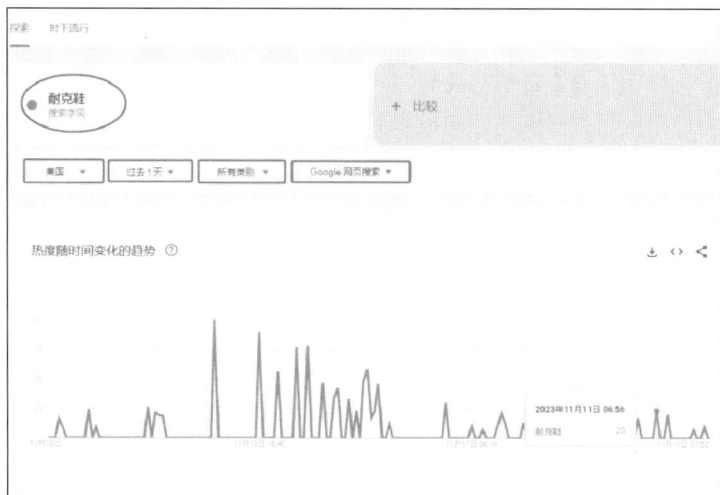

图 1-8 | 利用谷歌趋势选品

工作任务三　运营准备

知识储备 ↓

一、平台选择

新手卖家一般可以从以下 5 个方面考虑平台的选择。

（一）了解自己的需求

在选择跨境电商平台之前，卖家首先要了解自己的需求——想要销售什么类型的商品，目标市场是哪个国家或地区，希望平台提供哪些服务和功能。通过对自己的需求进行明确的了解，卖家可以更准确地选择合适的跨境电商平台。

（二）研究平台的稳定性和口碑

选择跨境电商平台时，稳定性和口碑是非常重要的考虑因素。稳定性指的是平台的服务器和系统是否稳定，能否保证店铺正常运营。口碑则是指其他卖家对平台的评价和反馈，卖家可以通过查看平台的客户评价和相关论坛的讨论来了解其口碑情况。

（三）考虑平台的费用和服务

跨境电商平台通常会收取一定的费用，包括注册费、交易手续费、推广费等。在选择平台时，卖家要考虑平台的费用是否合理，并了解平台提供的服务和功能是否能够满足自己的需求。卖家可以比较不同平台的价格和服务，选择性价比最高的平台。

（四）关注平台的流量规模和客户群体

流量规模和客户群体是决定卖家的商品能否被买家看到和购买的重要因素。选择跨境电商平台时，卖家要关注平台的流量规模和客户群体的特点。如果卖家的商品针对的是特定国家或地区的消费者，那么选择一个在该国家或地区有较大客户群体的平台会更有利于销售。

（五）考虑平台的技术支持和售后服务

在运营店铺的过程中，卖家难免会遇到一些技术问题或售后服务需求。所以在选择跨境电商平台时，卖家要考虑平台是否提供良好的技术支持和售后服务。

了解自己的需求，研究平台的稳定性和口碑，考虑平台的费用和服务，关注平台的流量规模和客户群体，以及考虑平台的技术支持和售后服务，可以帮助卖家选择最适合自己的跨境电商平台，从而提升销售业绩并获得更好的客户体验。

二、准备入驻资料

（一）入驻速卖通需要准备的资料

1. 营业执照

持有个体工商户营业执照或者是企业营业执照的卖家都可以入驻速卖通，且一个营业执照能开 6 家店铺，但是最多只能开 3 个同类目的店铺。

2. 对公银行账户

对公银行账户是指以公司的名义在银行开立的账户。办理人将企业营业执照、组织机构代码证、税务登记证、企业法人证书等带到银行就可以办理了。

3. 法定代表人的有效身份证件

4. 品牌商标

卖家可以在中国商标网上申请注册品牌的商标，也可以委托商标代理机构来帮助办理。不管商标是 TM 标还是 R 标，都是可以入驻速卖通的，但建议商标最好是英文的或者是中英文结合的。

5. 品牌

卖家最好能根据品牌类型选择店铺类型。一般有以下几种情况。

（1）官方店。一个品牌只能开一个官方店，店里只允许有这一个品牌的商品，且其商标必须是注册公司自有的 R 标。

（2）专卖店。整个速卖通可以有多个同一品牌的专卖店，但一个专卖店只允许有这一个品牌。专卖店商标可以是自有 R 标、自有 TM 标或其他品牌的授权（TM 标也可授权）。

（3）专营店。专营店就是大家所理解的大杂铺。这类店铺的入驻门槛较低，卖家有商标就可入驻。一个店铺可销售多个商标的商品，品类的选择也相对丰富，因此其运营更为灵活。

（二）注册亚马逊店铺需准备的资料

1. 企业营业执照

一般而言，营业执照上的"营业期限"距离过期日期应大于 45 天，而且"经营范围"须有贸易、销售、零售、批发等相关业务。营业执照不能是个体工商户营业执照，仅支持企业营业执照（正本副本均可，照片或扫描件均可，最好是彩色扫描件），并应保证文件的清晰度。

2. 法定代表人身份证正反面彩色扫描件

法定代表人身份证正反面彩色扫描件，要求文件清晰、不反光、边框完整。此外，法定代表人的身份证应在有效期内，且姓名与在亚马逊平台上注册的账号名一致。

3. 双币信用卡

卖家需要准备可以进行国际付款的双币信用卡（VISA 卡或 MasterCard 均可）。该信用卡会涉及店铺租金支付、客户退款等情况，因此建议卖家一定要确保其有足够的额度，并且要开通销售国家/地区的货币支付、网购、邮购付款等功能。

4．用于收款的银行账户

由于亚马逊是跨境电商平台，其销售商品的货款都是外币（美元、日元、欧元等），无法直接兑换为人民币并转到卖家境内的银行账户上。跨境电商平台的收款方式和淘宝平台的一样，也是绑定类似支付宝的第三方账户作为收款账户，如 Payoneer、连连国际、万里汇等。另外，第三方账户可以开通子账户，用于绑定不同的店铺，这样相对更方便。当然，如果卖家们选择直接用银行账户收款，则一个银行账户只能绑定一个店铺。

5．电子邮箱和其他联系方式

（1）联系人的电子邮箱地址。建议一个店铺专用一个邮箱，且该邮箱没有注册过亚马逊账号，否则会影响到后面的账号关联。卖家可以选择 QQ、Outlook、Gmail 等邮箱。

（2）联系人的电话号码。建议填写法定代表人的电话号码，且需要确保该号码以前没有注册过其他亚马逊账号。

（3）公司的地址、联系电话。这些和营业执照上的保持一致就可以。

需要注意的是，亚马逊不允许一个人拥有多个亚马逊店铺，如果被检测到会导致店铺被封禁。

6．干净的计算机系统及网络

建议一个账户只在固定的一台干净的（未注册或登录过亚马逊店铺的）计算机上登录，连接的路由器也要是干净的，而且网络环境只用于这一个亚马逊账户的操作，同时该账户绑定的邮箱也只在这台计算机上登录。

7．准备可能被二次审核的相关资料

以上步骤仅仅是开店的第一个阶段，店铺注册通过后，后续还会再面临审核，用于确认。一般而言，二次审核的资料涉及户口本、信用卡账单、水电煤账单等。卖家也可以使用我国国有银行开具的客户个人综合信息查询表作为二次审核的资料。

任务实施 ↓

在了解了跨境电商平台选择要求和入驻资料准备后，团队决定在速卖通开设第一家店铺，于是开始着手账号注册的工作。

📖 【步骤一】注册账号

登录速卖通注册页面，根据页面提示填写邮箱并通过验证，设置好密码后单击"立即注册"，如图 1-9 所示。

图 1-9 | 速卖通账号注册页面

📖 【步骤二】企业认证

企业认证的方式有两种，一是企业支付宝认证（商家需要有支付宝企业账号才可通过该途径认证）；二是企业法人支付宝认证，如图 1-10 所示。

图 1-10 | 速卖通企业认证方式选择

根据页面提示核对、补充完整信息并提交后，将进入企业信息审核页面，卖家可在 5 分钟后刷新页面，通过审核后继续填写材料即可。如果审核被驳回，则卖家须优先确保企业注册时间已超过 14 天，再检查基础信息是否填写准确。接着开通资金账户，根据页面提示填写法定代表人及企业受益人信息。需要注意的是，资金账户开通并不意味着已通过国际支付宝企业合规认证，卖家需在店铺开通后尽快登录国际支付宝网站进行确认并完成认证。

📖 【步骤三】经营类目申请

在速卖通上销售商品前，卖家需要选择一个经营类目并缴纳保证金。常规类目无须审核，管控类目资料提交后一般审核时效为 5 个工作日。卖家选择想要经营的大类后，单击"提交"即可，如图 1-11 所示。另外，卖家选择好类目并绑定国际支付宝账号后需要缴纳保证金。

图 1-11 | 选择经营类目

📖 **【步骤四】品牌类目申请**

在发布商品时，卖家通常需要选择对应的品牌，因此他们需要申请品牌类目权限，只有少部分类目支持发布时无品牌。登录商家后台，在"账号及认证"-"我的申请"-"平台已有的品牌申请"页面处点击"申请新品牌"链接，输入品牌名称后可选择想申请的品牌。如果搜索不到，可点击页面上的"添加新品牌"链接，如图 1-12 所示。一般品牌类目在申请后需要 3 个工作日审核（节假日除外）。

品牌名称和 Logo	品牌注册人	品牌发源地
MIUI/小米	小米科技有限责任公司	中国
小米(家电)	莫磊	中国
NONO/小米	陈汪洋	中国
小米(4K)	广州康乾电子产品有限公司	中国
MilIET4k/小米	五河县弘正电子科技有限公司	中国
MILG/小米	佛山领鑫电子科技有限公司	中国
XIMI/小米	五河康视电子商务有限公司	中国

图 1-12 | 申请新品牌

以上是速卖通账号的注册方法，亚马逊账号的注册方法可以扫描二维码了解。

知识拓展

亚马逊账号注册与设置

岗位素养提升 ↓

跨境电商企业运营团队应具备的条件

一个优秀的跨境电商企业运营团队应该具备以下条件。

（1）企业内部的领导分工、系统分工、部门工作职责、员工岗位职责等要求清晰明确，因为它们是建立企业运营制度和运营流程的基础。

（2）企业内部部门间的配合度、员工的协作性和领导团结度也是企业运营的重要因素。这些因素能够为企业运营提供良好的环境和执行力氛围，也是保证企业内部工作效率提升的重要因素。

（3）企业的服务态度不容忽视。有的企业对客户很有诚信，但对员工却做得不够好；有的企业对员工很关怀，但对客户却隐瞒欺骗，不负责任。这些服务态度对企业的发展影响非常大。

（4）企业良好的执行力是保证。跨境电商企业运营团队是一个整体，各个岗位需要互相配合才能把运营经理的运营策略落实下去。

评价跨境电商运营的指标

在企业真实的运营过程中，因为诸多因素的影响，其运营总是会陷入各种各样的困境中，如活动没有效果、用户增长缓慢、用户活跃度低、转化率始终不见提升等。此时，运营人员需要了解店铺的业务状况，发现问题所在，迅速找到解决问题的切入点。一个能够把握重点的好方法是使用关键绩效指标（Key Performance Indicator，KPI）。但是KPI并不是一成不变的，它很大程度上取决于店铺所必需的信息。电商平台KPI的计算公式为：

$$销售额=流量×转化率×客单价$$

因此，跨境电商的店铺中能反映其业务状况的4个指标是浏览用户数、转化率、利润、平均评级。有了这4个指标，运营人员就能很快地掌握店铺的业务情况，并知道应该将主要精力放在哪里。因为它们代表着店铺命脉的关键组成部分，即店铺吸引了多少用户量，商品的转化率怎样，店铺的销售业绩如何，用户如何评价店铺的商品等。

店铺的流量与其品牌、渠道有关，转化率与其商品、运营相关，客单价则可以通过提供增值服务、打包销售等方式来提升。

品牌、渠道在运营中的作用是触及更多的目标用户，并引导他们浏览卖家的店铺，这需要卖家根据自身品牌的差异化优势进行建设。对于市场推广，卖家则可以借助宏观分析工具来把握信息的传播路径和用户的行为路径。

技能训练 ↓

一、单项选择题

1. 下列哪项是商品需求定位的依据？（ ）
   A. 根据商品的类别来确定   B. 根据顾客的表面特性来确定
   C. 根据商品细分市场的标准来确定   D. 根据顾客的需求价值来确定

2. 一个企业可以认证（ ）个速卖通账号。
   A. 1   B. 3   C. 5   D. 6

3. 在建立跨境电商商品线时，一般核心商品的占比是（ ）。
   A. 10%   B. 20%   C. 30%   D. 70%

4. 下面哪种跨境电商商品采购模式对卖家来说是最省事的？（ ）
   A. 自行生产制造   B. 委托制造   C. 批发采购   D. 一件代发

二、多项选择题

1. 下列哪些是速卖通开店入驻的步骤？（ ）
   A. 注册账号   B. 企业认证   C. 经营类目申请   D. 品牌类目申请

2. 下列关于速卖通企业认证说法正确的有（ ）。
   A. 如提示"营业执照注册号错误""法人姓名错误"，先检查基础信息是否填写准确
   B. 如检查无误，则确认企业已在国家企业信用信息公示系统公示，且确认企业注册时间已超过14天
   C. 授权支付宝认证的公司名称、法定代表人名称等信息须与营业执照一致，如果不一致，应先到支付宝进行修改
   D. 由于数据同步需要时间，必须在14天后进行认证

3. 跨境电商商品调研包括下列哪些内容？（ ）
   A. 分析商品的价格、排名、评价等   B. 通过分析竞争对手的库存来推测销量
   C. 分析商品是否有注册商标   D. 关注商品是否需要认证

4. 下列哪些是跨境电商商品开发的思路？（ ）
   A. 从需求出发，跟着市场走   B. 以盈利为目标
   C. 专注于某一个类目   D. 专做"蓝海"商品

5. 下面哪些是卖家了解商品的市场容量和趋势的方法？（　　　）

    A. 查看排行榜

    B. 用关键词搜索，查看该类商品的总数量和显示情况

    C. 查看排行榜，查看点击率和订单数

    D. 借助一些工具，如谷歌趋势等

三、判断题

1. 入驻亚马逊平台准备的企业营业执照需要清晰地展示企业的名称、注册资金、住所等信息。（　　　）

2. 亚马逊店铺注册通过审核后，亚马逊会与卖家签订合同，合同中列明了销售协议、平台规则、佣金等信息。（　　　）

3. 跨境电商选品就应该选自己熟悉的、有资源的商品，至于该商品是否有足够大的市场空间可以不用过多考虑。（　　　）

四、能力训练题

请在主流跨境电商平台上搜索关于 Anker（安克）的信息，并分析该品牌的商品定位、目标客户群体及其商品线。

模块二
店铺呈现

学习目标

知识目标
- 了解速卖通、亚马逊等平台的商品发布规范
- 掌握速卖通、亚马逊等平台的商品发布流程
- 了解跨境物流各渠道的优缺点和速卖通店铺物流模板的设置方法

技能目标
- 能够熟练地在速卖通、亚马逊等平台发布商品
- 能够根据平台规则对商品进行审核、修改、下架、分组等管理
- 能够根据不同商品和平台的特点对商品进行定价

素质目标
- 通过对不同跨境电商平台规范的学习，逐步形成合规意识
- 通过对不同平台商品发布任务的实践，培养精益求精的工匠精神
- 通过对跨境物流知识的学习，形成大局意识和系统思维

思维导图

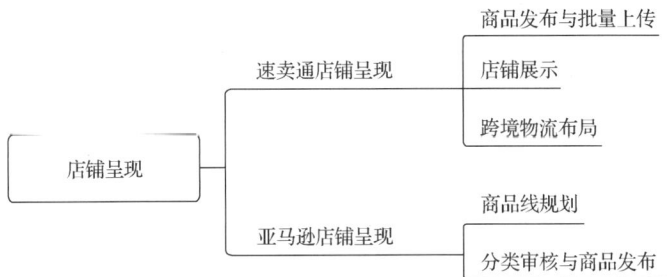

项目背景

完成店铺运营前的准备工作后，运营团队开始迈入店铺运营管理的实质阶段。团队成员知道如果不系统学习跨境电商运营管理知识，就难以运营好不同平台的店铺。为了将这一阶段的工作做好，团队将人员分成了两组，分别负责速卖通店铺和亚马逊店铺的运营。

工作任务一　速卖通店铺呈现

子任务一　商品发布与批量上传

知识储备 ↓

一、商品发布

（一）商品发布的规范

1. 商品基本信息

（1）商品标题：商品标题的主要作用有两个，一个是使潜在买家能搜索到商品，另一个是提炼卖点，以吸引买家点击。建议商品标题采取"品牌名（如有）+商品名称+卖点"的形式。

（2）商品类目：平台支持卖家通过输入商品关键词来检索商品类目。卖家也可在前台网站搜索类似的商品，通过输入商品 ID 或商品链接来获取商品类目。

（3）商品主图：高品质的商品主图可以促进商品的成交转化。关于商品主图的要求如下。

◆　5MB 以内，jpg、jpeg 格式；

◆　横向与纵向比例为 1 : 1 或 3 : 4（尺寸大于等于 800 像素×800 像素），且所有图片比例一致；

◆　商品主体占比建议大于 70%，风格统一，不建议添加促销标签或文字。

（4）营销图：这是获取前台流量比较重要的渠道。营销图将展示在搜索、推荐、频道、平台活动会场等商品导购场景，卖家上传符合规范的营销图后有优先展示商品的机会。

2. 商品价格与库存

（1）卖家要关注平台佣金、联盟佣金以及大促折扣等成本支出，因此商品定价必须留出足够的利润空间。平台交易佣金标准可以查看《速卖通平台规则》中关于提现、佣金的内容。常用的定价公式如下：

$$定价 = （商品成本 + 国际运费成本） ÷ （1 - 利润率） ÷ 汇率$$

（2）如果商品有货，应填写库存数量。

（3）其他事项，如具体的销售方式、是否支持批发价等，卖家根据自己的具体情况来设定即可。

3. 商品详细描述

这部分最重要的是商品的文字描述、图片展示和关联模板。

（1）文字描述第一是要说明商品的卖点，第二是要跟标题呼应，帮助实现 SEO。

（2）商品图片清晰度高，图文并茂，以展示商品品质。

（3）卖家在商品的关联模板部分可以推荐自己店铺的热销商品，也可以推荐与展示商品相关或者互补的其他商品。

其他内容如商品品质对比、工厂实力展示、品牌故事等，都可以放在商品详细描述部分的下端展示。

4. 商品包装与物流

这部分最重要的是卖家需要提前设置好运费模板，可根据商品的重量和价值来选择合适的物流渠道并设置物流模板。其他内容如发货期、物流重量（带包装的重量）、物流尺寸和服务模板等都如实填写或选择即可。

5. 商品其他设置

这部分最重要的是卖家需要提前设置好商品分组，再选择准确的商品分组。如果未提前设置好，商品就只能进入未分组，后期再进行分配。其他如库存扣减方式、商品有效期、商品发布条款等，卖家都如实设置即可。

（二）商品标题的撰写

速卖通的商品标题不能超过 128 个字符，一般包含销售方式、商品重要属性、商品名称、核心词、营销词等，例如安克蓝牙音响的标题可以拟为"Anker Soundcore 2 Portable Wireless Bluetooth Speaker Better Bass 24-Hour Playtime 66 ft Bluetooth Range IPX7 Water Resistance"。一个好的标题一定是足够吸引买家眼球、满足买家诉求的，对于提升商品的点击率和转化率起着重要作用。商品标题必须遵守平台的规范要求，卖家在编写商品标题时要平衡营销效果和规范要求。

卖家要在标题中清楚地描述清楚商品的名称、型号以及一些关键的特征和特性，让买家一看就清楚地知道商品是什么，从而进入详情页进一步查看。

标题要避免关键词堆砌，如"mp3，mp3 player，music mp3 player"，这样的标题不仅不能提升商品排名，反而会被平台搜索降权处罚。

总之，商品标题的编写应尽量全面，核心词放前面，避免使用标点、关键词堆砌。

案例分析

速卖通商品标题
常见问题分析

（三）关键词的分类

商品标题中的每一个字、每一个词都称为关键词，关键词的分类有 3 种：顶级关键词、二级关键词和长尾关键词。各类关键词的特点如表 2-1 所示。

表 2-1　各类关键词的特点

关键词类别	详情	特点	实例
顶级关键词	由 2～3 个单词组成，这类词均属于速卖通热搜词，它们也可以看成是商品的统称	搜索量非常大，竞争比较激烈	Dress、Bag、Jacket
二级关键词	由 3～5 个单词组成，这类词稍逊于顶级关键词的搜索热度，竞争力度也没有顶级关键词强，这类词可以看成是商品本身的属性词+商品的统称或店铺的促销词（包邮、秒杀等）	搜索量比较大，竞争比较激烈	Korean version dress、Retro female bag、Leather seckill jacket
长尾关键词	由 5 个单词或多个单词组成，这类词一般没有顶级关键词和二级关键词的搜索度高，但其流量非常精准，同时成交量也比较大	精准度高，竞争小，搜索量小，一般一天的搜索量不会超过 500 次	Broken flower Korean dress、K-BOXING leather jacket

（四）商品属性填写

1. 商品属性的定义与类型

商品属性是指商品本身所固有的性质，是买家选择商品的重要依据。商品属性可分为必填属性、关键属性、非必填属性和自定义属性。必填属性会在相关选项前标注红色星号；关键属性是反映商品本质特征的属性；非必填属性在系统里有展示，但无特别标注，可填可不填；自定义属性则是补充系统显示的属性以外的信息，最多可添加 10 条。

速卖通发布商品的基本要求是商品属性填写率不低于 78%，通常重要商品的属性填写率都在 90% 以上，因为高属性填写率可以提升商品的曝光率。此外，属性填写率是商品能否入选平台活动的重要依据。

2. 商品属性的作用

一是提升商品曝光率，从而促进成交转化。通过类目浏览的客户流量非常大，准确完整的商品属性有利于提升类目浏览量，从而提升商品曝光率，带来转化。因为速卖通的"千人千面"是根据客户的喜好来推送商品的。比如客户曾经买过哪些商品、浏览过哪些店铺、收藏过哪些商品等一系列相关行为，或者其好友的相关行为，这些都是速卖通判断客户喜好的组成因素，因此其推送的商品就会有标签，这些标签来源于卖家填写的商品属性。二是提高推广评分，有利于后期的营销推广。认真填写商品的属性规格，真实表现商品的尺寸规格等，是卖家提高其店铺评分的重要手段之一。三是提升客户的购买体验，减少不必要的纠纷。属性填写越准确，描述越详细，越有利于客户购买。四是增加搜索权重。大部分客户通过搜索关键词找到商品，如果商品属性填写得越详细，商品将获得越多的流量。

（五）制作与优化商品详情页

突出商品优点的详情页，有助于提高商品的转化率。

1. 描述结构合理

商品详情页设计分为两部分：图片展示设计和功能效果设计。

（1）图片展示设计。商品详情页要求图片展示有序。陈列图片时要利用最少的空间展示最核心的图片，如无线端设计就必须抓住第一屏。

（2）功能效果设计。在介绍商品的效果时，文字不宜过多，否则容易让买家感到厌烦。例如，在功能效果的展现上多用直观的对比图片，展现商品的特点和优势。若避不开文字较多的情况，卖家需要注意文字的排版，切勿不做处理就将所有文字直接呈现给买家，而是应该进行提炼归纳，展现商品亮点，以增强吸引力。

2. 图片亮点清晰

商品详情页在很多时候是买家进入店铺看到的第一页面。因此，商品详情页的设计尤为重要。它不仅需要很好地呈现出该商品的功能介绍，而且要提升首页的综合展示能力，增加买家对页面的访问兴趣和深度访问的欲望。

首图是展示商品整体的海报，这张海报必须凸显商品的核心卖点。如果商品首图足够直观，可以让买家在第一时间了解商品，从而产生继续深入了解的欲望，如图 2-1 所示。商品详情页的设计可以从以下两方面入手。

（1）突出商品质量及商品优势，使买家对商品有更深的了解。卖家还可以将自家商品与其他店铺商品进行对比，把自家商品突出的特点提升为卖点，让买家更加直观地了解商品。

需要注意的是，不要用另一家店铺商品的缺点来突出自家店铺商品的优点，否则有可能引起纠纷。

图 2-1 | 商品首图

（2）在设计商品详情页时，卖家可适当减少商品推荐模块中的商品，并将该模块布局在与商品详情介绍相关的位置，甚至是底部位置，这样效果可能会更好。

商品推荐有两种，即同类商品推荐和搭配商品推荐，它们分别有不同的设计技巧，如图 2-2 所示。

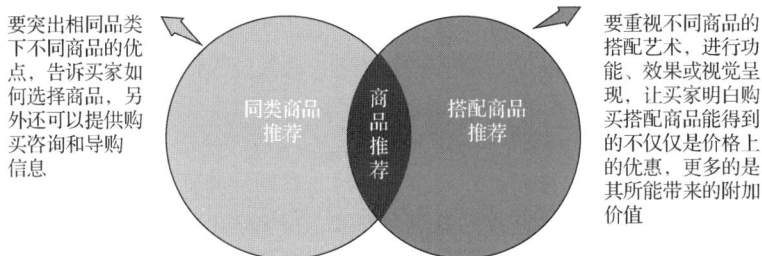

图 2-2 | 商品推荐技巧

总之，卖家对商品详情页进行布局规划时，要始终把买家的需求和消费心理放在首位进行考虑，这样可以在提升买家购物体验的同时为买家提供更多的功能信息，最终达到提升转化率、增加订单数量的目的。

二、商品批量上传

（一）批量上传商品的技巧

1. 复制商品

（1）功能介绍：复制商品，就是将店铺现有商品的模板整体复制，将其作为新商品再次发布。

（2）使用场景：卖家将另一个速卖通店铺的商品发布到本店铺，可以先直接复制商品，然后对商品信息稍做修改后发布，以免信息重复。

2. 引用商品模板

（1）功能介绍：将通用的商品信息创建成商品模板，使用模板可避免相同信息的重复输入；同时也支持创建尺码模板，以便发布商品时统一引用。

（2）使用场景：同一店铺通用的商品信息可创建商品模板，统一引用模板信息完成商品的发布。

3. 导入/导出商品

（1）功能介绍：将速卖通店铺商品导出为一个 Excel 模板，然后将模板导入其他店铺，完成发布。

（2）使用场景：多个速卖通店铺之间相互"搬运"商品信息，完成铺货。

4. 定时上传

（1）功能介绍：提前编辑商品信息并设置合适的发布时间。

（2）使用场景：一种商品要在多个店铺上架，只需要设置其在每个店铺上架的时间，就可以实现批量铺货，节省时间。目前，超级店长跨境版支持速卖通卖家定时上传。

5. 数据采集

（1）功能介绍：将淘宝、速卖通等平台的商品信息采集到 ERP 系统，再经过一定的编辑、加工后，上传到速卖通店铺。

（2）使用场景：如果供货商的商品源自淘宝、1688 等平台，卖家可以直接将其标题、价格、库存、图片等信息采集过来，无须再人工复制、上传。

6. 数据搬家

（1）功能介绍：实现 Wish、速卖通、eBay、Lazada、亚马逊店铺之间的商品相互"搬家"、铺货。

（2）使用场景：同一 ERP 账号管理多个平台的多个店铺，且各店铺销售相同商品时，卖家可以通过"数据搬家"快速完成其他平台的铺货，无须在每个平台逐一上传。

（二）批量上传工具

速卖通批量上传工具是一种可以帮助卖家快速导入、编辑、发布和管理商品信息的插件。它可以通过采集其他平台或网站的商品数据，或者通过导入 Excel 表格的方式，批量生成速卖通商品信息。然后，卖家可以对商品信息进行批量修改、翻译、优化等操作，最后上传到速卖通。

市面上有很多种速卖通批量上传工具，根据功能、价格、评价等不同，大致可以分为以下几类。

1. 速卖通提供的批量上传工具

卖家可以在速卖通后台管理中心找到"批量发布"选项。该工具的优点是免费、稳定、安全，缺点是功能较简单、操作较烦琐、不支持多语言翻译等。

2. 第三方 ERP 软件提供的批量上传工具

这类工具是一些专业的跨境电商 ERP 软件提供的，可以帮助卖家实现商品采集、上传、打单发货、库存管理等多项功能。其优点是功能强大、操作便捷、支持多平台对接，缺点是收费、需要授权、可能存在安全风险等。

3. 浏览器插件提供的批量上传工具

这类工具是一些安装在浏览器上的插件或扩展程序，可以帮助卖家实现商品采集、翻译、修改等功能。其优点是使用简单、支持多语言翻译、部分免费，缺点是功能有限、不稳定、可能存在兼容性问题等，如 Up Assistant、Alitools Shopping Assistant。

任务实施　↓

商品发布是卖家经过市场分析后将选择的商品上传至店铺并进行销售的过程。

📖 【步骤一】准备商品图片和视频

陆谦根据速卖通平台对商品图片和视频的要求，准备好了商品主图视频、图片，详情图，场景图和功能图等，如图 2-3 至图 2-6 所示。

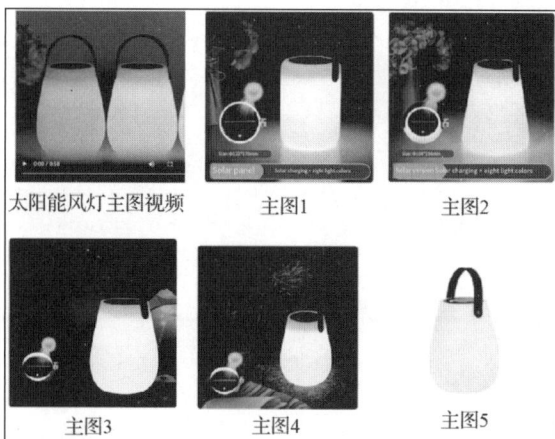

图 2-3 | 商品主图视频、图片

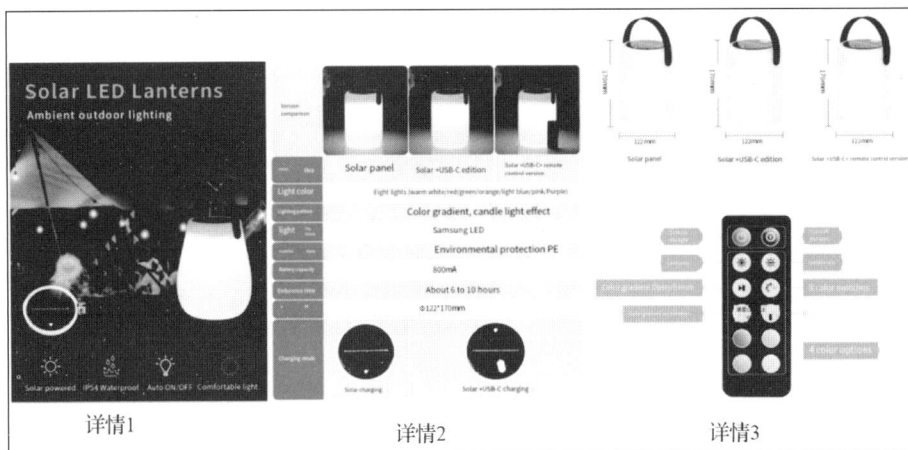

图 2-4 | 详情图

图 2-5 | 场景图和功能图

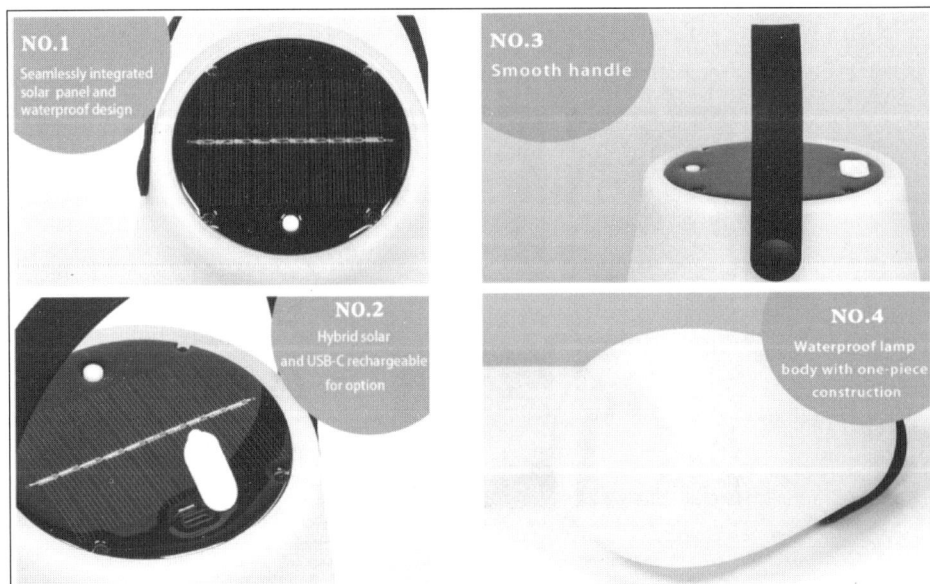

图 2-6 | 细节图

📖 【步骤二】收集数据，制作关键词表

陆谦通过各种渠道收集和整理了关键词。

（1）在跨境卖家中心，执行"生意参谋"—"选词专家"命令，根据需要再选择"热搜词"、"飙升词"或"零少词"。一般先选择"热搜词"进行分析，再选择自己所卖商品的具体类目。以照明灯饰类商品为例，分析其热搜词的操作路径如图 2-7 所示。

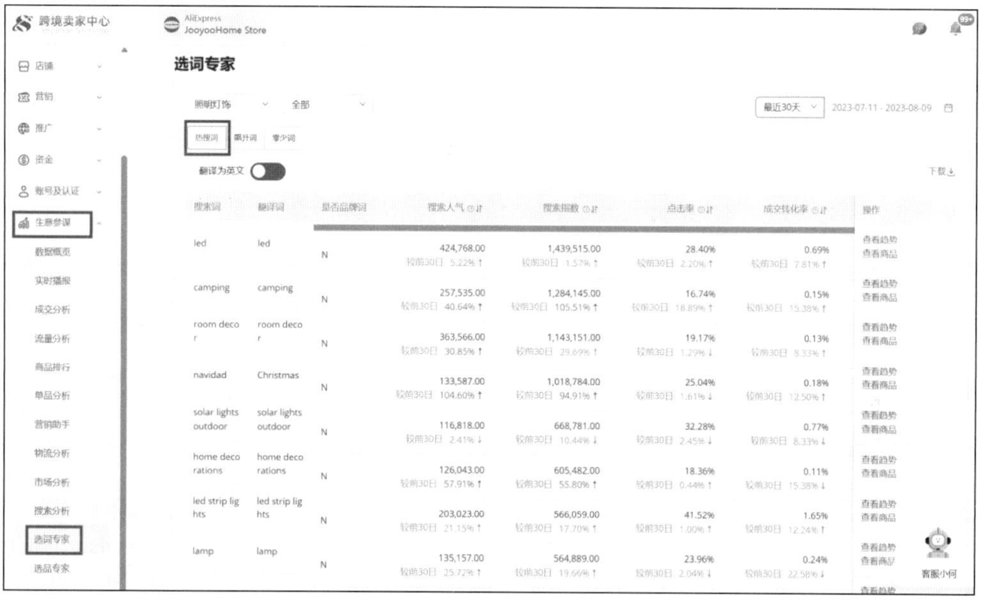

图 2-7 | 热搜词分析路径

（2）根据需要在时间下拉列表中选择最近 7 天或最近 30 天的数据进行查看，单击"下载"按钮即可下载当前数据。图 2-8 所示为下载最近 30 天的热搜词数据。

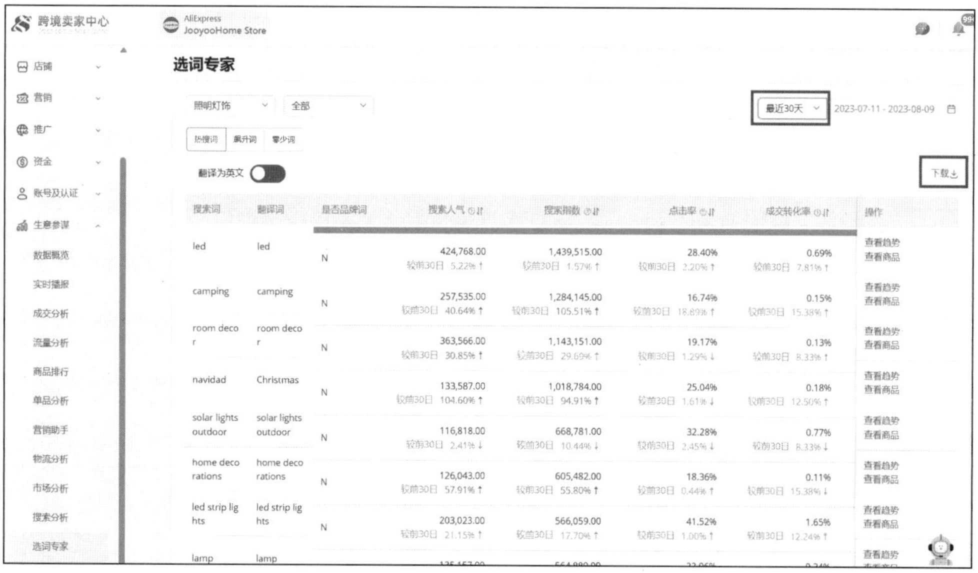

图 2-8 | 下载最近 30 天的热搜词数据

（3）在下载好的表格中（见图 2-9），根据自己的实际需要选择关键词。

Keyword	target Keyword	The number of exposed products has soared	Top3 hot search countries/regions	Competitive index	supply-demand index	Click-through rate	Search popularity	Search Index	Payment conversion rate	Search index soaring
led	led	-0.12	BR, FR, DE	12.6454	1.88	0.284	424768	1439515	0.0069	-0.08
room decor	room decor	1.06	US, GB, CA	4.2138	1.41	0.1917	363566	1143151	0.0013	0.26
camping	camping	0.77	BR, ES, FR	3.4341	1.6	0.1674	257535	1284145	0.0015	1.02
led strip lights	led strip lights	0.12	US, DE, NL	11.7808	1.9	0.4152	203023	566059	0.0165	0.17
home appliance	home appliance	0.42	US, GB, DE	1.3048	1.36	0.0567	200316	273209	0.0001	0.12
led lights	led lights	0.13	US, GB, DE	16.2214	1.62	0.2965	165892	501737	0.0086	0.19
anime	anime	-0.18	US, MX, BR	1.5299	2.03	0.1555	136122	360720	0.0015	-0.09
lamp	lamp	0.06	US, NL, UA	34.6094	1.77	0.2396	135157	564889	0.0024	0.13
navidad	Christmas	0.8	MX, CL, ES	7.0683	2.09	0.2504	133587	1018784	0.0018	1.28
fishing	fishing	-0.23	US, CZ, HU	2.4242	1.64	0.1197	132755	407647	0.0027	-0.12
tiki	tiki	0.41	MX, US, CA	0.394	1.12	0.125	127972	207547	0	0
cozinha	Kitchen	0.24	BR, US, NL	0.5334	1.87	0.2619	126647	230963	0.0032	-0.04
projetor	Projectors	-0.19	BR, US, NL	0.7289	1.47	0.1214	126074	497156	0.0005	0
home decorations	home decorations	1.06	US, IL, GB	7.948	1.39	0.1836	126043	605482	0.0011	0.9
monitor	Monitor	1.54	BR, US, MX	0.3516	1.19	0.2286	125415	176903	0.0002	1.37
stitch	Stitch	0.43	FR, US, ES	0.3131	1.42	0.2332	117135	266025	0.007	0.51
solar lights outdoor	solar lights outdoor	-0.09	US, DE, SK	37.4107	2.02	0.3228	116818	668781	0.0077	-0.12
projector	projector	0.01	US, BR, GB	1.829	1.43	0.2608	111450	204650	0.0029	0.15
halloween	halloween	0.57	MX, US, BR	0.524	1.31	0.1567	109711	181854	0.0025	1.32
demon slayer	demon slayer	-0.16	US, MX, FR	0.6519	1.62	0.2134	107169	209013	0.0036	-0.32
lanterna	Flashlight	-0.02	BR, US, IT	5.63	2.26	0.232	106531	427193	0.0031	-0.03
tv	tv	-0.42	BR, US, MX	1.3169	1.31	0.1441	106194	164456	0.0002	-0.36
luces led para habitacion	Led lights for room	0.41	MX, CL, ES	7.7954	1.86	0.4204	104679	315266	0.0111	0.35
baseus	baseus	-0.22	BR, RU, BR	0.6173	1.77	0.2185	101939	199146	0.004	-0.21
minecraft	minecraft	0.94	MX, CL, US	0.4101	1.12	0.186	98582	118985	0.0019	0.47
flashlight	flashlight	0.11	US, UA, CA	28.1604	2.33	0.2776	98453	407361	0.0074	0.16
light	light	-0.05	US, SA, UA	20.5974	1.49	0.1637	98132	302588	0.0018	0.09
luces led	Led lights	0.46	CL, MX, ES	8.5892	1.79	0.3881	97870	274252	0.0112	0.45
solar	solar	-0.13	BR, DE, ES	27.9479	2.02	0.2182	95617	482942	0.0023	-0.16
alexa	alexa	-0.13	BR, MX, CU	0.5286	1.56	0.1105	91534	156837	0.0004	0
stitch disney	stitch disney	-0.03	FR, ES, US	0.3469	1.63	0.2468	90502	167327	0.0075	0.42

图 2-9 | 下载好的热搜词表格

（4）以核心关键词命名并制作关键词表，如表 2-2 所示。

表 2-2 关键词表

关键词	关键词库
desk lamp	desk lamp led，desk lamp rechargeable，desk lamp for nails，desk lamp pina，desk lamp oil doll，desk lamp large，desk lamp vintage
dress	dresses for women, dresses summer, dressing for woman, dress shirts for women, dress for girls
……	……

📖 【步骤三】发布商品

准备好以上资料后，陆谦登录速卖通跨境卖家中心，开始发布商品。

（1）进入跨境卖家中心，选择"商品"—"商品发布"，如图 2-10 所示。

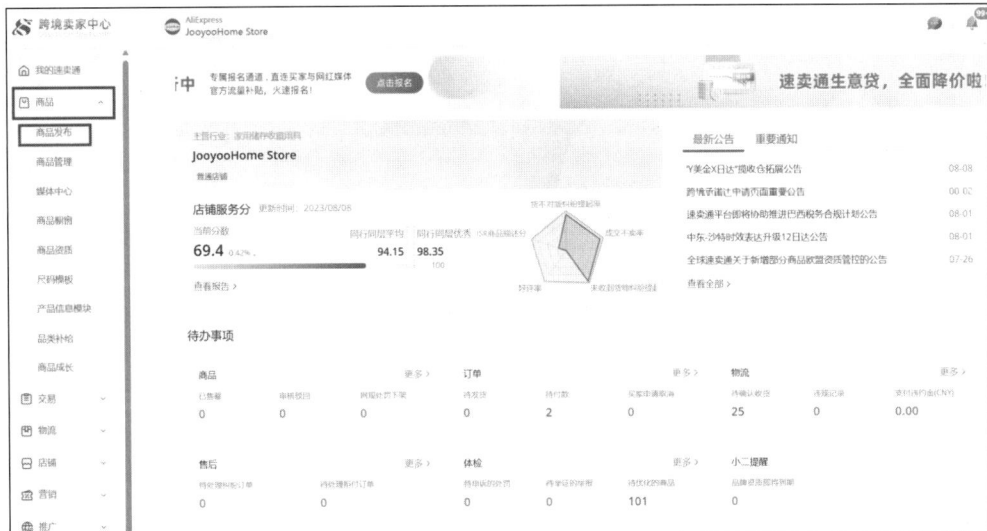

图 2-10 | 商品发布路径

（2）选择发布语系和类目，输入商品标题，如图 2-11 所示。

图 2-11 | 设置商品基本信息

（3）上传商品主图、营销图和视频，如图 2-12 所示。

图 2-12 | 上传商品主图、营销图和视频

（4）填写商品属性，如图 2-13 所示。

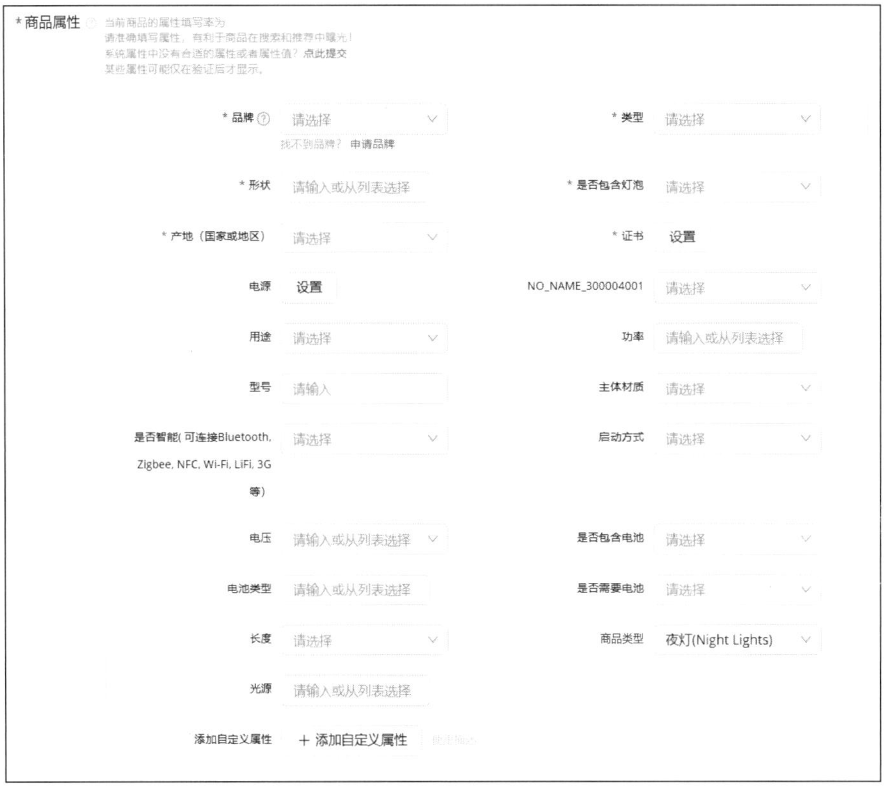

图 2-13 | 填写商品属性

（5）上传商品资质信息，如图 2-14 所示。

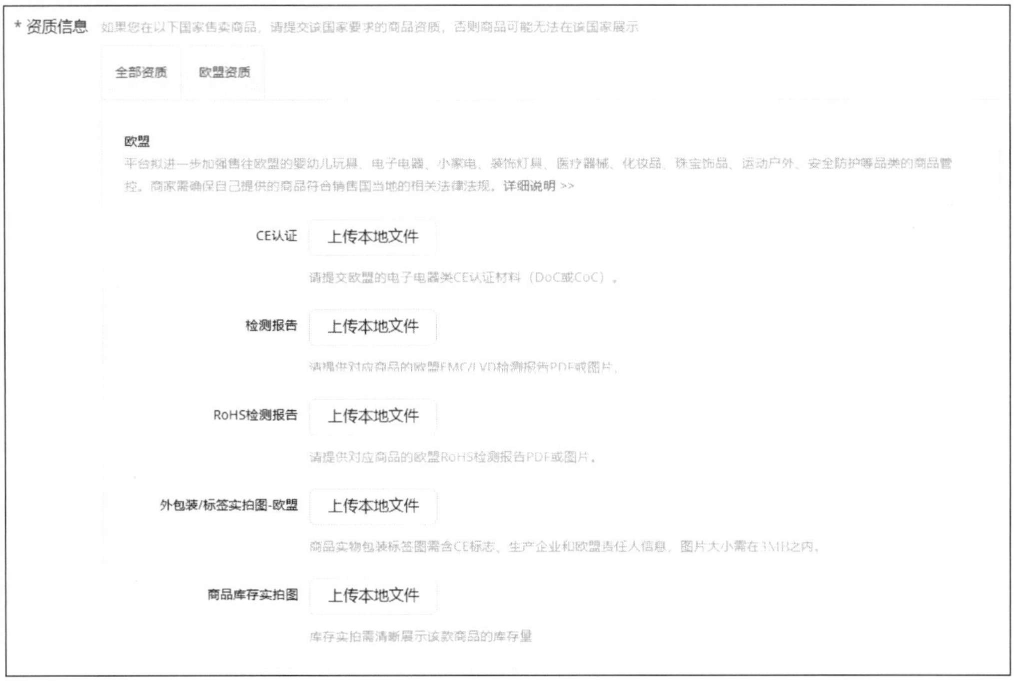

图 2-14 | 上传商品资质信息

（6）填写商品价格与库存，如图 2-15 所示。

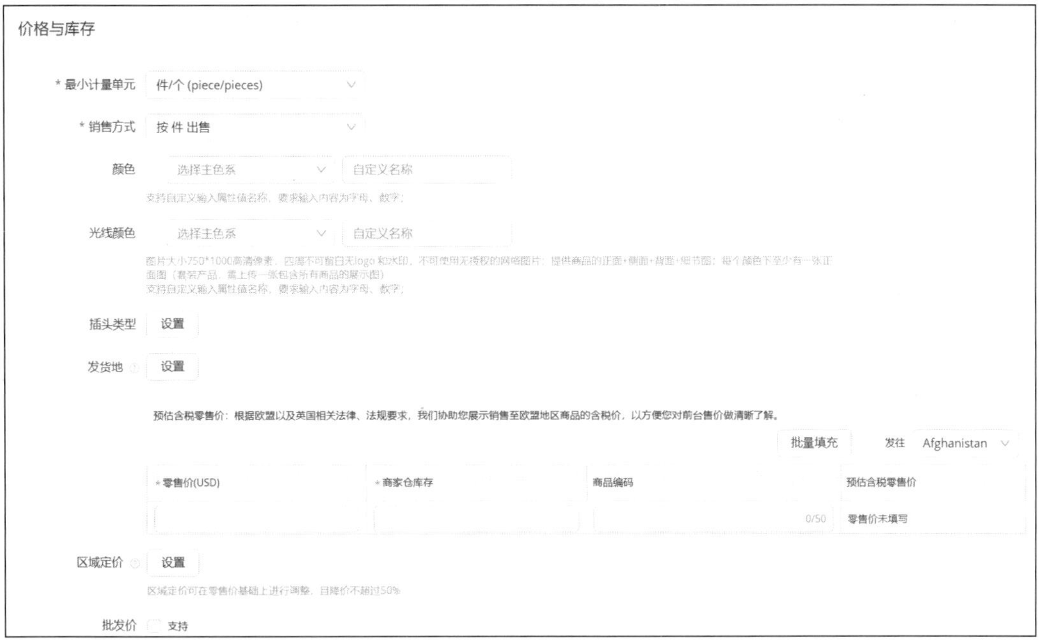

图 2-15 | 填写商品价格与库存

（7）编辑商品详细描述，如图 2-16 所示。

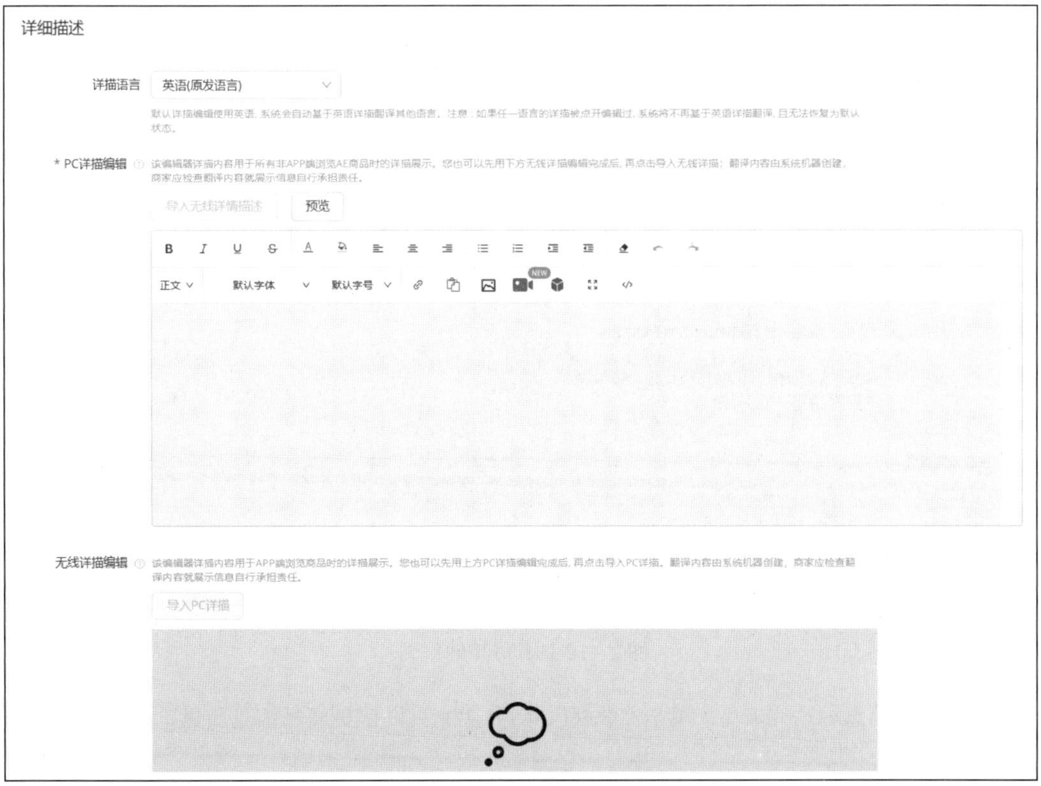

图 2-16 | 编辑商品详情描述

（8）填写包装与物流信息，如图 2-17 所示。

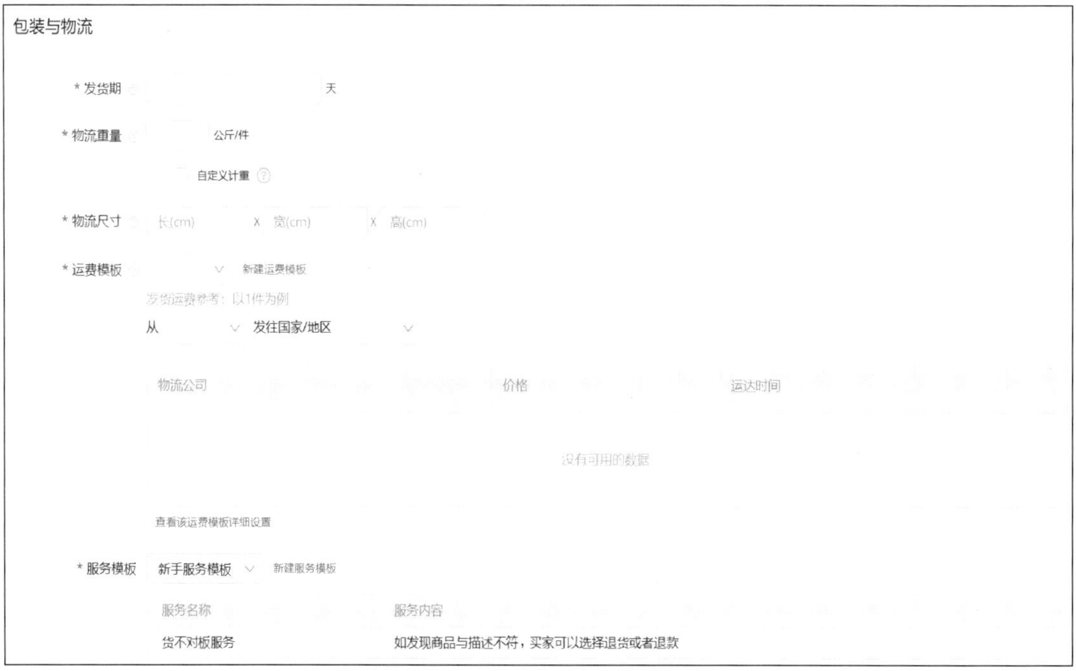

图 2-17 | 填写包装与物流信息

（9）填写其他设置，如图 2-18 所示。

图 2-18 | 填写其他设置

（10）所有信息填写完成后，单击"保存"，随后卖家可以检测商品信息质量，预览发布效果，确认无误后单击"提交"。

通过以上操作，陆谦完成了第一个商品的发布，后面的操作就熟练多了。

子任务二　店铺展示

一、店铺装修

1. 店铺装修对店铺运营的意义

店铺装修可以提高店铺转化率和商品销量等。店铺装修模块与验证指标见表2-3。

表 2-3　店铺装修模块与验证指标

目标	装修模块	验证指标
为了"卖"	① 提升特殊单品销量及转化率。举例：新品首发、爆款商品促销 ② 促进店内普通商品的购买转化，提高店内商品曝光度。举例：优化客户的找品路径	①店铺引导单品浏览的转化率（被引导浏览了商品页的访客数/店铺的总访客数） ②店铺引导成交的转化率（实现成交的访客数/店铺的总访客数）
为了"多卖"	合理的营销活动装修，可以提高进店买家的客单价 ① 搭配购买。举例：满×件×折、满减、满×包邮 ② 场景购买。举例：雪佛兰配件清单	①店铺客户成交的客单价（店铺访客的总成交金额/店铺总访客数） ②店铺客户成交的购买商品数（店铺的人均购买商品数）
为了"店铺忠诚的消费者"	① 提高客户对店铺的认可度，促进粉丝数量增长 ② 展现店铺品牌实力，促进粉丝购买转化 ③ 获得粉丝对店铺的认可，促进粉丝回购 ④ 获得粉丝对品牌的认同，促进粉丝主动拉新	①粉丝人数 ②粉丝成交人数 ③其他特殊追踪

2. 检验店铺装修效果

（1）进入跨境卖家中心，可选择"流量"—"店铺来源"查询买家进店及离店的转化效果，如图 2-19 和图 2-20 所示。

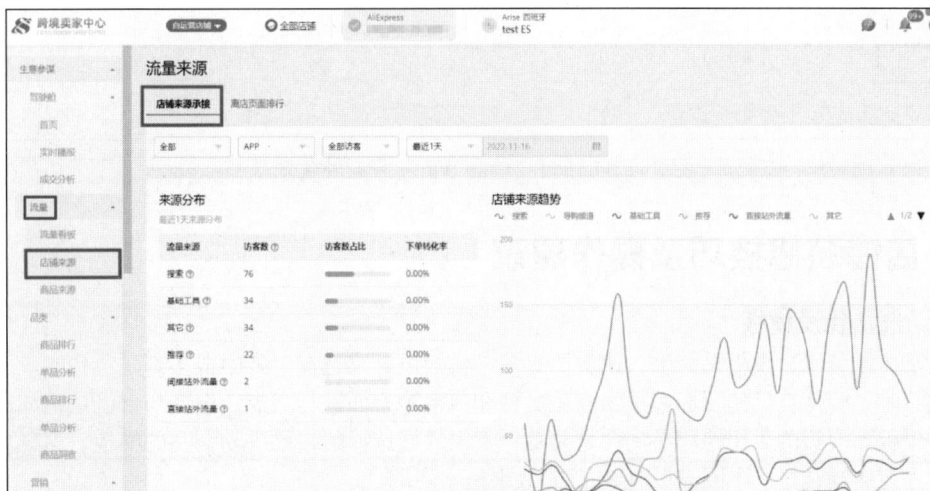

图 2-19 | 通过"店铺来源承接"查看转化效果

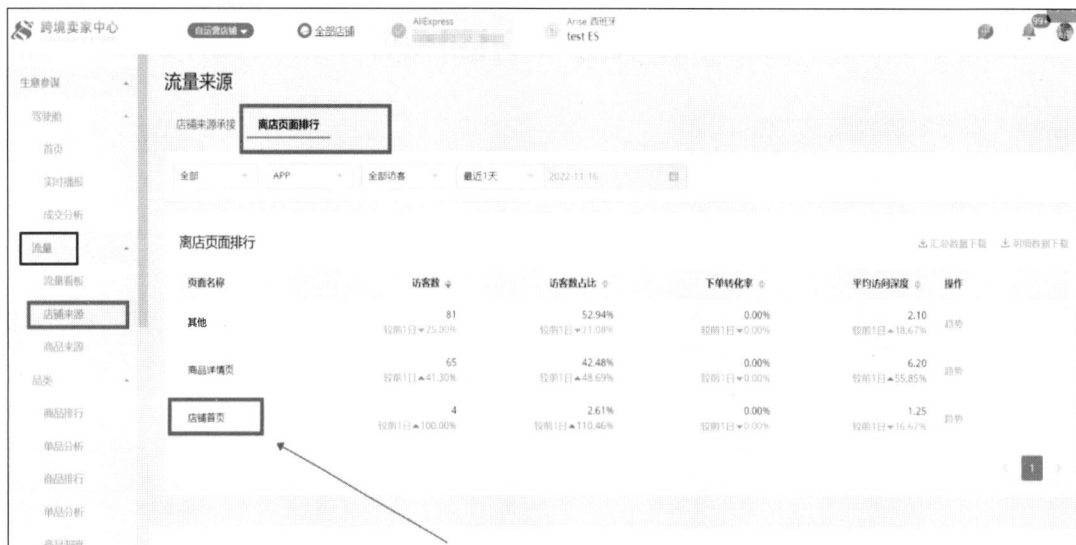

图 2-20 | 通过"离店页面排行"查看转化效果

（2）选择"品类"—"单品分析"，可查询店铺中主推商品的转化效果，如图 2-21 所示。

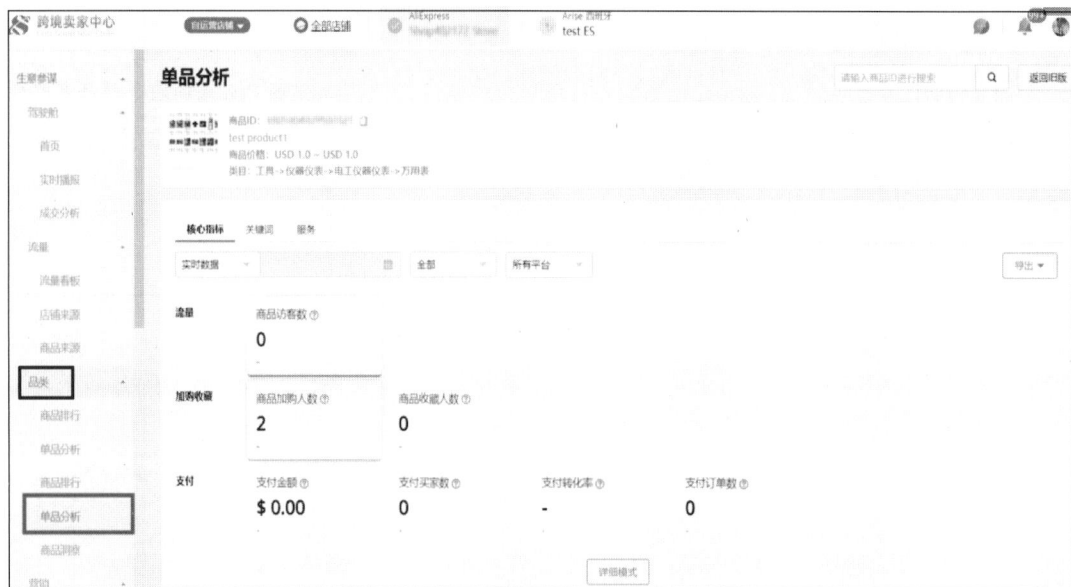

图 2-21 | 通过"单品分析"查看转化效果

二、店铺装修技巧及操作建议

1. 选择优质模板

对于店铺装修，模板是关键。速卖通有多种模板供卖家选择，其中很多都是免费的。卖家在选择模板时，要从自己的目标客户、商品类型和风格等方面进行考虑，选择与自己店铺和商品相符合的模板。模板的可用性和易用性是关键，卖家最好选择能自己手动调整的模板，这样可以更灵活地进行店铺装修。不同模板对 SEO 的效果是不同的。

2. 规划好页面布局

速卖通的店铺需要有一个清晰的页面布局，以便客户快速找到自己想要的商品。页面布局包括各种页面元素的摆放和组合，如主页、商品列表页、商品详情页、品牌故事等。主页关乎客户对店铺的第一印象，应该突出店铺的特色及商品，让客户可以快速了解卖家的商品和服务。商品列表页应该有序展示所有商品，最好是能按照类别分组展示，以便客户快速定位所需商品。商品详情页则应该以单个商品为中心，详细展示商品信息、图片、价格和评论等相关内容。速卖通店铺装修中图片的尺寸要求见表2-4。

表2-4　速卖通店铺装修中图片的尺寸要求

模块名称	PC 端	App 端
全屏店招	1920 像素×90 像素	750 像素×300 像素
单列图文	宽度 1200～1920 像素，高度不超过 1080 像素	宽度 750 像素，高度不超过 960 像素
双列图文	宽度 588 像素，高度不超过 108 像素	宽度 351 像素，高度不超过 960 像素
轮播图	宽度 1200～1920 像素，高度 640～750 像素	宽度 750 像素，高度不超过 960 像素
热区图文	宽度 1200～1920 像素，高度不超过 1080 像素	宽度 750 像素，高度不超过 960 像素

3. 丰富多彩的商品展示

商品展示是店铺装修的重要组成部分。卖家通过合理地展示商品图片、文字、视频和特殊效果等元素，可以大大提高店铺的品牌形象和销售量。商品图片是展示商品的重要部分，要求清晰、细节丰富、色彩鲜明，同时也需要符合速卖通的规定。描述商品的文字应简洁明了，能够快速吸引客户的眼球，帮助客户快速了解商品的特点。在商品展示的视频和特殊效果方面，针对不同的商品类型，卖家可以采用不同的展示方式，以达到更好的宣传效果。

4. 增强客户的体验感

卖家在进行店铺装修时，也要考虑客户的体验。增加交互式和可视化的呈现方式，可以增强商品之间的连通性，提高客户对商品的满意度。具体来说，可以增加一些充满趣味性和具有吸引力的元素，如添加一些图案或动画效果等，促使客户完成商品浏览过程。同时，卖家也要确保商品展示、文本排版等方面的视觉效果良好，以提升整个店铺的品位和形象。

5. 根据数据分析结果调整

卖家在完成店铺装修后，需要定期根据数据分析结果进行相关调整。这样卖家可以在了解店铺的流量、转化率及页面各种指标的基础上，优化店铺的设计和营销策略。通过不断地改进和优化，卖家可以提高店铺的曝光率和成交率，最终实现销售目标。

三、确定店铺的配色

店铺的整体配色会影响进店客户的观感，不同的颜色设置会对商品的展示效果有不同的影响。

1. 使用纯色

若使用纯色，则根据需要挑选较为简洁、明亮的颜色，卖家可参考当年流行色进行选择。

2. 根据主题/印象挑选

卖家可根据店铺的主题或店铺给客户的印象，如动感、高雅等挑选适合的颜色。

3. 根据客户人群挑选

卖家可根据客户画像对客户的性别、年龄、所处地区等进行喜好色调查，并以此为设计基准。

4. 根据活动氛围挑选

大促承接页会固定带有不同的氛围图模块，卖家可根据活动氛围对店铺其他页面的颜色进行调整设计。

任务实施 ↓

店铺开通、商品上传完毕，在正式对外宣传之前，卖家需要对店铺进行设计和装修。这么做的目的是为买家提供良好的视觉感受和体验，延长买家在店内的停留时间，从而树立店铺的良好形象。为此，陆谦带领团队开始做店铺装修规划、装修流程设计等工作。

📖 **【步骤一】设置店铺基本信息**

（1）设置店铺名称和二级域名。店铺名称应简单明了、易于识别，并能够准确传达自己的品牌和业务特点。因此，建议店铺名称围绕品牌名设置，这有助于增强品牌效应。二级域名是店铺的专属网址，设置时需符合速卖通的相关规范。如果申请的是官方店，还需要同步设置品牌官方直达及品牌故事内容，以便更好地展示品牌形象和特色，吸引客户关注。

视频

速卖通店铺基本信息设置

> 📝 **注意**
>
> 店铺名称一经设置就无法修改，仅在更改店铺类型时才有机会更改。在设置店铺名称前，应仔细查看相关设置规则后再确认提交。

（2）设置店铺头像。店铺头像会在粉丝（Feed）、会话、店铺、详情页等页面展示。店铺头像建议以商标为主体，图片内容清晰，并遵守相关规定等。

（3）修改店铺类型/升级店铺。卖家根据店铺的实际情况提交所需材料，即可升级店铺类型。店铺升级每 30 天可以申请一次。

关于速卖通店铺基本信息的设置过程，可以扫描二维码查阅视频具体了解。

📖 **【步骤二】店铺装修**

（1）新建店铺开始装修。装修店铺时，可选择官方模板或第三方模板辅助装修。

（2）添加店铺模块。在跨境卖家中心，卖家可以从左侧区域拖动所需模块进行添加，在右侧对该模块信息进行编辑。

（3）一键同步 PC 端和无线端装修。卖家开启 PC 端和无线端同步后，系统会将其共有的模块按照当前编辑页面内容自动同步。

视频

速卖通店铺装修后台介绍

> 📝 **注意**
>
> 有些图片同步后仍需要重新调整后再上传（无线端同步 PC 端会导致 PC 端图片较小）。建议卖家先勾选"PC 端和无线端同步"，待其中一端装修完毕，再切换到另一端取消勾选"PC 端和无线端同步"，以便调整图片尺寸。

（4）发布装修。卖家可选择"点击查看页面"和通过 App 扫码来预览装修效果。

关于速卖通店铺装修的详细过程，可以扫描二维码查阅视频具体了解。

子任务三　跨境物流布局

知识储备　↓

一、速卖通平台的 3 种主要物流模式

1. 线上物流

线上物流也可以称为官方物流，即选择速卖通官方提供的物流商（如菜鸟、阿里无忧等）进行发货。

选择线上物流发货，物流商会上门取件，并按照买家的收货地址进行发货。如果卖家所在城市没有上门取件服务，则需要卖家将包裹转送到指定的中转仓库。

2. 线下物流

线下物流也可以理解为卖家自提物流，即通过货代公司，如递四方（4PX）、燕文、递一（CNE）等进行发货。这种物流模式也会提供上门取件服务，但是一般发货量不大的卖家需要单独沟通。线下物流与线上物流相比，其在价格和时效上略胜一筹，但安全性和后续问题赔付比线上物流差一些。

3. 海外仓

海外仓就是本地发货。本地发货模式的退换货服务快捷，能降低物流成本，品类限制少，这种模式比较适合大件物品、贵重物品、畅销商品。中国的跨境电商卖家如果想在海外发货，可以选择海外仓，这有助于提升店铺排名，增加曝光量。

选择海外仓发货，卖家要有足够的信心，确保商品能够及时销售出去，否则会产生较高的仓储成本。

二、海外仓

目前各大跨境电商平台都在大力引导卖家采用海外仓模式发货，亚马逊的 FBA 模式相信大家已有所耳闻，速卖通也不例外。针对启用海外仓的卖家，平台会给予其商品的搜索排名加权，商品的成交转化率较高。此外，重要时点的平台活动，很多都要求卖家必须是海外仓货源才可以报名参加。

对于海外仓发货的商品，平台及买家在前端会看到明显的海外仓商品标识，这有助于促进平台的扶持和买家的成交转化。图 2-22 所示的商品就具备美国海外仓的发货权限，即该商品的卖家申请了美国海外仓发货。

1. 真实海外仓

真实海外仓是指商品直接被存放在海外。这种模式的好处主要体现在两个方面：一是物流成本低，平均每单的物流成本远比跨境小包低，预计能节省 50% 以上的物流成本；二是买家体验好，这样该商品的下单转化率高，成交率自然就高，平台给予的流量支持也就会更多。

但是真实海外仓有一个很大的风险——需要囤货，这对于大部分中小卖家或者新手卖家来说，在选品经验不足的情况下，如果贸然囤货到海外仓，要付出大笔采购成本和物流运输成本，万一商品卖不出去，损失就会很大。

图 2-22 | 海外仓发货商品

2. 虚拟海外仓

真实海外仓风险大的问题催生了虚拟海外仓，也就是卖家通过虚拟海外仓获取流量进行测款，然后判断商品的销量，再真正囤货到海外仓。这样带来的好处是：一是卖家前期不用冒囤货的风险；二是卖家可以快速获取平台流量并测款，为后续真正囤货提供充足的准备。

卖家可以通过虚拟海外仓起量测款，筛选后再通过直通车继续测款，最后将筛选出来的商品以店铺活动、平台推广等手段累计销量，每天达到稳定的订单量。卖家可结合每日订单量，估算一个月后的月销量大概能达到多少，以其 80%的数量进行备货后发往海外仓；到货后，再快速消化订单，在库存剩余 10%~20%时根据需求补货，从而顺利地过渡到真实海外仓囤货阶段。

任务实施 ↓

在跨境电商业务中，尤其是在面向全球市场的跨境电商平台，卖家合理设定物流价格，选择合适的物流渠道非常重要。只有先制订好物流计划，卖家才能定好商品价格和囤货。为此，陆谦带领团队为店铺制订物流布局计划。

刚发布商品时由于没有做物流规划，陆谦及其团队选择了"新手运费模板"。为了更好地满足店铺发展的需要，运营团队应根据店铺实际情况新建运费模板。

📖 【步骤一】设置物流常用渠道

速卖通有多种物流渠道可以选择，如速卖通官方物流、e 邮宝、DHL 等。卖家要根据商品的重量、体积和目的地，选择合适的物流渠道。

📖 【步骤二】设置运费模板

（1）输入运费模板名称。注意：运费模板名称只能输入英文和数字。

（2）设置运费。可以选择设置标准运费、卖家承担运费或自定义运费。标准运费即平台会自动按照各物流提供商给出的官方报价计算运费。卖家承担运费即俗称的"包邮"。

（3）设置运达时间。可以选择自定义运达时间，也可以设置为系统默认的时间。

📖 【步骤三】设置多线路包邮

卖家可以选择多个物流线路，并在每个线路中都选择"卖家承担"，这样可以优化物流线路。

关于速卖通运费模板设置的过程，可以扫描二维码查阅视频具体了解。

视频

速卖通运费模板
设置

工作任务二　亚马逊店铺呈现

子任务一　商品线规划

知识储备　↓

一、商品调研与开发

亚马逊是一个重商品、轻店铺的平台，该选什么样的商品销售是卖家需要时刻思考的问题。如果卖家选的商品没有市场，做再多的努力也不会有很大的收获。因此，没有工厂的卖家在选品前需要做好这3件事：厘清商品开发思路、摸清商品的市场容量和趋势、做好商品调研。

（一）厘清商品的开发思路

亚马逊商品的开发思路可以从3方面进行：从需求出发，跟着市场走；以营利为目的；专注于某一个类目。

1. 从需求出发，跟着市场走

亚马逊是重商品的平台，卖家需要考虑自己的商品是否有足够大的市场空间，多关注境外市场。有些商品在境内滞销，但在境外市场可能卖得非常好。卖家想在亚马逊的哪个站点销售，就应该去了解此站点面向的市场需要什么样的商品。

2. 以营利为目的

亚马逊不缺优质商品，是选择"红海"商品还是"蓝海"商品，这是新手卖家面临的选品难题。

"红海"行业竞争大，但并不是没有商机。"蓝海"行业竞争相对较小，但搜索量比"红海"行业少。选"红海"商品还是"蓝海"商品，关键在于商品是否有盈利空间。

3. 专注于某一个类目

在亚马逊，多SKU的杂货店没有竞争优势。卖家在速卖通、eBay等平台可以通过多铺货以量取胜，但亚马逊不一样，其要求商品必须是精品，卖家必须对商品实行精细化运营。因此，专注于某一个类目对卖家来说非常重要。

此外，卖家开店初期，资金、人力等各方面的资源都是有限的，不可能刚起步就上架海量的商品，所以卖家入行时需要先专注于某一个类目。如果卖家不知道该类目的市场如何，可以在亚马逊浏览细分类目的销售情况，并对运营状况较好的店铺和卖得较好的商品做市场调研。

（二）摸清商品的市场容量和趋势

商品的开发思路明确后，卖家就要去了解亚马逊的热卖商品，并对这些商品进行周期性（周、月、季）的分析，然后再确定是否开发该商品。卖家可以通过以下几种方式了解商品的市场容量和趋势。

1. 直接搜索关键词

卖家直接在亚马逊网页前端的搜索框中输入关键词，搜索后可以看到这类商品的总数量和其他信息。总数量越大，证明这类商品的市场竞争越激烈。

2. 查看排行榜

卖家可以在亚马逊网页前端单击"Department"（全部商品分类），选择目标商品所在的细分类目，这里单击"Best Seller"（热销商品）。进入选中的商品页面，找到"Product details"（商品详情），就可以看到"Amazon Best Sellers Rank"（亚马逊热销商品排行榜）。

通过该排行榜，卖家可以了解以下信息。

（1）Best Seller（热销商品）：卖家可以了解具体类目中卖得最好的商品有哪些。

（2）New Releases（新品）：这是亚马逊基于商品销量得出的热门新品榜单，每小时更新一次，商品一般都是上架 3 个月以内的新品。通过这个榜单，卖家可以了解所选类目的热销商品。

（3）Movers & Shakers（排名上升最快的销量飙升商品）：卖家可据此了解 1 天内同类目中销量涨幅最快的商品。通过这个排名，卖家可以找到上升潜力比较大的商品。

（4）Most Wished For（愿望清单）：这类商品一旦价格下调，亚马逊系统就会发邮件提醒买家。在愿望清单中添加次数最多的商品，代表着买家的兴趣所在。

（5）Gift Ideas（适合作为礼品）：通过这个清单，卖家可以了解目前买家更愿意选择哪些商品作为礼品，由此可以在节日来临前有针对性地备货。

参照以上维度，卖家经由任何商品详情页进入该类目的销量排名页面后，通常都会看到平台上有几百种正在热销的商品可供选择。卖家如果能够认真分析这些热销商品的特性，原本没有方向的选品思路也可以由此打开。

（三）做好商品调研

了解商品的市场容量和趋势后，卖家还需要对商品的价格、排名、评论、库存、商标、图片、名称、描述、包装、链接、ASIN 码（Amazon Standard Identification Number，亚马逊识别码）等信息进行调研，以全面了解某种商品，并判断它是否符合自己的选品要求。下面介绍几个商品调研方向。

1. 分析商品的价格

商品价格直接关系到利润，只有商品单价符合卖家的店铺定位，才值得卖家花时间进一步深入研究。如果某商品很畅销，但是体积过大，物流成本很高，一般的卖家无法承担，可以直接放弃；如果某商品的市场价格过低，可能没有利润，这类商品也不需要深入研究。

2. 分析商品的排名

通过分析商品排名，卖家可以了解商品在某个类目中的位置。商品排名越靠前，证明其越有竞争力。此外，商品排名还可以用来评估整体市场容量，判断某一类目的竞争程度。如果卖家能把一种商品的排名做到大类目下的前十万、二级类目下的前一万、三级类目下的前一千、四级类目下的前一百，那么卖家的获利空间就较大。

3. 分析商品的评论

商品评论的增长速度和内容对卖家选品有很大的参考价值。当某种商品处在销售旺季，其评论数量的增长速度也会加快。分析竞品的评论内容，有利于卖家发掘自身商品的品质状况、设计缺陷等，从而了解买家深层次的诉求，在研发阶段就加以改进。如果商品评论星级普遍低于 4 星，说明这款商品缺陷很多，卖家在选品时就不用考虑了。

4. 分析竞争对手的库存来推测销量

亚马逊在网页前端不会公开某种商品的销量，但商品的销量与其排名有很大关系。新手卖家要想了解某种商品的市场销量，可以通过将该商品添加到购物车来推测竞争对手的库存，从而评估该种商品的整体市场容量。如果某款商品在一段时间内的销量比较高，但评论比较少，那么这款商品是值得关注的，因为它可能是一款很有潜力但还没有上升至"畅销"的商品。

5. 分析商品是否有注册品牌、可否跟卖

卖家需要注意商品是否为品牌商品，有无注册商标。如果有品牌保护，而卖家想要代理销售，可以跟在售的卖家进行沟通，取得该商品的代理权或授权书。如果对方不肯授权，新手卖家不一定非要选同款商品，可以找相似款商品。需要特别注意的是，这里说的"找相似款"，并非找仿品，而是建议新手卖家去开发外观不同但功能相似或升级的商品。

6. 注意商品是否需要认证

有些类目比较特殊，如母婴类用品，需要做强制性商品认证。如果卖家不具备认证条件，不建议选这类商品。

通过分析竞品的各种数据，卖家可以判断哪些商品刚上市，哪些商品处于成长期，以及哪些商品处于成熟期或衰退期。如果发现某款商品在某个细分类目下有很多卖家，新手卖家就应该绕开这款商品，去研究其他商品。

此外，卖家还可以借助一些数据分析工具，如谷歌搜索（Google Search）和谷歌趋势（Google Trends）等，以提高分析效率。

二、库存与供应链管理

库存和供应链管理在亚马逊店铺运营中至关重要，因为任一环节出问题导致缺货，前期运营的良好基础就会受到极大伤害。

（一）规划库存的方法

很多中小卖家在面对库存管理混乱、查询困难、计量与预测不准等问题时束手无策。卖家不能及时发货，对买家的购物体验造成了很大的影响，甚至导致因订单缺陷率（Order Defect Rate，ODR）过高而被封店。不同运营阶段的库存管理有不同的方法。

（1）新品测试期。这个时期，卖家对自己的商品尚未有十足的把握，因此可以只备少量库存。

（2）新品推广期。这个时期，卖家要想使商品在市场上热卖，需要开展多项营销活动加大推广，因此，计划推广数量便是库存底线。

（3）销售成长期。到了这个时期，商品已经拥有了一定的市场份额，因此卖家应该将重点放在备货上，保证库存充足，避免断货。

（4）商品衰退期。一种商品的销售鼎盛时期也是竞争对手的强势介入时期，此时买家的心理也有一定的变化。卖家在这个时期要时刻关注商品排名和销量趋势，从而预测备货量。

（5）流量突变期。在平台活动、节日营销等推广活动开展前，卖家应该根据商品日常表现，提前调整好库存。

（二）库存管理原则

1. 了解库存周期

库存周期即商品从入库到出库所需的时间，是衡量商品销售是否健康的一项基本指标。卖家需对商品的库存周期有清晰的认识，才能准确判断出该商品是否热销、哪个时间点更好卖，从而做出精准的库存采购预算。

2. 了解行业基准

卖家将自己的库存情况与同类目指标进行对比，发现自己的优势和劣势，做好库存规划。

3. 精准了解库存情况

卖家实时更新自己的库存数据，了解精准的库存情况，方便做出更好的决策。

（三）供应链管理

供应链管理是指利用计算机网络技术全面规划供应链中的商流、物流、信息流、资金流等，并进行计划、组织、领导与控制。换句话说，供应链管理是利用先进的信息技术，收集供应链各方及市场需求方面的信息，以减少需求预测的误差，用实时、准确的信息控制物流，减少甚至取消库存（实现库存的"虚拟化"），从而降低库存的持有风险。

1. 全过程的战略管理视角

供应链管理将所有节点企业视为一个整体，实现全过程的战略管理，贯穿从原材料采购、生产制造、运输仓储到销售的整个物流过程，要求各节点企业之间实现信息共享、风险共担、利益共存。它强调对整个供应链的有效管理，包括供应商的选择与管理、生产计划的制订与执行、库存的控制与优化、物流的规划与执行等。

2. 集成化的管理模式

供应链管理的关键在于采用集成的思想和方法。它涵盖了从供应商到最终客户的全要素、全过程，是一种全新的管理策略。通过将不同的企业集成起来，供应链管理致力于提高整个供应链的效率，注重企业之间的合作，以达到全局最优。这种集成化管理模式打破了企业间的壁垒，促进了资源的优化配置和业务流程的协同运作，各个环节紧密衔接，快速响应市场变化，形成强大的竞争优势，提高供应链的灵活性和韧性。

3. 创新的库存观念

供应链管理对库存的认识发生了根本性的转变。传统观念认为库存是维系生产与销售的必要措施，是一种必要的成本。然而，在供应链管理中，库存被视为一种资源，需要被有效管理和优化。通过实现企业与其上下游企业之间的库存转移，供应链管理降低了企业的库存成本。它要求供应链上的各个企业成员建立战略合作关系，通过快速反应和紧密协作，共同降低库存总成本，提高资金周转效率。这种创新的库存观念有助于减少库存积压和浪费，提高供应链的运作效率。

为了实现这一目标，企业可以采用先进的库存管理方法和技术，如精益库存管理、准时化生产（Just In Time，JIT）等。这些方法和技术有助于企业实时监控库存水平、预测需求变化、优化库存结构等，从而降低库存成本并提高库存周转率。

4. 以最终客户为中心的经营导向

供应链管理始终以最终客户为中心，这也是其经营导向的核心。无论供应链的节点企业数量有多少、类型如何，供应链的形成都是基于客户和最终消费者的需求。只有满足客户和最终消费者的需求，才能推动供应链的持续发展和壮大。这种以客户为中心的理念促使供应链各环节紧密围绕客户需求展开运作。企业需要深入了解客户的需求和期望，并将其转化为具体的商品和服务要求。同时，企业还需要与供应链上的其他合作伙伴紧密合作，共同满足客户需求。例如，通过协同设计和生产，企业可以为客户提供定制化的商品和服务；通过快速响应和灵活调整，企业可以更好地满足客户的个性化需求。以客户为中心的经营导向不仅有助于提高客户满意度和忠诚度，还有助于企业发现新的市场机会和增长点。通过不断关注客户需求和市场变化，企业可以及时调整供应链策略和商品组合，以适应市场变化并抓住新的发展机遇。

任务实施 ↓

亚马逊是一个重商品、轻店铺的平台，如果所选商品没有市场，付出再多努力也不会有收获。因此，团队根据公司的供应链情况决定销售女装类商品，团队成员开始了解最近亚马逊热卖的女装类商品，并对其进行周期性分析，摸清该类商品的市场容量和销售趋势。

【步骤一】用关键词搜索

在亚马逊网页前端的搜索框中输入关键词"dress"进行搜索，就会看到这类商品的总数量，如图 2-23 所示。

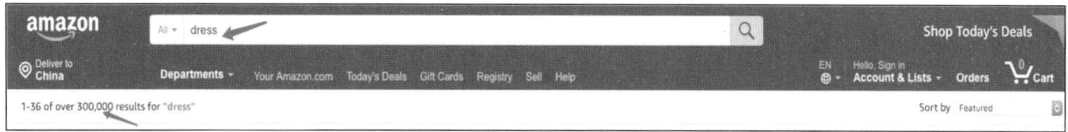

图 2-23 | 用关键词搜索

【步骤二】查看热销排行榜

卖家可以在亚马逊网页前端选择"Department"（全部商品分类）下的"Women's Dresses"（女装），打开图 2-24 所示的页面。选择带有"Best Seller"（热销商品）标识的商品，进入商品详情页，找到"Product details"（商品详情），就可以看到"Best Sellers Rank"（热销排行榜），如图 2-25 所示。

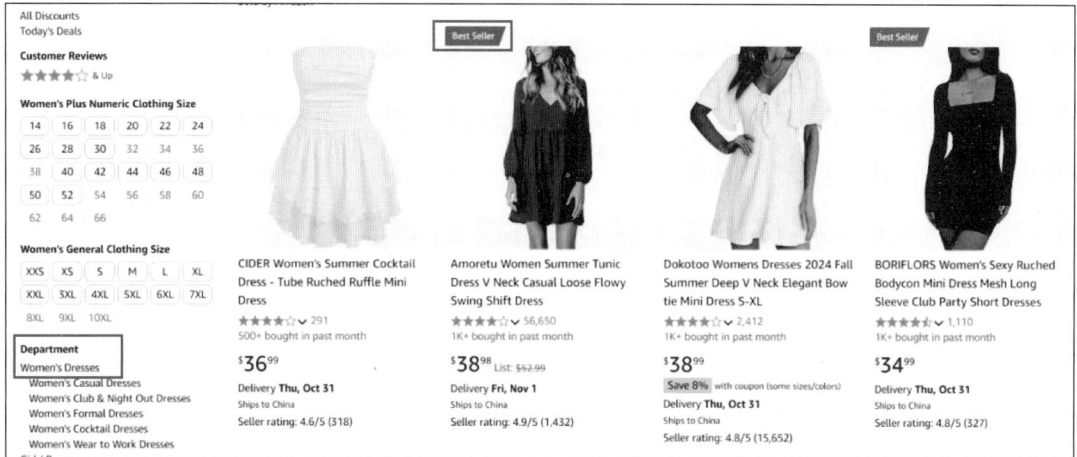

图 2-24 | 查看商品分类

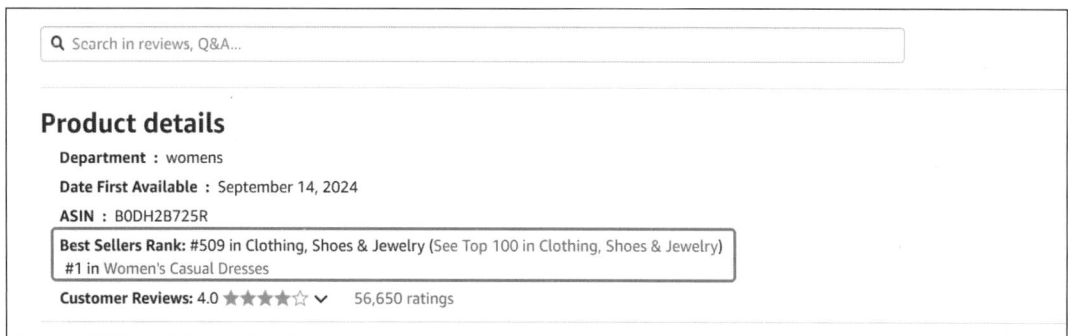

图 2-25 | 查看热销排行榜

【步骤三】分析商品价格

在商品详情页，分析商品价格和其他竞品的价格，如图 2-26 所示。

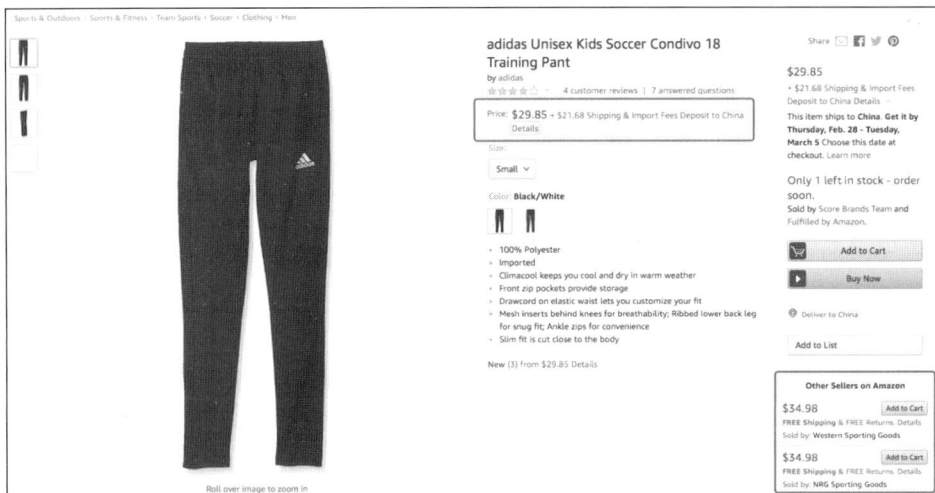

图 2-26 | 分析商品价格

📖 **【步骤四】分析商品评论**

在商品热销排行榜下面可以看到"Customer Reviews"（商品评论）。卖家分析评论的内容，可以了解商品的品质状况、设计缺陷等，进而了解买家深层次的诉求。

📖 **【步骤五】分析竞争对手的库存**

卖家可以通过将竞争对手的商品添加到购物车来推测其库存，从而评估这款商品的整体市场容量。

子任务二 分类审核与商品发布

知识储备 ↓

一、分类审核

为了给用户提供良好的购物体验，亚马逊规定，卖家账号申请成功后，需要选择商品的销售方向，其中有些品类的商品只有审核通过后才可以销售，这就是分类审核（Categories and Products Requiring Approval）制度。

（一）分类审核的原因

一方面，亚马逊需要通过网站商品数量的扩大和种类的增多来为用户提供更多选择；另一方面，为了让用户买到放心的商品，亚马逊也必须确保卖家能提供高质量的购物体验。所以，亚马逊不仅对现有卖家进行严密的监控以确保其能提供高质量的商品，还要对新手卖家上传的商品进行严格的审核，防止出现市场担忧的质量缺陷或进出口限制等问题。

> 知识拓展
>
> 亚马逊卖家如何
> 申请分类审核

（二）判断商品需要做分类审核的方法

1. 按照平台列举的商品类目进行判断

亚马逊规定了需要审核、不需要审核以及禁售商品的类目，在其官网可以查询。卖家可以登录相应的亚马逊站点查询自己销售的商品是否需要审核。

2．根据能否选择节点分类来判断

卖家也可根据创建新商品时能否选择节点分类来判断。如果商品类别未在下方列出，可能是因为该商品需要审核、受到限制或分类申请正在审核中。

3．利用跟卖按钮检验

卖家在亚马逊首页搜索同类商品查看能否跟卖，若搜索出来的同类商品的详情页没有"Other Sellers on Amazon"或"Sell Yours"这样的跟卖按钮（见图 2-27），则说明该商品所在的类目需要通过亚马逊分类审核才能销售；反之，则不需要审核。

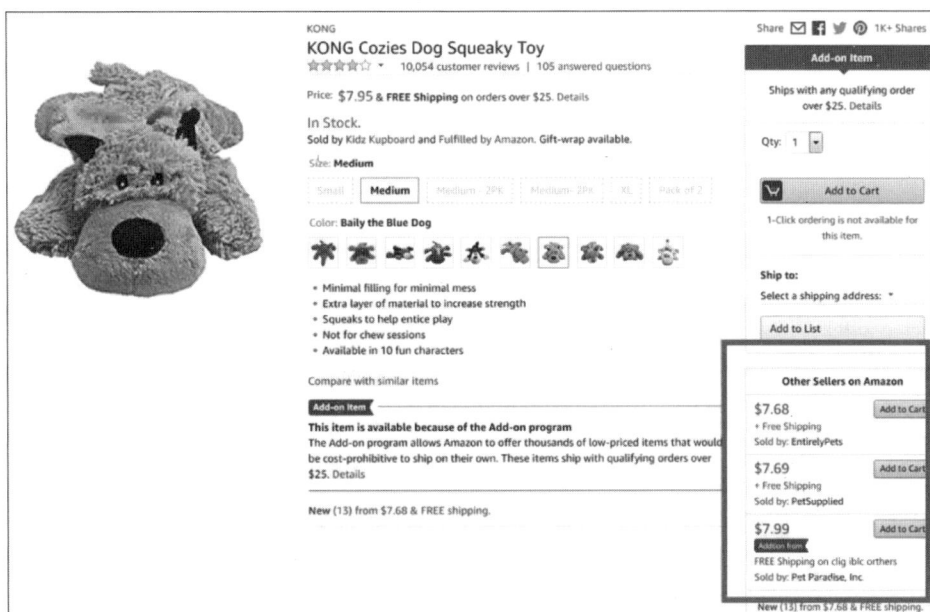

图 2-27 | 检验跟卖按钮

二、商品发布

亚马逊商品发布包括设置商品标题、图片、五点描述（Bullet Points）、搜索词等内容。

（一）商品标题的设置

在亚马逊的搜索排名中，商品标题是吸引消费者的第一要素，更是后续营销、推广、引流的基础。拟好商品标题能大大提高成功售出的概率。

1．商品标题的组成要素

一般而言，亚马逊的商品标题主要包括 7 个要素：品牌、商品名称、商品系列或型号、材料或主要成分、颜色、尺寸及数量。在拟写标题时，卖家要将这些要素清楚准确地表达出来，尽量让标题中的每一个词都可以正确地被搜寻，以提高商品出现在搜索结果内的概率。

2．优质标题的特点

优质标题必须符合商品所面对的消费群体的搜索习惯和语法习惯，因为只有投其所好方能有收获。标题的主体部分一定要能简洁清晰地表达"我要销售什么"，让消费者一眼就能看清楚该商品是什么。消费者看到这样的标题，进入店铺后的转化率会很高。标题中的关键词一定是和商品紧密相关的，这样的标题才可以最大限度地为卖家的商品吸引流量，增加曝光量。关键词还必须有利于搜索引擎的抓取，能够进入搜索结果。

（二）商品图片优化

亚马逊商品主图就是商品的第一张图片，其他均为商品辅图。亚马逊商品主图必须是纯白色背景，展示单一商品。

一个商品的详情页中有7张图片，虽然展示角度各不相同，但它们彼此结合，构成了该商品的整体形象，也影响着消费者对该商品最直观的感受。商品图片的优化可以从以下几个方面着手。

（1）图片要传递真实准确的商品信息。图片中传递的信息一定要真实准确，否则会误导消费者，产生不好的影响。因为很多消费者可能不会仔细阅读商品描述，他们仅凭着对图片的印象就做出了购买的决定，然后再根据收到的商品做出反馈。因此，如果图片传递的信息有误导性，纠纷和差评就在所难免了。

（2）图片要美观。在图片拍摄和处理上，卖家一定要让消费者感受到商品的设计感和品质细节，达到美观的效果。只有这样，才能让更多的消费者点击自己的商品页面，提高转化率。

（3）图片要有代入感。代入感就是消费者在看到图片时，能够想象出将这款商品用在日常生活中的真实情境，并迫不及待地想使用它。网络购物中"看图购物"的核心不仅在于商品图片的精美程度，还在于商品图片所传递的信息能够和消费者的内在需求相吻合，甚至能够激发消费者自己未曾感知的潜在需求。

（4）图片要传递质感，更要传递超值感。图片一定要能够把最精美的细节展示出来，好的细节能够勾起消费者的购买欲望，让消费者认为以这样的价格买到图片中的商品是实惠划算的。要想体现物超所值，图片细节是一方面，配件展示是另一方面，甚至精心设计的包装盒图片等细节都是很重要的内容。

（5）图片最好以商品关键词命名。在SEO算法中，图片名称同样会被搜索引擎抓取，如果图片是以非关键词的方式命名，会降低被搜索引擎抓取的可能性。

（三）Bullet Points 的提炼与优化

亚马逊中的 Bullet Points 又称五点描述，是卖家所销售商品的关键特性，即商品的卖点。

商品卖点对商品排名有直接的影响，是影响客户下单的重要因素。因此，卖家在优化商品信息时，要重视 Bullet Points 的提炼与优化。

1. Bullet Points 的内容

亚马逊商品的 Bullet Points 一共有5行，每行内容以"·"来区分，它主要用来罗列商品的主要卖点，包括商品尺寸、功能、特点及优势、运输时效（在有时效优势的情况下填写）、用途（如可以作为某个节日的礼物）等内容。

总之，Bullet Points 要将消费者可能会关心的问题以及商品与众不同的卖点罗列出来，且要注意扬长避短。卖家可以在商品标题下列出商品的 Bullet Points，向消费者展示商品的主要性能和优势，此处可以填写100～500个字符。

2. Bullet Points 的优化技巧

在亚马逊列表中，权重大小依次为商品标题（Title）>五点描述（Bullet Points）>搜索词（Search Terms）>商品描述（Description）。可见 Bullet Points 的重要性仅次于商品标题，这就要求卖家能在 Bullet Points 中向消费者提供尽可能完备的重要信息，激发消费者的购买欲，进而提升商品的销量。Bullet Points 的优化技巧如下。

（1）优化思路。卖家首先要想好应该如何写 Bullet Points，怎样才能将商品的最大特点在 Bullet Points 中体现出来，怎样才能让买家了解自己的商品和其他商品的最大区别或与众不同之处，从而达到吸引消费者继续浏览进而购买的目的。

（2）尝试多写一些关键词吸引消费者。卖家可将 Bullet Points 看作是对商品标题的补充，最大限度地展示商品特点。但是，这里并不是一个堆砌关键词的地方，否则消费者不知道卖家到底想表达什么，所以 Bullet Points 一般要求卖家使用简单的描述和术语。

（3）突出重点。卖家要将 5 个关键的商品信息进行突出展示，尽量对商品的功能和属性进行具体的描述，但不要在商品功能描述中加入公司的具体信息，也不要加入促销和定价信息。

（4）格式整齐，重点突出。卖家应尽可能利用亚马逊提供的相关权限让商品脱颖而出，并帮助消费者迅速了解商品的优点，因此卖家在写 Bullet Points 时一定要规范、清晰。

（四）搜索词的打造与优化

当消费者在亚马逊的搜索框中输入关键词进行商品搜索时，平台内与之相关的标题（Title）和搜索词（Search Terms）都会计入搜索权重。

1. 如何填写 Search Terms 里的关键词

为了让消费者通过搜索关键词找到自己需要的商品，亚马逊会自动抓取能够匹配消费者需求的搜索词，并将符合条件的商品展示给买家。

一般而言，Search Terms 主要有两种写法。

（1）按照消费者搜索习性筛选和整理关键词，把与商品相关性较高的精准关键词写进 Search Terms，这样可以有效地抓住每一个精准流量。

（2）在 Search Terms 中填写大量的关键词或词组，将每个关键词或词组用空格隔开，以"词海战术"来增加商品被搜索到的概率，这主要针对泛流量。

2. Search Terms 的优化方法

为了引流，卖家对 Search Terms 的优化还需要从细节入手，具体如下。

（1）善用连字符号"-"，减少不必要的重复字词。在关键词中添加连字符号，可以包含所有的关键词组合，例如关键词"anti-aging"有效包含了"anti""aging""anti-aging""anti aging""antiaging"等。

（2）无须担心词语的单复数形式和大小写问题。只要选择其中一种形态，系统会自动搜索包含单数和复数的结果以及包含大写和小写的结果，所以填关键词时选择其中一种形态填写就行。

（3）区分不同关键词时不要用逗号隔开，用一个空格隔开即可。

（4）可以写入商品的两种名称。不同国家或地区的人对同一种商品可能有不同的称呼，例如有人把移动电源称为充电宝或旅行充电器，灯有"lamp"和"light"两种叫法，这些都可以写上。

（5）如果所卖商品适合节日使用或送人，卖家要提前修改关键词，一般在节日前的半个月甚至一个月就要在关键词中加入与节日相关的词组。

任务实施 ↓

卖家想要运营好亚马逊店铺，上传商品是一项基本功。针对卖家自建商品页面的情况，亚马逊提供多种上传方式。

📖 **【步骤一】创建新品**

进入卖家后台，选择页面左上角"INVENTORY"（库存）下拉列表中的"Add a Product"（添加商品）选项。在"Add a product"页面单击"Create a new product"（创建新品）按钮，如图 2-28 所示。

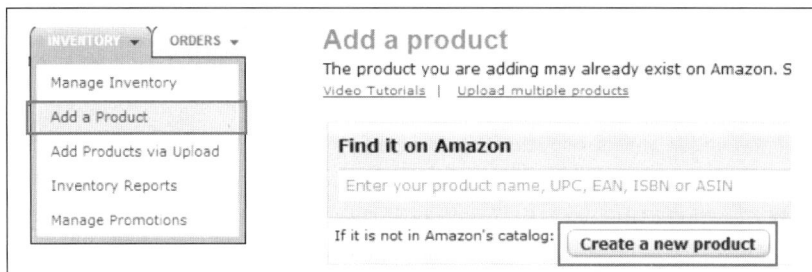

图 2-28 | 创建新品

📖 **【步骤二】搜索品类**

可以在搜索框中输入关键字，单击"Find category"按钮搜索品类；也可以从下面的列表框中选择品类，然后单击"Select"按钮确认所选品类，如图 2-29 所示。

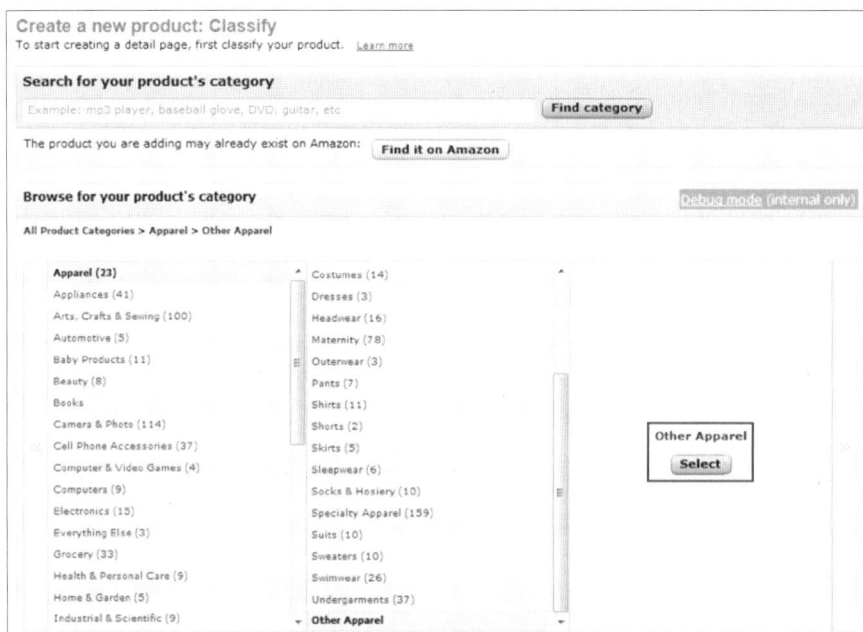

图 2-29 | 搜索品类

下一步要在所有商品分类列表中选择商品详细品类。如果不确定自己商品的品类，卖家可以在搜索框中输入关键字搜索，也可以参考其他卖家的同类商品品类，如图 2-30 所示。

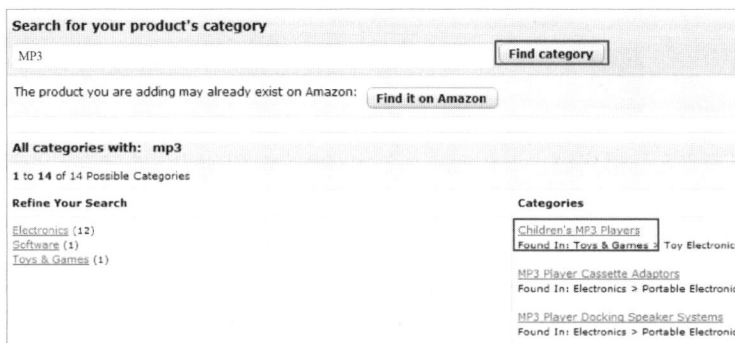

图 2-30 | 搜索商品品类

📖　【步骤三】输入商品基本信息

确定商品品类后开始添加商品。在商品基本信息页面逐项填写 SKU、标题、描述、品牌、生产厂商、功能、图片、价格、关键字、UPC 码等，所有标注红色星号的选项为必填项。必填信息都填好以后，页面下方的"Save and finish"按钮会由灰色变成橘黄色，单击"Save and finish"按钮创建商品，如图 2-31 所示。

图 2-31 | 编辑并保存商品信息

需要注意的是，在首次创建商品的过程中，图片不会马上上传，要等商品信息都输入完毕，单击"Save and finish"按钮的时候图片才上传。

📖　【步骤四】创建成功

商品创建成功后，在"Manage Inventory"（库存管理）页面会出现该商品（见图 2-32）。全部信息将会在 15 分钟内更新完毕，但刚刚上传的商品不会马上在前台显示。

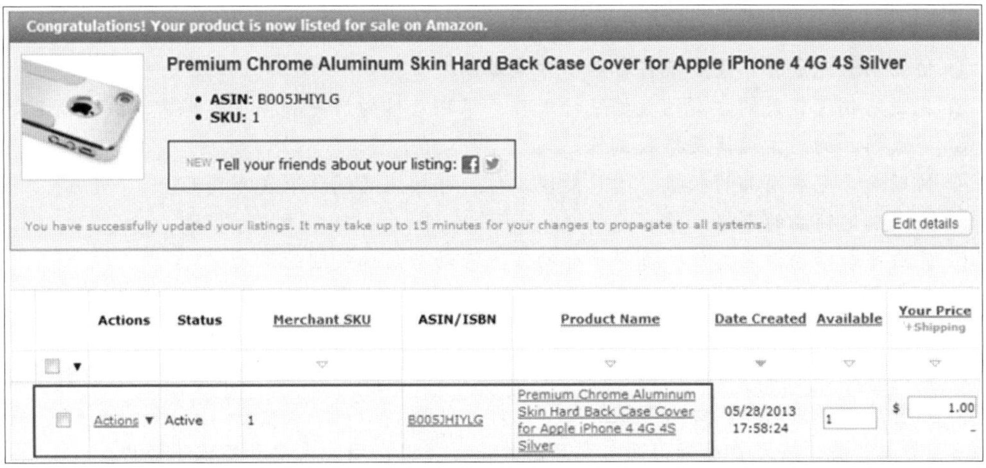

图 2-32 | 商品创建成功

岗位素养提升 ↓

跨境电商运营岗位分析

跨境电商运营不是一个独立的岗位，而是整个团队分工合作、相互配合的过程。这是因为运营经理的店铺运营策略、方案需要靠店铺中所有员工的配合才能落实到位，这样运营才能有成效。

1. 跨境电商运营岗位设置

跨境电商运营团队一般包括店长、运营、美工、客服和物流仓储等岗位，如图2-33所示。

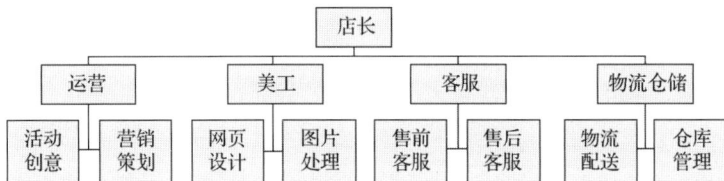

图2-33 | 跨境电商运营岗位设置

2. 跨境电商各岗位的职责

（1）店长。店长是店铺的总负责人，负责协调店铺各岗位人员的工作，具体职责如下。

① 选择上架商品，协调运营人员和美工完成商品图片的拍摄与美化、文案撰写等工作，监督店铺运营，维护上下架商品。

② 确定店铺营销策划及日常活动方案，监督运营人员完成营销计划及活动方案的撰写，负责员工培训工作。

③ 确定店铺装修版式，负责日常改版工作，监督美工完成店铺日常改版。

④ 负责店铺与总公司、其他部门的对接工作，保证店铺的日常运营。

⑤ 负责员工管理工作，确定客服、营销策划、物流配送、财务管理等日常工作的流程及相关安排。

⑥ 协助客服人员解决客户投诉及纠纷问题。

⑦ 协调店铺账户管理工作，保证账户的安全性。

⑧ 完成店铺其他标准化工作。

（2）运营。运营人员对店铺的发展起着至关重要的作用，因此其应具备以下能力。

① 协助店长完成营销策划及日常活动方案编制。

② 完成店铺营销策划方案的数据统计工作，根据店铺的历史数据及市场需求做好商品定价。

③ 完成商品的文案编辑及排版工作。

④ 协助美工完成商品的拍摄、图片处理工作，并按照店铺要求发布商品。

⑤ 完成选定商品的上架工作。

⑥ 完成平台活动报名工作，负责平台的官方活动与店铺策划的活动。

⑦ 负责商品推广，提高商品的曝光率和排名，为店铺引进更多流量，打造店铺畅销商品，带动商品销量。

⑧ 协助物流、仓储人员管理库存，结合店铺的实际情况，避免断货或积货，做好订单统计。

⑨ 监督店铺评价问题，协助客服解决中差评等问题。

（3）美工。美工决定着店铺门面与商品图片是否美观，因此需要具备以下能力。

① 负责店铺装修，确保店铺页面别具一格，延长买家的停留时间。

② 设计有视觉冲击力的海报，助力营销活动达到最佳效果。

③ 保证商品图片的质感与清晰度，提高转化率。

④ 商品详情页影响着商品的收藏加购率与转化率，所以要尽量突出商品细节与卖点。

（4）客服。客服对商品转化率的影响也非常大，应具备以下能力。

① 买家在下单前通常会询问商品的材质等问题，这就要求客服熟悉商品，能够专业、快速地回复。

② 店铺一些特别的售后问题需要客服与平台的店小二进行沟通。

③ 负责订单管理，因为好评率高会在一定程度上促进买家购买，所以对给予差评的买家，客服要及时沟通，做好售后服务。

（5）物流仓储。仓储中心是物流与供应链中的库存控制中心、调度中心、增值服务中心，其目的是满足供应链上下游的需求，因此仓储人员需要具备以下能力。

① 收到订单后24小时内联系物流公司，完成已销售商品的物流发运工作。

② 负责在店铺后台输入发货单号，并及时更新物流状态。

③ 负责店铺的库存管理工作。

④ 完成店铺下设提货点的资质验收、库存管理及对账等工作。

技能训练 ↓

一、单项选择题

1. 颜色属于标题中的（　　）词。

    A. 核心　　　　　　　B. 属性　　　　　　　C. 流量　　　　　　　D. 关键

2. 关于发布新商品，下列说法正确的是（　　）。

    A. 商品图片越大越好

    B. 商品属性要尽量填写完整、专业

    C. 商品的类目可以在平台推荐的类目中随机挑选一个

    D. 关键词在标题中可有可无

3. 影响亚马逊的商品排名最主要的因素是（　　）。

    A. 订单量的大小　　　B. 价格的高低　　　C. 好评数量　　　　D. 问答的多少

4. 如果新手卖家要对一个已有品牌的商品进行跟卖，则需要进行以下哪项操作才合法？（　　）

    A. 注册类似商标　　　　　　　　　　　B. 拿到代理权或授权书

    C. 直接跟卖　　　　　　　　　　　　　D. 找同款填充

二、多项选择题

1. 下列哪些情况违反了速卖通的平台规则？（　　）

    A. 在商品描述里留下联系方式

    B. 在速卖通的网页上留下链接

    C. 在信息中心或阿里旺旺留下联系方式，以便与买家沟通

    D. 在商品图片上留有卖家的联系方式

2. 下列哪些行为属于侵犯知识产权的行为？（　　）

    A. 未经注册商标权人许可，在同一种商品上使用与其注册商标相同或相似的商标

    B. 未经权利人授权，擅自使用受版权保护的作品材料，如文本、照片、视频、音乐和软件

    C. 未经授权在店铺信息中使用图片、文字等受著作权保护的作品

    D. 为了节省时间，借用他人商标发布商品

3. 下列哪些行为违反速卖通的平台规则？（　　）

    A. 在促销开始前大幅度提高商品原价后再打折出售

    B. 在开展限时减价、折价等促销活动时，虚构促销期限及商品价值，使用"最后一天""仅限今日"等表述

    C. 卖家将速卖通账户转让、出租或出借给朋友使用

    D. 卖家保证其出售的商品在进口国（地区）法律规定的合理期限内可以正常使用

4. 下列关于标题设置的说法正确的有（　　　　）。

   A. 标题要如实描述商品，尽量准确、完整、简洁

   B. 因为标题有字数限制，所以对大小写、单词之间的顺序及语法等可以不用考虑

   C. 设置标题时应该把重点内容前置，因为前段标题的权重大于后段标题

   D. 标题内应该有明确的商品名称，标题描述的商品应该和详细描述中的内容相符

5. 影响商品的定价因素有哪些？（　　　　）

   A. 商品进价　　　　　B. 运费　　　　　C. 折扣率　　　　　D. 利润率

6. 下列哪些内容可以写入商品自定义属性中？（　　　　）

   A. 商品来源　　　　　　　　　　　　B. 材料、重量、尺寸

   C. 规格、功能　　　　　　　　　　　D. 销售方式

7. 关于"打造差异化"的理解正确的有（　　　　）。

   A. 打造商品差异化就是指"人无我有、人有我优、人有我特"

   B. 差异化也体现在服务上，比如亚马逊的 Prime 会员服务就是典型的例子

   C. 打造差异化商品可以通过分析竞品、研究买家反馈、改进商品功能或外观等方式实现

   D. 依靠商品本身很难做到差异化，但可以通过提供极致的服务做到差异化

8. 下列哪些是跟卖的优势？（　　　　）

   A. 跟卖的商品一般为流量大、曝光率高的商品，在这样一个列表下跟卖，往往能为店铺带来高曝光度和流量

   B. 跟卖商品为热门商品，尤其是在抢到黄金购物车展示区域之后，能获得快速的订单转化

   C. 订单量暴增，可以降低 ODR

   D. 同一个列表下，卖家众多，价格战难免

9. 一般而言，亚马逊的商品标题包含下列哪些要素？（　　　　）

   A. 品牌、商品名称　　　　　　　　　B. 商品系列或型号

   C. 材料等主要成分　　　　　　　　　D. 颜色尺寸

10. 下列哪些应计入跨境电商商品的成本？（　　　　）

   A. 采购商品的成本　　B. 平台佣金　　　　C. 物流运费　　　　D. 人力资源成本

三、判断题

1. 一般情况下，卖家在上架商品之前，要把引流款、利润款商品确定好。（　　　　）

2. 变体商品是指多属性商品，一般适用于服饰类、珠宝首饰类商品。（　　　　）

3. 如果不确定自己的商品品类，可以在搜索框中输入关键字搜索品类，也可以参考其他卖家的同类商品品类，但是其他卖家商品的前台品类与后台品类有可能不完全对应。（　　　　）

四、能力训练题

1 商品名称是买家搜索的第一匹配要素，它决定了买家能否精准地搜索定位到卖家的商品，同时也与商品排名是否靠前有很大关系。请参考下列关键词，为图 2-34 中的商品设置一个优质标题。

关键词如下。

（1）品牌词：Cavy

（2）营销词：2024 new arrival, besting seller, for sale

（3）属性词：alloy steel, heavy duty indestructible, lockable wheels, 48/38 inch

（4）核心关键词：dog crate, kennel

要求：标题精准、有吸引力，有营销词、属性词和核心关键词，字数不超过 128 个英文字符，标题符合英语语法且没有拼写错误。

2. 从亚马逊中找到类似于图 2-35 所示的商品，分析其商品详情页，找出不足之处并加以改进。

图 2-34 | 狗窝商品图

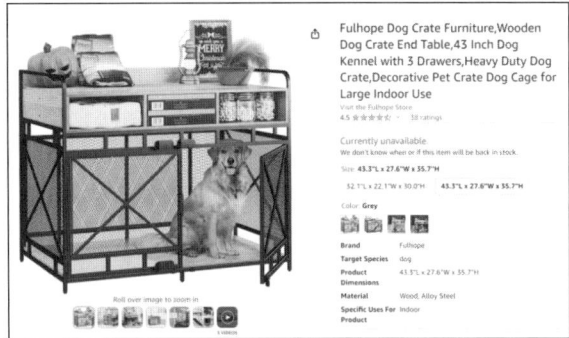

图 2-35 | 亚马逊商品图

模块三
视觉美工

学习目标

知识目标
- ➤ 掌握跨境电商平台的视觉设计法则
- ➤ 熟悉主流跨境电商平台的图片设计原则

技能目标
- ➤ 能够制作主流跨境电商平台的主图、辅图
- ➤ 能够制作主流跨境电商平台的商品海报
- ➤ 能够策划商品短视频的拍摄方案、撰写分镜头脚本
- ➤ 能够剪辑制作跨境电商平台商品主图视频

素质目标
- ➤ 通过对跨境电商平台视觉规则的学习，建立图片和视频的知识产权意识
- ➤ 通过制作商品图片和短视频，增强质量意识和品牌意识

思维导图

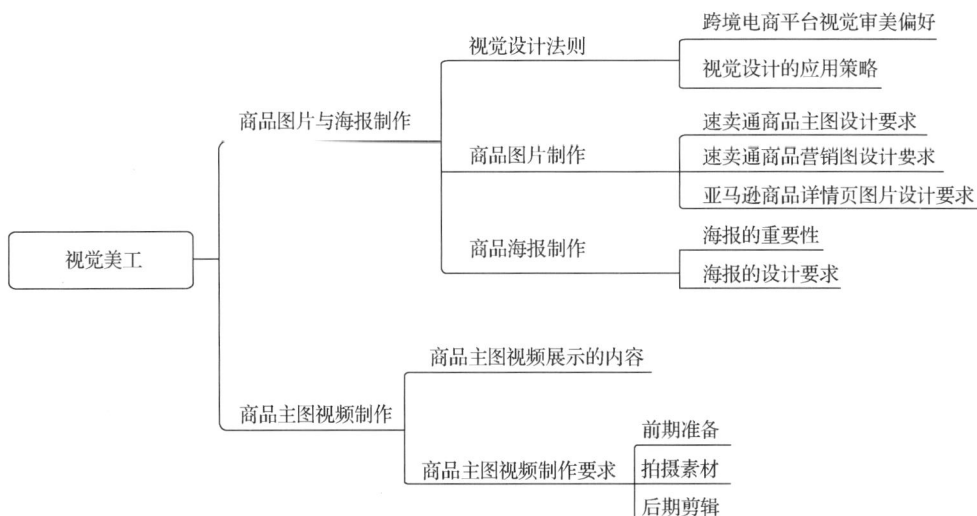

项目背景

由于人接收外界的信息绝大多数是来自眼睛，因此，视觉设计对于购物者的影响是极大的。从运营的角度去设计商品图片和短视频，能够令商品在视觉呈现上大放异彩，从而获得更多忠实的粉丝。

工作任务一　商品图片与海报制作

知识储备　↓

一、视觉设计法则

（一）跨境电商平台视觉审美偏好

跨境电商卖家在商品上架和推广时，需充分考虑不同国家和地区的历史文化、宗教信仰和视觉偏好。为了吸引买家，卖家必须精心调整版面构图、色彩搭配、商品配色以及包装风格，确保这些元素符合目标市场的品位。

1. 美国买家的视觉偏好

了解美国买家的视觉偏好，对于卖家制作亚马逊的商品图片具有很高的参考价值。

（1）清晰度高和分辨率高：美国买家更倾向于购买那些图片清晰度高、分辨率高的商品。这样的图片能够更好地展示商品的细节和特色，让买家更容易做出购买决定。

（2）自然光线和适当的背景：使用自然光线拍摄的商品图片往往更受欢迎，因为它们更能展现商品的真实颜色和质感。此外，简洁、清晰的背景也深受美国买家喜欢，因为它们有助于突出商品的细节。

（3）多角度展示：提供商品的多角度图片（如正面、背面、侧面以及特定部位的特写）可以帮助美国买家更好地了解商品的外观和特点。

（4）比例尺寸参考：在图片中添加参照物（如把商品放置在特定参照物旁边）是很有用的，这样可以帮助买家更好地了解商品的实际大小。

（5）清晰的商品信息：在图片中清晰显示商品名称、特点、材质和规格等信息对美国买家也很重要。这些信息可以帮助他们更好地了解商品并做出购买决定。

总的来说，美国买家喜欢看到高质量、真实、清晰的商品图片，这些图片能够有效地吸引他们的注意力并促使他们进行购买。因此，在亚马逊中，卖家对商品图片的质量和设计需要给予足够重视。

2. 俄罗斯买家的视觉偏好

俄罗斯买家对商品图片的审美偏好可能与其他国家或地区的买家有所不同，了解这部分内容，对于卖家制做速卖通的商品图片具有较高的参考价值。

（1）丰富的色彩和装饰：俄罗斯文化对色彩和装饰比较重视。因此，具有丰富色彩和精美装饰的商品图片可能更受俄罗斯买家的欢迎。这包括鲜艳的颜色、华丽的图案和装饰等。

（2）艺术性和情感：俄罗斯文化注重艺术和情感，因此具有一定艺术性和情感表达的商品图片可能更受欢迎。例如，商品图片通过构图、光影和色彩等元素向买家传达一种美学感受。

（3）符合当地文化和习俗：考虑到俄罗斯的独特文化和习俗，商品图片中如果能够融入当地文化元素或符号，可能更容易引起俄罗斯买家的共鸣和喜爱。

（4）多样性和个性化：俄罗斯买家可能对具有个性化和多样化特点的商品图片更感兴趣。

需要注意的是，以上这些都是常规参考，买家的审美偏好也会因个人品位、商品类型和购买场景等因素而有所不同。因此，在针对俄罗斯市场的跨境电商营销中，了解并尊重当地买家的审美偏好是非常重要的。

（二）视觉设计的应用策略

在跨境电商领域，视觉设计的核心在于打造吸引人的店铺和精心制作的商品主图、详情页。通过巧妙运用视觉效果、色彩搭配和页面布局，卖家可以有效吸引买家的注意力，引导他们进行购买，从而提升转化率。

1. 制作高点击率的主图

优质的商品主图可以提高商品的点击率，优化商品主图可以通过以下方法实现。

（1）彰显细节：确保商品图片展示的细节精致，无论是商品的质感还是设计特点，都要清晰可见。

（2）卖点醒目：精准提炼商品卖点，确保卖点在主图中被突出展示，能够一下子抓住买家的需求点。

（3）差异突出：在制作主图时，注重差异化，确保自己的商品在众多竞品中显得与众不同。

2. 打造高转化率的详情页

高转化率的详情页一般具有以下特点。

（1）高质量的商品图片：清晰、高分辨率的商品图片至关重要，它包括多角度展示、特写镜头以及商品在使用场景中的展示。图片质量和数量对于买家的购买决策至关重要。

（2）详细的商品描述：提供详细的商品描述，包括商品的特点、规格、材料、尺寸等信息。买家需要清楚地了解他们准备购买的商品，因此提供详细的信息对于促进转化非常重要。

（3）突出商品优势：在商品描述中强调商品的优势和特点，包括与竞品的区别以及能解决的问题。这有助于买家了解商品的价值，提高购买意愿。

（4）客户评价和评分：买家倾向于查看其他买家的评价和评分，以便确定商品的质量和可靠性。积极的客户评价有助于增进买家的信任和激发购买意愿。

（5）优惠和促销信息：如果有任何优惠或促销活动，例如打折、优惠券等，务必在详情页中清晰地展示出来，这有助于激发买家的购买欲望。

（6）配送信息：买家需要清楚地了解商品的配送方式和时效。卖家提供合理的价格和准确的配送信息有助于买家做出购买决策。

（7）关联营销模块：预测购买本商品的买家会对店铺里的其他商品感兴趣时，卖家可以将这几个商品的链接放在关联营销模块，以促使买家多购买来提高客单价。

3. 设计高留存率的店铺首页

当买家点击商品主图进入详情页，并对商品主图和详情页产生好感后，他们很可能会进一步访问卖家的店铺，寻找其他合适的商品。在店铺内，买家停留时间最长的页面通常是店铺首页，因此，店铺首页的设计至关重要。一个具有视觉吸引力的首页能够激发买家的购买欲望，为卖家带来持续的销量。

对于有明确购买目标的买家，清晰的商品分类和导航，可以方便买家快速找到所需商品。对于那些没有明确购买目标的买家，首页的广告、商品推荐、新品预售等模块，可以激发他们的购买需求。

店铺首页的设计包括店铺标志（Logo）、店铺招牌、横幅、商品推荐模块等元素。通常店铺后台的装修市场提供了许多实用的精美模板，卖家只需选择适合自己的模板并添加图片或文字即可。

二、商品图片制作

（一）速卖通商品主图设计要求

商品主图是展示商品的主要图片，通常出现在搜索页面和详情页的顶部左侧。在速卖通平台，主图尺寸建议不小于 800 像素×800 像素，宽高比是 1∶1，图片格式为 jpg、jpeg 和 png，大小不超过 5MB。主图最多可上传 6 张，第一张主图称为首图。

接下来结合几个主要经营大类介绍商品主图的基本要求。

1. 女装行业商品主图要求

女装商品主图（见图 3-1）的背景最好是白色或者浅色的；品牌 Logo 统一放在左上角；图片不允许出现中文、尺码、促销、水印等信息；商品主体要求占据整张图片的 70% 以上，禁止出现任何形式的拼图；建议卖家准备 6 张主图，通常为模特或实物正面图、背面图、侧面图和细节图。

2. 男装行业商品主图要求

男装商品的主图形（见图 3-2）不允许拼图；建议上传 6 张主图，包括正面图、背面图、侧面图、细节图和模特或实物的实拍图；品牌 Logo 放置于主图左上角，大小为主图的 1/10；图片上不允许出现中文、尺码、促销、水印等信息。

图 3-1 | 女装主图示例

图 3-2 | 男装主图示例

3. 童装行业商品主图要求

童装商品的主图（见图 3-3）背景要求是白色或其他纯色的，不允许有杂乱背景展示；实物或模特居中展示并占整张图片的 70% 以上，不允许加边框和水印；Logo 统一放在左上角；童装允许使用两张拼图，左图为模特，右图为实物图，但不允许使用 3 张及以上的拼图；主图尺寸建议为 800 像素×800 像素及以上；建议卖家上传 6 张图片，包括模特（或实物）的正面图、背面、侧面和细节图。

4. 鞋类商品主图要求

鞋类商品的主图（见图 3-4）背景建议采用白色或者简单的自然场景，图片重点展示单只或者一双鞋子（占据图片的 60% 以上）；图片尺寸要求在 800 像素×800 像素及以上，图片长宽比例保持 1∶1；图片数量必须在 6 张以上；不能使用拼接图片，不能在同一张图片上展示多种颜色的商品。

图 3-3 | 童装主图示例

图 3-4 | 鞋类主图示例

如果上传的图片属于原创并且在速卖通首发，卖家可以通过阿里巴巴原创保护平台申请图片保护，该平台为卖家首发的图片、短视频、创意设计提供权威、专业的一站式备案、维权和授权全链路解决方案，可防止图片等被恶意盗用。

（二）速卖通商品营销图设计要求

卖家在速卖通后台上传完主图后，还可以上传 2 张营销图。营销图分为 1∶1 白底图和 3∶4 场景图。营销图展示在搜索、推荐、频道、平台活动会场等商品导购场景，上传营销图的商品有优先展示的机会。如果系统检测到营销图不符合规范，商品将不会被前台导购场景调用展示。

1. 1∶1 白底图的制作规范

白底图的尺寸不小于 800 像素×800 像素，宽高比是 1∶1，格式为 jpg、jpeg 和 png，大小不超过 5MB。除这些基本规范以外，白底图还有严格的设计说明：

◆　图片背景必须为纯白色或全透明；

◆　商品主体须居中正面展示，与四边保持一定间距；

◆　不允许展示多 SKU、套装、配件等商品属性信息，须保证商品主体清晰、可识别；

◆　不允许出现品牌 Logo、水印、任何形式的边框及促销信息等；

◆　不允许出现敏感类目、违禁商品、政治敏感、宗教敏感等商品信息。

正确的白底图示例如图 3-5 所示，错误的白底图如图 3-6 所示。

图 3-5 | 正确白底图示例

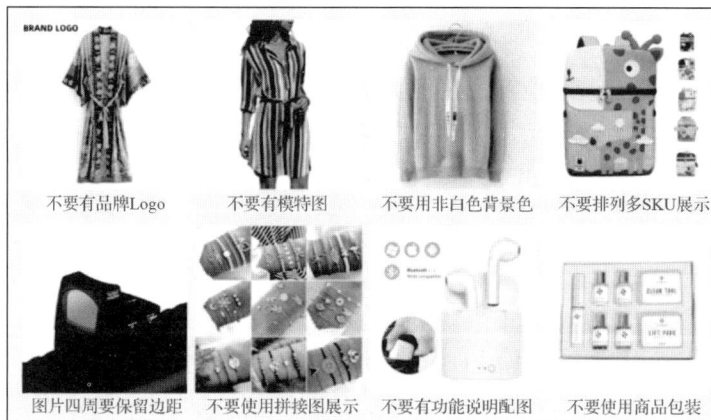

图 3-6 | 错误白底图示例

2. 3∶4 场景图的制作规范

场景图的尺寸不小于 750 像素×1000 像素，宽高比是 3∶4，格式为 jpg、jpeg 和 png，大小不超过 5MB。除这些基本规范以外，场景图还有严格的设计说明：

◆ 允许图片内容为实物场景、模特演示，用于辅助说明商品的使用方式、使用效果、使用场景、品牌调性等；

◆ 允许展示多 SKU、套装、配件等商品属性信息，保证商品主体清晰、可识别；

◆ 不允许出现品牌 Logo、水印、任何形式的边框以及促销信息等；

◆ 不允许出现敏感类目、违禁商品、政治敏感、宗教敏感等商品信息。

正确的场景图示例如图 3-7 所示。

上传符合规范的营销图后，卖家在后续报名参加促销活动的时候，平台营销系统会自动引用营销图，无须再次上传，白底图将会展示在前台的频道入口，搜索列表、猜你喜欢等导购场景将呈现商品的场景图，如图 3-8 所示。针对时装行业，系统将优先呈现场景图。

图 3-7 | 正确场景图示例

图 3-8 | 营销图展现场景

（三）亚马逊商品详情页图片设计要求

亚马逊商品详情页图片分为主图和辅图，1 个商品详情页只能有 1 张主图，最多 8 张辅图。标准的商品详情页有 9 张图片，其中直接展示在商品详情页的是 7 张图，另外两张辅图需要点开才能查看到。图 3-9 是亚马逊上销售的一款猫窝商品，下方显示的 7 张小图中，第一张是主图，后面的是辅图，视频展示在最后。

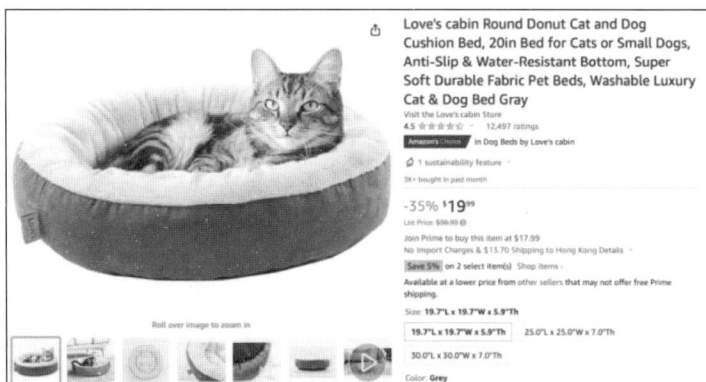

图 3-9 | 商品详情页图片示例

1. 主图设计要求

亚马逊要求商品主图的背景必须是纯白色，而且主图必须是实物图，不能带 Logo 和水印；主图中的商品最好占据图片大约 85％ 的空间；主图必须是高质量的图像，符合清晰度和色彩准确性的要求；商品必须以正面视角完整展示，不能只有局部或是多角度组合图。

亚马逊对高度或宽度超过 1000 像素的图片提供了放大功能，买家将鼠标移到图片上便能查看商品局部的细节，因此建议卖家尽量选用 1000 像素以上尺寸的图片；同时考虑到美观因素，建议主图与辅图尺寸一致。亚马逊支持 jpg、tif、gif 等类型的图片格式，但建议使用 jpg 格式的图片。

有些类目（如服装、内衣、袜子等）允许有模特，但只能使用真人模特。以女装为例，主图模特必须是正面站立的，如图 3-10（a）所示。

箱包、珠宝、鞋子等商品的主图则不允许使用模特。鞋子的主图必须是单只鞋子的图片，最好是左脚鞋且朝左，如图 3-10（b）所示。穿在模特脚上的图片只能出现在辅图位置。

此外，部分家居装饰用品的主图不强制使用纯白色背景，如窗帘、沙发、蚊帐、灯具等。图 3-10（c）中的客厅落地灯主图采用的就是真实场景，没有使用纯白背景。

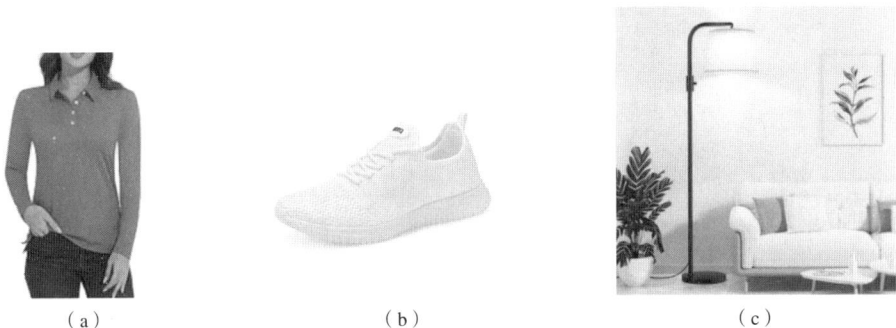

（a）　　　　　　　　　　（b）　　　　　　　　　　（c）

图 3-10 | 不同类目主图的示例

在亚马逊的图片系统中，主图和辅图是完全不同的展示级别。无论是关键词搜索界面，还是关联推荐界面，抑或是各种广告界面，在买家没有点击进入商品详情页的前提下，只有主图可以得到有效的展示。因此，主图质量直接影响到卖家商品的点击率。

2. 辅图设计要求

亚马逊商品详情页辅图可以展示场景、细节、尺寸等重要信息，它可以对商品做不同角度的展示，还可以展示商品的使用场景，或者对在主图中没凸显的商品特性做补充。亚马逊商品详情页中最多可以添加 8 张辅图。

辅图最好也和主图一样用纯白色背景，但这并不是强制要求。商品必须在辅图中清晰可见，如果有模特，辅图中的模特同样必须是站立的真人模特，不能出现模型模特。另外，辅图不能带 Logo 和水印（商品本身的 Logo 除外）。

三、商品海报制作

（一）海报的重要性

海报不仅是展示商品和品牌形象的窗口，更是吸引买家、提升销售额的有力工具。

（1）品牌形象塑造：通过精心设计的海报，卖家可以展示其独特的品牌风格和理念，从而在买家心中留下深刻的印象，有助于提升品牌知名度和美誉度，增强买家对品牌的信任和忠诚度。

（2）商品展示与推广：海报是展示商品特点和优势的重要途径。通过生动的图片、简洁的文字和醒目的标题，海报能够吸引买家的注意力，激发他们的购买欲望。同时，海报还可以配合促销活动，进一步推动商品销售。

（3）提升购物体验：美观、清晰的海报能够提升买家的购物体验。它们不仅为买家提供了详细的商品信息，还通过视觉设计营造了一种愉悦、舒适的购物氛围。这种良好的购物体验有助于提升买家的满意度和忠诚度。

（4）跨文化沟通：在跨境电商中，海报是跨越语言和文化障碍的有效工具。通过国际化的设计元素和易于理解的视觉语言，海报可以传递品牌和商品信息，与不同国家和地区的买家建立联系。这有助于卖家在全球范围内拓展市场，提升品牌影响力。

（二）海报的设计要求

商品海报一般位于店铺的首页和商品详情页中，占据较大的面积，十分醒目。卖家通常会为店铺上新、店铺热销、店铺主推的商品制作海报。商品海报的设计要求如下。

（1）主题明确：制作商品海报需要明确主题，无论是店铺上新、节日促销还是店铺主推的商品，卖家都要先选定主题，然后才能围绕这个主题确定海报的文案等信息。海报的主题是商品描述的直接体现，如图 3-11 所示。

（2）信息直观：商品海报应确保能在瞬间吸引买家并传达明确的信息。这意味着商品海报的文字和视觉形式必须直观易懂，使买家能够快速理解商品海报的主题和意图。同时，卖家要避免使用过于复杂或模糊的设计元素，以免导致买家产生困惑或误解。

图 3-11 | 商品海报 1

（3）文字易读：设计商品海报时，要选择合适的字体、字号和排版方式，确保文字内容清晰可读，同时，要避免文字过于密集或装饰过多，以免影响阅读体验。在图 3-12 所示的商品海报中，卖家将"39 PIECES"设计得较为突出，令买家对该工具套件的数量能够获得清晰的认知，有利于提高该商品的点击率。

图 3-12 | 商品海报 2

（4）构图均衡：卖家在设计中遵循对称和均衡原则，可以使商品海报整体看起来更加和谐、美观；合理分配视觉元素，能使海报具有稳定的视觉重心，提升观众的视觉体验。

（5）调和与对比：调和是指运用相似的线条、色彩等元素，使商品海报整体呈现出统一、和谐的视觉效果。对比则是运用具有反差的视觉元素，突出商品海报的重点和特色。卖家在设计中巧妙运用调和与对比的技巧，可以使商品海报更具吸引力和视觉冲击力。

在商品海报制作过程中，卖家必须注重细节的处理和完善，包括色彩搭配、图片质量、排版细节等方面确保海报的整体质量和视觉效果达到最佳状态。

任务实施 ↓

DREO 是一家在速卖通上销售各类小家电的店铺，最近该店铺准备上架一款大功率的空气炸锅。在商品上架之前，该店铺需要将商品详情页的主图和辅图设计制作完成，并制作一张店铺主推款的海报放在店铺首页。

📖 **【步骤一】制作商品详情页主图**

客户点击商品链接进入商品页面，整个商品页面就属于详情页。但是客户往往会把主要精力放在商品的主图（见图 3-13）和 SKU 图片上。主图部分吸引人，客户才会继续看商品详情页的内容。

商品详情页主图的制作方法可以扫描二维码观看视频，了解图片处理的详细操作步骤和相关技巧。

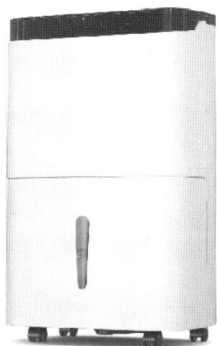

视频

商品图片处理

图 3-13 | 商品详情页主图

📖 **【步骤二】制作商品详情页辅图之功能说明图**

功能说明图（见图 3-14）能够帮助客户了解商品的性能、作用或优势，因此是展示卖点的地方。功能图的制作方法可以扫描二维码观看视频，了解详细的操作步骤和相关技巧。

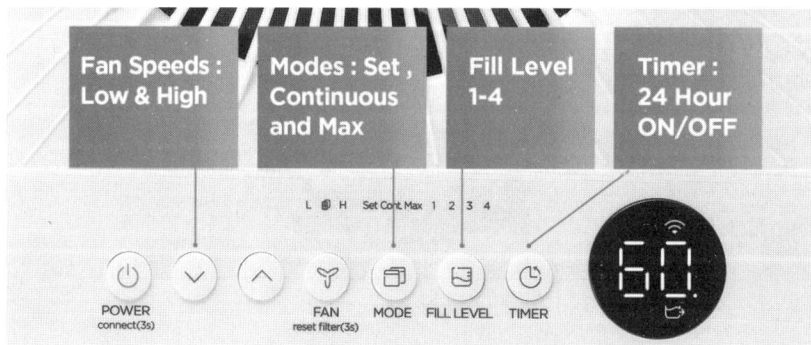

Fan Speeds : Low & High　Modes : Set , Continuous and Max　Fill Level 1-4　Timer : 24 Hour ON/OFF

视频

功能说明图的制作

图 3-14 | 功能说明图

📖 **【步骤三】制作商品详情页辅图之尺码图**

尺码图就是标注商品长、宽、高等尺寸信息的图片，如图 3-15 所示。尺码图中可以放置一个商品与其他实物的对比，让客户了解商品的实际尺寸，以免收货后低于心理预期。

尺码图的制作方法可以扫描二维码观看视频，了解详细的操作步骤和相关技巧。

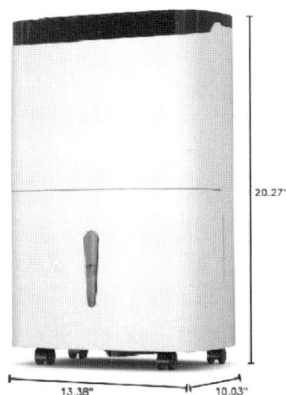

图 3-15 | 尺码图

📖　【步骤四】制作商品详情页辅图之商品说明图

商品说明图就是展示商品特性的图，如图 3-16 所示。不同商品的特性不一样，商品说明图要让客户看到图片后就能感受到商品与众不同的地方。

商品说明图的制作方法可以扫描二维码观看视频，了解详细的操作步骤和相关技巧。

图 3-16 | 商品说明图

📖　【步骤五】制作商品海报

商品海报，也称为轮播图，是用于宣传和推广商品的图片，如图 3-17 所示。

商品海报的制作方法可以扫描二维码观看视频，了解详细的操作步骤和相关技巧。

图 3-17 | 商品海报

工作任务二　商品主图视频制作

知识储备　↓

目前各个跨境电商平台都鼓励卖家在发布商品的时候提供一段主图视频。其中，亚马逊要求只有做了品牌备案的卖家才能发布主图视频。

对于卖家来说，制作高质量的主图视频是提升商品销量的重要策略之一。主图视频能够为商品销售带来不少的好处，主要表现在以下几个方面。

（1）展示商品细节：主图视频能够以动态的方式展示商品的外观、功能和特点。相比于静态的主图图片，视频可以更生动地展示商品细节，增强消费者对商品的直观感受。这有助于消费者更好地了解商品，并提升他们对商品的兴趣。

（2）增加差异化：在竞争激烈的跨境电商市场上，主图视频可以将商品与竞品区分开来。通过精心制作的视频内容，突出商品的独特卖点和价值，品牌可以吸引更多目光和潜在消费者。这有助于构建品牌形象、增强商品的竞争力，并吸引更多消费者选择购买自己的商品。

（3）提升购买意愿：主图视频可以为消费者提供更全面、真实的商品体验。通过展示商品在实际使用场景下的效果和功能，主图视频能够满足消费者对商品性能和质量的期望。这有助于消费者更充分地评估商品的价值，并提升他们做出购买决策的信心和意愿。

（4）提高转化率：主图视频具有更高的吸引力和影响力，可以吸引更多的浏览者点击和关注商品。这有助于提高转化率，并促使更多的消费者完成购买。研究表明，视频形式在提高转化率和促进购买行为方面的效果往往比其他形式更好。

一、商品主图视频展示的内容

在主图视频的制作过程中，需要注意以下方面。

1. 展示商品的外观和细节

大部分的主图视频都可以通过不同角度和近距离镜头展示商品的外观和细节。这包括商品的整体外观、颜色、材质、纹理等。通过清晰地展示商品的外观特点，消费者可以更好地了解商品的质感和品质。

2. 展示商品的功能和用途

在主图视频中，卖家也可以展示商品的功能和用途，突出商品的独特之处。例如，如果是小家电，可以展示其功能操作界面和消费者体验；如果是家居用品，可以演示其实际使用场景和功能特点。这能够帮助消费者直观地理解商品的实际效果和用途。

3. 展示商品的使用场景

通过展示商品在不同场景下的应用，主图视频可以帮助消费者想象自己在实际生活中使用该商品的情形。这种情境代入感有助于消费者更好地理解商品的适用性和实用性，从而做出购买决策。当消费者看到真实的使用场景和效果时，他们往往会对商品产生更高的信任度。这种信任感可以降低消费者的购买风险感知，提升他们的购买信心。

4. 展示消费者体验

展示消费者体验的主图视频能够展示商品的实际使用过程，使消费者更直观地感受到商品的功能、操作方式和效果。这种真实感受比单纯的文字描述或静态图片更具说服力，有助于消费者形成对商品的全面认知。当消费者看到其他消费者在使用商品时的满意表情、积极反馈或实际成效时，他们会对商品产生更高的信任感。这种信任关系能够降低消费者的购买风险感知，提升他们对商品的信心，从而更容易作出购买决策。

二、商品主图视频制作要求

商品主图视频制作一般分为前期准备、拍摄素材和后期剪辑 3 个阶段。在拍摄前，卖家需要先了解商品的详细情况，比如目标消费者，商品特点、功能、使用场景、与同类商品比较的优势，等等。

（一）前期准备

1. 确定主题和风格

视频主题可以是商品的功能演示、使用教程、场景展示、细节展示等；风格可以根据商品的特点和目标受众的喜好来选择，如轻松幽默或正式专业等。

2. 撰写分镜头脚本

在拍摄视频前，撰写分镜头脚本是非常重要的一个环节。分镜头脚本作为拍摄的大纲，为整个视频的拍摄提供了明确的指导。它详细描述了每个镜头的拍摄画面、展现方式和时长等，确保拍摄过程的顺利进行，并最大限度地减少拍摄中的浪费。

通过分镜头脚本，视频制作团队可以清晰地了解每个镜头的要求和预期效果。这有助于团队成员之间的协作和沟通，使得拍摄工作更加高效有序，摄影师可以专注于拍摄，剪辑师也可以在后期制作中更快地组织和编辑素材。

3. 制订拍摄计划

在撰写好分镜头脚本后，短视频制作团队就要根据脚本来制订详细的拍摄计划。这包括确定拍摄场景、拍摄时间、拍摄设备、人员分工等。拍摄计划应该尽可能详细，以确保拍摄过程顺利。有些商品可能需要准备道具、预约专门的拍摄场地，甚至需要聘请模特。在拍摄前需要将所需道具全都准备好，以保证拍摄过程顺利进行。

（二）拍摄素材

制订好拍摄计划后，短视频制作团队就可以拍摄分镜头脚本中的素材了，在这一过程中，我们需要关注以下几个方面。

（1）展示商品特点：拍摄团队要确保商品的主要特点和卖点能够在视频中清晰地展示出来，包括商品的外观、功能、使用方法等。对于商品的独特之处或创新点，拍摄人员要给予特写镜头来展示。

（2）打造充足的光线：视频画质要清晰，避免出现模糊、抖动等影响观感的问题；同时，光线要充足且均匀，以展现商品的真实色彩和质感，应避免在暗光或过曝的环境下拍摄。

（3）布置背景与道具：拍摄团队要选择合适的背景和道具来衬托商品，营造出与商品相匹配的氛围。背景要简洁干净，避免过于复杂或分散观众注意力；道具要与商品相关，能够突出商品的价值。

（4）拍摄角度与构图：拍摄团队要运用不同的拍摄角度和构图方式来展示商品的各个方面。例如，可以采用近景、远景、特写等镜头来突出商品的细节和特点；同时，构图要合理，遵循美学原则，使画面更加美观和吸引人。

（三）后期剪辑

根据分镜头脚本拍摄好素材后，制作团队就可以进行后期剪辑了。在剪辑过程中，制作人员除了要展示商品的独特卖点和功能，还要注意以下几个方面。

（1）节奏感与连贯性：要注意视频的节奏感，确保画面和声音的流畅与连贯，避免突兀的跳转和过长的停顿，以保持观众的注意力。

（2）突出商品特点：要确保在剪辑中突出展示商品的独特卖点和功能，可以通过特写、放大、慢动作等技巧来强调商品的细节和特点。

（3）色彩调整与画面优化：要对视频的色彩进行调整，确保画面色彩鲜艳且符合商品调性；同时，注意画面的构图和光线效果，优化视觉效果，提升观看体验。

（4）音频处理：要对音频进行精细化处理，包括去除噪声、添加背景音乐和音效等，确保音频清晰、悦耳，并与视频内容相协调。

（5）标注与字幕：要根据需要添加字幕、标签或标注，以帮助观众更好地理解视频内容；字幕要简洁明了，与画面内容相符。

任务实施 ↓

在完成了空气炸锅的商品详情页主图和海报制作后，我们还需要针对这款空气炸锅制作一条主图视频。在拍摄前，我们需要了解空气炸锅的功能和特点，反复研究同类商品的视频，再开始这款空气炸锅主图视频的拍摄。

📖 【步骤一】确定拍摄内容

（1）确定拍摄主题及封面标题：MIRASTON Multifunctional Digital Air Fryer。

（2）确定画面内容。

① 镜头一：拍摄展示薯条、炸鸡、大虾、西蓝花等食材烹饪过后的画面。

② 镜头二：用特写固定镜头和中景固定镜头拍摄鸡翅蘸上酱汁或者薯条蘸上番茄酱的画面。

③ 镜头三：特写空气炸锅电子显示屏，用手触摸按键，开始烤制。

④ 镜头四：开头穿插美食画面后，特写空气炸锅电子显示屏的预热功能。

⑤ 镜头五：用特写和中景拍摄空气炸锅电子显示屏，调整温度，拍摄内部烘烤过程。

⑥ 镜头六：全景，将空气炸锅拉出。

⑦ 镜头七：特写空气炸锅内部，展示亮灯的一瞬间画面。

⑧ 镜头八：将空气炸锅放进洗碗机里，表示可以机洗。

⑨ 镜头九：结束画面，展示品牌和 Logo。

📖 【步骤二】分镜头脚本创作

根据步骤一中确定的拍摄内容，我们就可以开始分镜头脚本创作了，如图 3-18 所示。

镜号	拍摄画面	描述	展现方式	时长	参考画面	备注
1	封面	商品外观封面及品牌型号	实拍	2s		
2	空气炸锅烹饪的食材与尺寸说明	薯条、炸鸡、大虾、西蓝花等食材烹饪过后的画面（中间带隔栏与没带隔栏）	实拍	5s		这里应该是拉出的镜头，同时需要食物烘烤过程的镜头
3	鸡翅和薯条蘸上酱汁的画面	鸡翅蘸上酱汁和薯条蘸上番茄酱（特写固定镜头和中间固定镜头）	实拍	3s		这个镜头跟对手雷同，考虑换成其他食物
4	开始烘焙按键操作	特写空气炸锅电子显示屏，用手触摸按键，开始烤制	实拍	2s		

图 3-18 | 分镜头脚本（部分）

📖 **【步骤三】准备拍摄物品和拍摄场地**

在撰写好拍摄脚本后，我们就可以根据脚本中设计的拍摄环境联系拍摄场地了。有关空气炸锅的视频最好在一个明亮干净的现代化厨房里拍摄，因为视频中还要用到洗碗机，所以拍摄场地要确保有洗碗机。

罗列拍摄脚本中要用到的物品，提前采购好，如图 3-19 所示。

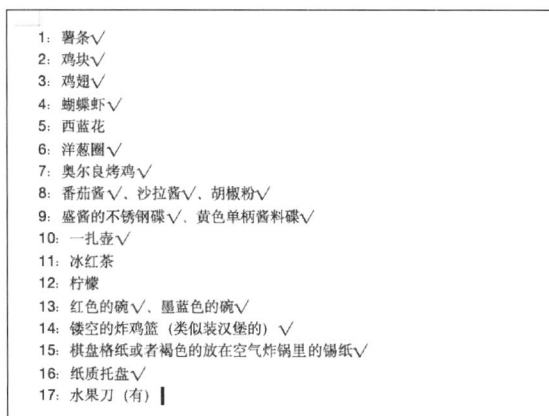

```
1: 薯条 √
2: 鸡块 √
3: 鸡翅 √
4: 蝴蝶虾 √
5: 西蓝花
6: 洋葱圈 √
7: 奥尔良烤鸡 √
8: 番茄酱、沙拉酱、胡椒粉 √
9: 盛酱的不锈钢碟、黄色单柄酱料碟 √
10: 一扎壶 √
11: 冰红茶
12: 柠檬
13: 红色的碗、墨蓝色的碗 √
14: 镂空的炸鸡篮（类似装汉堡的）√
15: 棋盘格纸或者褐色的放在空气炸锅里的锡纸 √
16: 纸质托盘 √
17: 水果刀（有）■
```

图 3-19 | 拍摄物品清单

📖 **【步骤四】视频拍摄与素材整理**

在确定好拍摄日期、拍摄场地，准备好拍摄要用的素材后，我们就可以进入视频拍摄阶段了。视频素材拍摄好之后，首先根据分镜头脚本进行素材的初步筛选，然后分文件夹放置好（见图 3-20），再根据视频的内容选择背景音乐、音效和配合商品的烟雾特效。

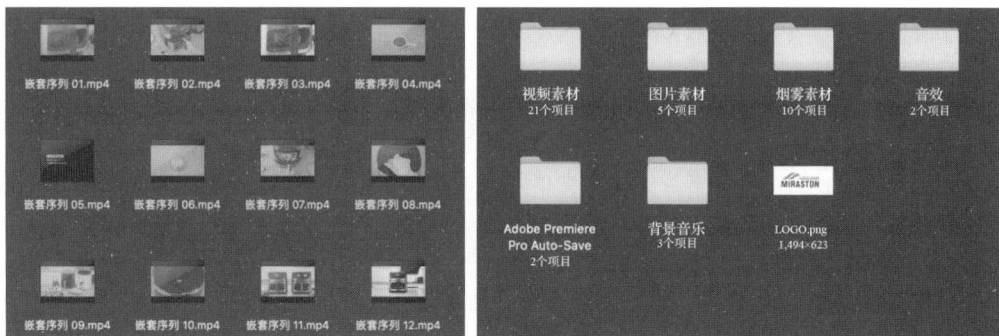

图 3-20 | 素材整理

📖 **【步骤五】视频剪辑**

视频剪辑主要是应用 Premiere Pro 软件对素材进行编辑，再添加合适的背景音乐，调整相关参数，设置导出文件的名称、位置、格式等。

具体的剪辑方法可以扫描二维码观看视频，了解详细的操作步骤与相关技巧。

视频

视频后期剪辑与输出

岗位素养提升 ↓

跨境电商全托管模式

2022 年下半年以来，跨境电商行业出现了一个新的名词——全托管模式。Temu、SHEIN、

TikTok、速卖通等平台纷纷采用该模式。全托管模式正在引导整个跨境电商市场新一轮的转变。

1. 什么是全托管模式

全托管模式其实是第三方跨境电商平台的代运营方式的升级。代运营往往只涵盖建站、推广、物流、客服、仓储等供应链条中的某一项活动。而全托管模式可以称为类自营模式/轻量运营模式，即平台负责店铺运营、仓储、配送、退换货、售后服务等环节，卖家则只需要提供货品，备货入仓。同时，卖家提报供货价，平台和卖家一起决定最终销售价。

在全托管模式下，卖家与平台的权责一分为二。卖家与供应商只需要专注于开发、提供商品，而平台帮助卖家进行运营、分销、售后等环节。各方虽然负责各自擅长的领域，但目标都是实现共赢。

2. 全托管模式的优势

跨境电商卖家选择全托管模式主要是为了省心省力，其优势主要体现在以下几个方面。

（1）专业化技术与经验降低"出海"门槛。

工贸一体化企业"出海"通常需要熟悉境外市场的运营人才、稳定的物流渠道以及专业的售后服务团队等，传统外贸企业开拓跨境电商业务时在这些方面存在很多障碍。在全托管模式下，运营、仓储、物流、结汇、退换货等服务均由平台提供，企业只需专心打磨品牌与商品，这不仅降低了企业"出海"的门槛，也进一步放大了企业的优势。

（2）提升供应链各节点的响应速度，提高运营效率。

相较于自运营模式，全托管模式的核心是销售。这意味着平台通过业务的专业化和信息化，可以把控整个销售履约链路，并且运营的效率更高、更可靠。以快时尚电商品牌 SHEIN 为例，供应链是 SHEIN 成功的核心，SHEIN 的小单快返、上新速度快正是得益于其内外部各组织间信息流通距离短，便于把控，这也进一步带动了选品、入库、生产、配送等各环节效率的提升。

（3）减少投入，降低运营成本。

对于卖家而言，自运营模式需要其投入许多人力、物力、财力等，全托管模式则大大简化了企业的"出海"链路，能够显著降低业务成本和学习成本。同时，全托管模式可以帮助卖家省去自建仓储、物流、清关等环节的成本，节约人力资源和时间成本。

（4）降低运营风险。

全托管模式可以由专业的第三方服务提供商来负责商品采购、仓储管理、物流配送、海关清关、支付结算、售后服务等环节，卖家不需要自己处理这些环节，这样就可以降低运营风险。

3. 全托管模式的弊端

任何运营模式有利就有弊，全托管模式的弊端主要体现在以下方面。

（1）卖家丧失部分话语权与自主权。

第一，平台在统一负责所有流量和商品运营的情况下，不可避免地会对商品价格、品质、环保等方面进行纵向与横向的比较，这会给跨境电商卖家带来被压价、定价权减弱或者被替代的风险。第二，品牌卖家可能会失去一部分运营自主性和对商品展示的控制权，这不利于卖家的品牌打造。

（2）消费者的消费体验受影响。

全托管模式下，虽然交易链条简化了，但卖家与 C 端（消费者端）和 B 端（企业端）的距离变长了。卖家与消费者不再是直接接触的关系，而是卖家要通过平台反馈来了解消费者的特征、需求和建议。因为第三方服务提供商可能无法像跨境电商卖家自运营那样第一时间了解消费者需求，所以可能无法给消费者提供良好的消费体验。

（3）卖家备货成本与库存压力增加。

自运营模式下，卖家的生产和备货方式是相对自由的，基本遵循拿到订单再生产的逻辑。全托管模式要求卖家提前备货到平台仓库或者卖家自己的仓库。卖家需要提前备货，从而适应小单快返的模式。工厂如果还是按照传统的按单生产、满足最小起订量要求的思路运营，他们的跨境电商业务将很难做起来。

提前备货要求纯贸易型卖家具备一定的资金实力，从而造成其备货成本的增加。此外，全托管模式下，为了减少库存长时间积压而产生过多的仓储费用，平台一般采用先小批量上架，待销量提升后再大批量备货的策略。因此，卖家通常需要以打造畅销商品为切入口，这就增加了新品测试的成本，让中小卖家陷入了更深的困境。

技能训练 ↓

一、单项选择题

1. 拍摄商品主图视频时，为什么需要了解商品的详细信息？（　　）
   A. 为了更好地展示商品功能　　　　　B. 为了确定拍摄地点
   C. 为了选择合适的演员　　　　　　　D. 为了缩短拍摄时间

2. 跨境电商美工在设计商品详情页时，以下哪项因素最不重要？（　　）
   A. 商品的高清图片　　　　　　　　　B. 详细的商品描述
   C. 设计师的个人喜好　　　　　　　　D. 吸引人的排版设计

3. 以下哪项因素不属于拍摄商品主图视频时的注意事项？（　　）
   A. 光线与阴影的控制　　　　　　　　B. 背景与道具的布置
   C. 商品价格的标注　　　　　　　　　D. 拍摄角度与构图

4. 跨境电商美工在设计广告图时，以下哪种做法是正确的？（　　）
   A. 使用模糊的图片以节省加载时间　　B. 在广告图上添加尽可能多的文字信息
   C. 突出显示商品的特点和优势　　　　D. 使用与品牌风格完全不符的设计元素

5. 制作商品主图视频时，为什么要控制视频时长？（　　）
   A. 为了节省存储空间　　　　　　　　B. 为了满足所有观众的需求
   C. 为了保持观众的注意力　　　　　　D. 为了减少后期编辑的工作量

6. 拍摄商品主图视频前，撰写分镜头脚本的主要目的是什么？（　　）
   A. 提高主图视频的播放量　　　　　　B. 方便后期添加特效
   C. 指导拍摄过程，确保效果符合预期　D. 增加主图视频的趣味性

7. 以下哪项技能对于跨境电商美工来说是最重要的？（　　）
   A. 熟练掌握各种办公软件　　　　　　B. 精通多种编程语言
   C. 具备良好的创意思维和设计能力　　D. 擅长与客户进行商务谈判

8. 制作商品主图视频时，为什么需要关注目标受众？（　　）
   A. 为了提高主图视频的播放量　　　　B. 为了选择合适的发布平台
   C. 为了确保主图视频内容与受众需求匹配　D. 为了增加主图视频的点赞数

9. 在跨境电商平台中，以下哪个元素对于提高转化率最为关键？（　　）
   A. 网站的导航菜单　　　　　　　　　B. 商品详情页
   C. 公司的联系方式　　　　　　　　　D. 平台底部的版权声明

二、多项选择题

1. 跨境电商美工在设计商品详情页时，通常需要考虑哪些要素？（　　）
   A. 商品高清图片　　　　　　　　　　B. 详细的商品描述
   C. 购买按钮突出显示　　　　　　　　D. 相关的促销活动

2. 在进行跨境电商店铺的视觉设计时，以下哪些色彩搭配技巧是有效的？（　　　）

    A. 使用高饱和度的色彩来吸引注意力

    B. 保持色彩的一致性，以体现品牌形象

    C. 根据销售数据和用户反馈调整色彩方案

    D. 随意选择颜色，以创造独特的视觉效果

三、判断题

1. 视觉设计的优劣不仅体现了设计师的水平，还直接关系到设计成果的有效性和消费者的视觉体验。（　　　）

2. 跨境电商卖家在商品上架和推广时，需充分考虑不同国家和地区的历史文化、宗教信仰和视觉偏好。（　　　）

3. 人们越来越倾向于通过视频了解商品，这种推广形式不仅生动有趣，而且能够更好地吸引消费者的注意力，提升商品曝光度和销量。（　　　）

四、能力训练题

假设你是一家跨境电商公司的美工，公司计划在亚马逊店铺推出一款新的居家收纳用品。请描述你会如何设计这款商品的主图和辅图，如何拍摄这款商品的主图视频，以吸引潜在消费者的注意力并激发他们的购买欲望。

模块四

店铺营销推广

学习目标

知识目标

- ➤ 掌握跨境电商的基础营销方法和策略
- ➤ 掌握跨境电商店铺营销推广规划的内容
- ➤ 掌握跨境电商 B2C 店铺基础营销方式
- ➤ 熟悉站外营销推广的常用方式和途径

技能目标

- ➤ 能够制定跨境电商店铺的营销方案
- ➤ 能够开展跨境电商站内营销推广活动
- ➤ 能够根据店铺商品开展站外推广活动

素质目标

- ➤ 通过对跨境电商营销推广的学习，培养积极进取的市场开拓精神，并养成参与维护良好有序的市场环境的意识
- ➤ 通过对跨境电商社交媒体推广的学习，培养商业探究精神
- ➤ 通过对跨境电商站外推广的学习，树立品牌意识

思维导图

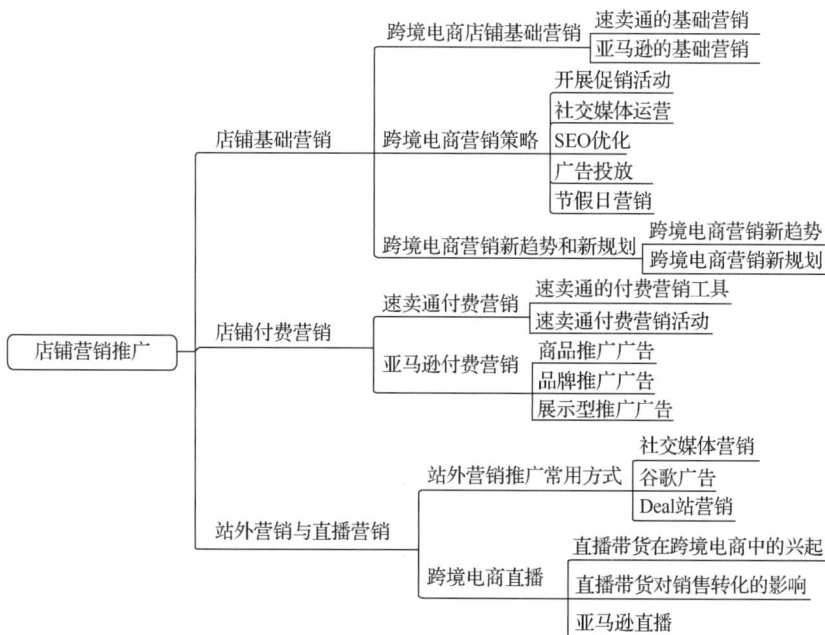

项目背景

在店铺建设初期，自然流量还不够大，运营团队应在分析店铺情况后制定合理的推广方案，通过多元化的营销推广手段吸引更多买家，提升店铺销量。

工作任务一　店铺基础营销

知识储备 ↓

一、跨境电商店铺基础营销

（一）速卖通的基础营销

速卖通店铺的基础营销主要包括店铺活动和平台活动。店铺活动主要包括单品折扣、满减、店铺 Code（即优惠码）和互动活动。此外，店铺基础营销还有关联营销、橱窗推荐等。

1. 优化店铺活动设置

店铺活动设置可以有效地促使买家成交。在店铺建设初期，卖家可以重点开展限时限量折扣与全店铺打折、优惠券群领等营销活动。具体做法是：将推广的商品一直放在限时限量折扣活动中，其他商品则放在全店铺打折活动中，只要买家有加购或收藏的行为，卖家要及时通过实时营销或定向优惠券发放刺激买家尽可能下单，必要时可利用"买就送"的方式提高购买概率。

营销活动的目的是吸引更多人下单，卖家可以选择在人流量大的时段开展活动，在人流量小的时段结束活动。总之，卖家可以通过不同的营销策略实现自己的推广目标。

2. 其他店铺活动

除上述活动外，卖家还可以在"营销活动"—"店铺活动"页面找到发放购物券、互动游戏等其他店铺活动。需要注意的是，卖家要对多种站内营销活动有系统的规划，如时间节点、优惠力度、活动数量等，最好建立统一的营销活动方案记录或节点记录表，以便清晰地了解当前和未来多种活动叠加时的最大折扣是否会打破利润底线，避免店铺发生亏损（引流及战略型亏损除外）。

3. 营销活动效果查看

店铺活动设置完成后，卖家可以通过"生意参谋"—"营销助手"查看活动效果。

使用营销助手工具可以分析相关营销活动的效果，并提供活动商品必要的数据支持，提升卖家活动商品的选择效率，帮助卖家结合数据有效地进行活动的选择与判断。该工具主要分析店铺活动和平台活动两种形式的营销效果（见图4-1）。由于平台活动数量有限，所以营销助手大部分时间被用来分析店铺活动的效果。

4. 橱窗推荐

橱窗推荐是平台奖励给卖家的资源，其可以增加商品的排序，提高商品的曝光度。当买家通过搜索某个关键词或通过类目来到搜索结果页面时，会看到自然的排序结果，而橱窗推荐就是在自然排序的结果中，通过给卖家的商品增加排序权重来提高商品的排名。

图 4-1 | 使用营销助手分析活动效果

　　速卖通有 80% 的订单是在搜索结果页面中产生的。卖家可通过橱窗营销来增加商品曝光量，从而达到促进销售的目的。速卖通的橱窗没有特定的展示位置，只是平台根据店铺的等级奖励卖家的增加商品曝光量的机会。卖家服务等级越高，店铺获得的橱窗位就越多，其商品得到的曝光机会也越多。表 4-1 所示为卖家服务等级和橱窗位的关系。

表 4-1　卖家服务等级和橱窗位的关系

卖家服务等级	奖励橱窗位数量/个	有效期/天
优秀	3	7
良好	1	7
及格	无	—
不及格	无	—

　　从表 4-1 中我们可以看到，橱窗位数量和卖家服务等级紧密相关。因此卖家要想增加店铺的橱窗位，就必须减少店铺的不良体验订单，提升卖家的动态评分，从而提高卖家的服务等级。每个月的前 3 天卖家服务等级和橱窗位权益会更新，因此卖家服务等级要每月都保持不变或提升，避免等级下降造成橱窗位减少。

5. 平台活动

　　平台活动是速卖通面向全球卖家推出的免费推广服务，是效果最为明显的营销利器之一，能够帮助店铺实现高曝光率、高点击率、高转换率等目标。速卖通的平台活动有 Super Deals、Weekend Deals、团购和 Today Deals、不定期平台活动、行业主题性促销等。

（二）亚马逊的基础营销

1. 黄金购物车的运用

　　亚马逊为了避免买家搜索关键词时看到大量重复的商品页面，所以设立了跟卖制度，即不同卖家如果有一模一样的商品，他们可以共用一个商品详情页面，价格可以不一样，但只有一个卖家有在前台展示的机会。为了争夺这个展示的机会（黄金购物车），卖家必然会提供更好的服务及更低的价格。

黄金购物车通常是按照时间来分配的。比如 80% 的占有率，就是一天中有 80% 的时间该商品都可被加入购物车，剩下的时间则不行；如果有跟卖，你的占有率是 80%，对方是 20%，就是一天中有 80% 的时间购物车会展示你的商品，20% 的时间会展示对方的商品。

2. 促销活动

亚马逊主要的促销活动有免邮（Free Shipping）、买一赠一（Buy One Get One）、满减（Money Off）、优惠券（Coupons）、Prime 会员促销活动等。其中，前 4 种是目前亚马逊常用的促销形式，而满减促销活动又是这 4 种形式中效果最好的一种。

二、跨境电商营销策略

（一）开展促销活动

促销活动是吸引消费者的重要手段。商家可以在重要节日或者商品促销期间通过降价或赠品等方式吸引消费者，并且在活动前进行宣传和预热。同时，促销活动不仅可以增加销量，还可以提升品牌知名度和消费者忠诚度。例如，双 11 购物节，速卖通通过发放优惠券等方式进行促销，这些优惠券可以在结算时使用，为消费者带来实惠。

（二）社交媒体运营

随着移动互联网的发展，社交媒体（如 Facebook、Instagram、TikTok 等）已经成为一种重要的营销工具。速卖通商家可以通过开设社交账号或者加入社交群组来开展网络营销。对于速卖通的商家而言，最好选择一种流行的社交媒体，通过发布商品图片和与消费者互动来增加商品的曝光率，吸引更多的潜在消费者。

（三）SEO 优化

搜索引擎排名对于在线购物而言非常重要，因为大部分流量都来自搜索引擎。商家可以利用 SEO 的相关技巧来提高店铺的搜索引擎排名，从而获得更多的流量和销售机会，例如在商品标题、描述和关键词中添加热门搜索词、拓展长尾关键词等。同时，商家应当注意对商品图片、页面加载速度、网站结构等方面进行优化，以此来提升消费者体验和搜索引擎排名。

（四）广告投放

广告投放是商家在速卖通开展营销活动的有效方式之一。商家可以选择在速卖通上开展广告投放，也可以选择第三方广告平台，如 Google Ad、Facebook Ads、Bing Ads 等进行投放。广告投放形式包括搜索广告、展示广告、视频广告等。同时，商家需要了解各个平台的投放规则，以及构思有效的创意来提升广告效果。

（五）节假日营销

节假日营销是跨境电商很重要的一种营销策略。如果卖家能有效利用消费者节假日的消费心理，同时巧妙结合平台的自主营销工具和平台促销活动，不仅能在短时间内有效提升商品的销量，提升店铺竞争力，还有利于增加消费者的黏性和忠诚度，提高卖家服务等级。节假日营销策略主要包括营销策划四要素和营销执行六要点，如图 4-2 所示。

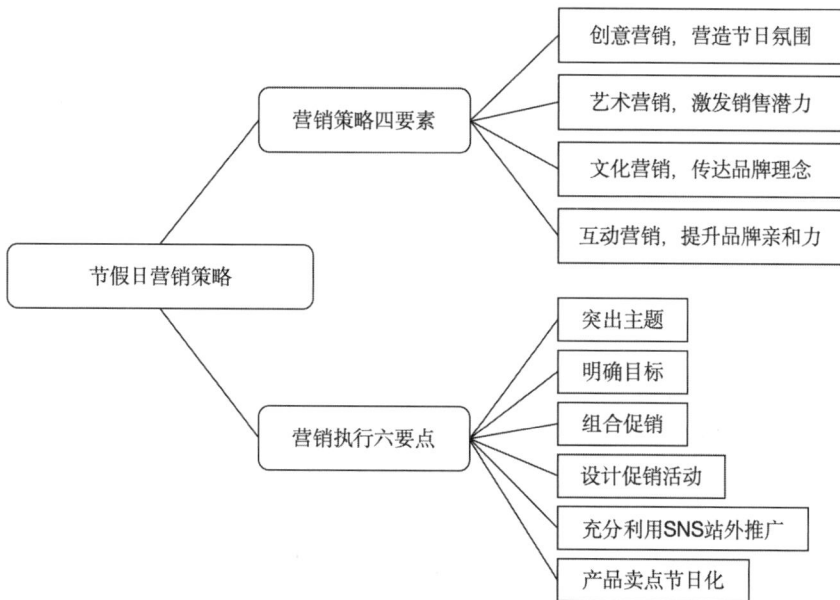

图 4-2 | 节假日营销策略

注：SNS 是 Social Networking Services（社交网络服务）的缩写。

三、跨境电商营销新趋势和新规划

（一）跨境电商营销新趋势

1. 去中心化趋势

跨境电商营销的去中心化趋势主要体现在以下 3 方面。一是营销市场更趋向多元，跨境电商的目标市场从只关注欧美地区转向兼顾更多欠发达地区，呈现渠道流量下沉的态势。二是营销渠道更趋向多线，包括第三方电商平台、独立站、线下实体店等多种渠道。三是营销平台更趋向多选，越来越多的新兴媒体和区域媒体营销平台涌现。

2. 社交化趋势

无论是社交平台的电商化布局还是电商平台的社交化转型，其背后的逻辑都是在争夺用户的流量，以流量实现更高效率的变现。

3. IP 化趋势

该趋势主要体现在两方面。一是自建 IP：越来越多的智能硬件商品通过众筹首发，即聚集一批忠实粉丝，形成强认同、强关联，并在赋予商品 IP 属性之后，再通过自媒体渠道扩散到全网平台。二是与大 IP 绑定：借助高热度、高人气来做跨界营销，如京东和电影《妖猫传》、一加手机和电影《复仇者联盟》的跨界营销。

4. 品牌化趋势

品牌化是消费升级的必然需求。随着"90 后""00 后"成为购物主力，个性化需求已不仅仅要求物美价廉，还寄托了个人情感表达和观念认同，这样的消费需求唯有品牌才能承载。品牌化也是电商精细化运营的必然产物。电商的精细化运营意味着更多的投入，商家需要提高价格才能覆盖成本，这也倒逼商家必须做品牌，于是品牌化成为商家激烈竞争的必然出路。在社交媒体兴起的时代，传播场景碎片化，创意手段更丰富，商家跟消费者做个性化、深度的沟通变得更容易，这使得品牌有可能在一夜之间建立起来，也有可能在一夜之间轰然倒塌。

5. 智能化趋势

无论是 Facebook 的 DPA、DABA，还是 Google 的 UAC、USC，媒体营销平台越来越趋向智能化、复杂化于一体。

多种多样的营销方式与相关科技结合更受年轻消费者的青睐。

（二）跨境电商营销新规划

1. 全市场洞察

全市场洞察主要是指对区域市场和品类趋势的洞察。对于哪些区域是真正的"红海"市场和"蓝海"市场，Facebook、Google 以及亚马逊都有很多工具可以帮助跨境电商卖家来做预测和选择。卖家可以从营销费用投放的角度来查看钱到底该花在哪些地方以及哪些品类上。各个市场的 CPM（Cost per Mille，按千次展现计费）、CPC（Cost per Click，按单次点击计费）、CPA（Cost per Action，按成果数计费）、ROI（Return on Investment，投资回报率）情况以及行业基准测试（Benchmark）均值，能帮助卖家更好地做全市场洞察，指导合理投放营销费用。

2. 全渠道覆盖

无论是跨境电商新卖家还是大卖家，都要合理规划第三方平台、独立站、App 和线下各种渠道。独立站对于沉淀独立用户，进行数据追踪和挖掘，自建营销闭环，以及建立渠道品牌，规避电商平台规则调整的风险都是很有必要的。

3. 全媒体整合

卖家需要合理地规划和分配站内流量、付费流量和自然流量等，除了关注头部流量平台，也要关注新媒体和区域媒体。从 Google 到 Facebook、Pinterest 等，每一波新媒体的兴起都带来了流量红利，要想先知先觉发掘趋势媒体，整合区域内的新媒体非常重要。

4. 全链路优化

引流到网站之后，整个用户路径在卖家的站点上怎样形成购买转化、广告账号体系的搭建、引流中的目标人群定位、优化手段选择、测试素材的制作和选取、不同平台本地化的内容发布，都会影响到转化率和最终的 ROI。

任务实施 ↓

为了提高店铺曝光量和流量，增加销售额和收益，让店铺在竞争激烈的市场中获得更大的优势和发展空间，店铺运营团队决定持续不断地开展店铺活动。

1. 速卖通店铺基础营销

📖 **【步骤一】设置活动与优惠信息**

（1）设置活动基本信息时，活动名称最长不超过 200 个字符，只供卖家查看，不展示在买家端。活动起止时间为美国太平洋时间，最长支持设置 180 天的活动，且取消每月活动时长、次数的限制。

（2）设置活动优惠信息时，支持按单个商品、根据营销分组、表格导入形式设置；可筛选全部已选商品和未设置优惠商品，支持商品 ID 搜索；支持批量设置折扣、批量设置限购、批量删除；默认全部 SKU 参加活动时，参与活动的库存数同步使用商品普通库存数，如果部分 SKU 不参与活动，则要将商品普通库存数修改为 0。

速卖通单品折扣活动具体的设置方法可以扫描二维码观看视频，了解详细

视频

速卖通单品折扣
活动设置

的操作步骤与相关技巧。

【步骤二】设置满减

设置"满减条件"，如果只设置一个条件梯度，则系统默认在"条件梯度1"的前提下，该类型的满减不支持优惠可累加的功能（即当促销规则为满 3减 10%时，则满 6 件仍旧是减 10%）；如果设置多个条件梯度，最多可以设置3 梯度的满立减优惠条件，即满足多个条件梯度时，后一梯度订单件数必须大于前一梯度的订单件数，后一梯度的优惠力度必须大于前一梯度。针对"商品满立减"活动，可以通过"选择商品"或者"批量导入"点选商品。

速卖通满减活动具体的设置方法可以扫描二维码观看视频，了解详细的操作步骤与相关技巧。

【步骤三】设置店铺互动游戏

速卖通优惠码和互动游戏设置的方法可扫描二维码观看视频，了解详细的操作步骤与相关技巧。

设置完毕，当店铺装修为最新版且优惠码的剩余数量大于 30，买家关注卖家店铺时，移动端就会自动弹出"关注有礼活动"提示框。

2. 亚马逊商品基础营销

【步骤一】设置亚马逊优惠券

（1）进入亚马逊卖家后台，单击"广告"—"优惠券"，如图 4-3 所示。

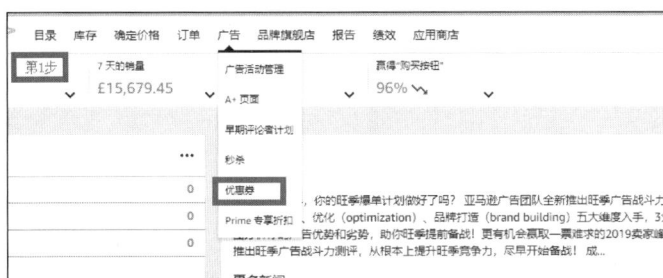

图 4-3 | 亚马逊优惠券入口

（2）单击"Create your first coupon"，开始创建优惠券，如图 4-4 所示。

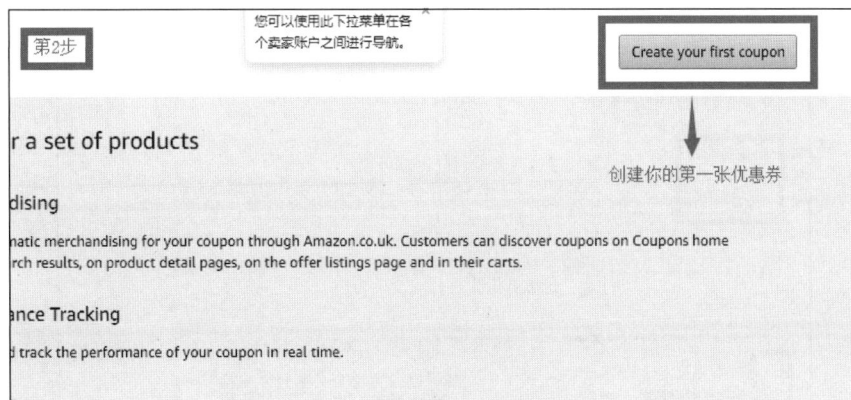

图 4-4 | 创建亚马逊优惠券

（3）通过"SKU/ASIN"搜索并添加商品，如图 4-5 所示。

视频

速卖通满减活动设置

视频

速卖通优惠码和互动游戏设置

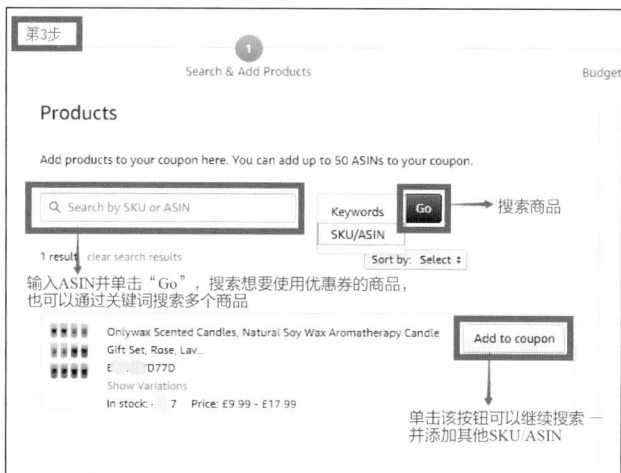

图 4-5 | 搜索并添加商品

（4）将同一类商品添加到一种优惠券下，然后单击"Continue to next step"，如图 4-6 所示。

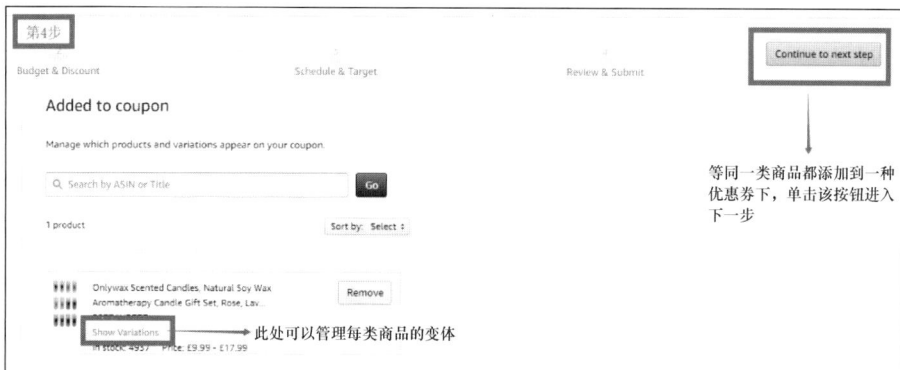

图 4-6 | 添加同类商品到一张优惠券

（5）设置折扣金额或百分比，如图 4-7 所示。

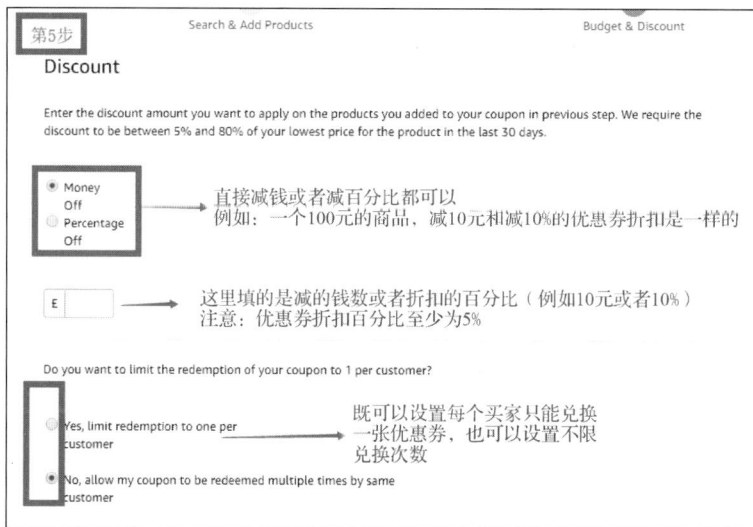

图 4-7 | 设置折扣金额或百分比

（6）设置优惠券预算，如图 4-8 所示。优惠券的预算包含折扣的费用和平台费用，只有在买家使用了优惠券并出单后才收取，如果只领券则不收取。

图 4-8 | 设置优惠券预算

（7）设置优惠券标题和发放对象，如图 4-9 所示。

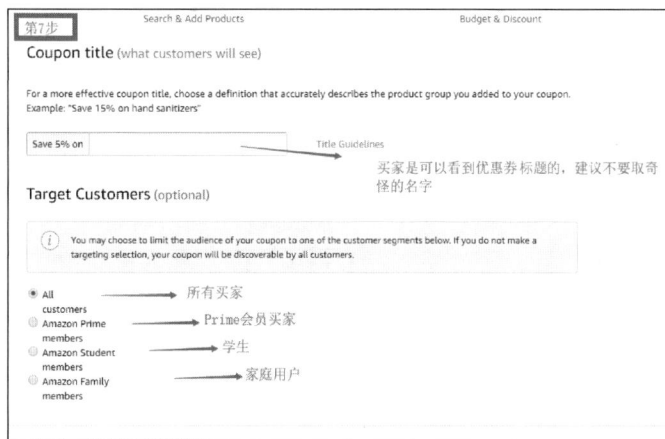

图 4-9 | 设置优惠券标题和发放对象

（8）设置优惠券使用期限，如图 4-10 所示。可以设置 3 个月内的日期，当天生效的优惠券会在 6 个小时内显示；如果优惠券预算使用达到 80% 时，即使未到期也会结束优惠券展示。

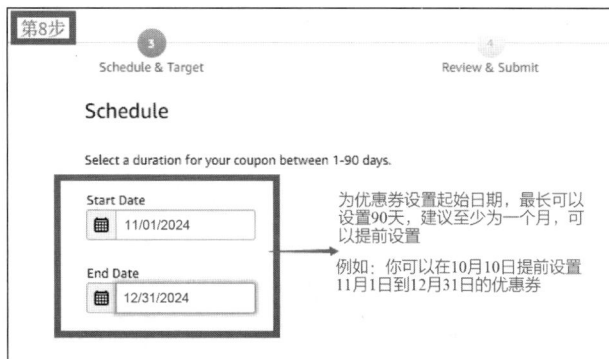

图 4-10 | 设置优惠券使用期限

（9）单击"Submit coupon"，优惠券就设置成功了，如图 4-11 所示。

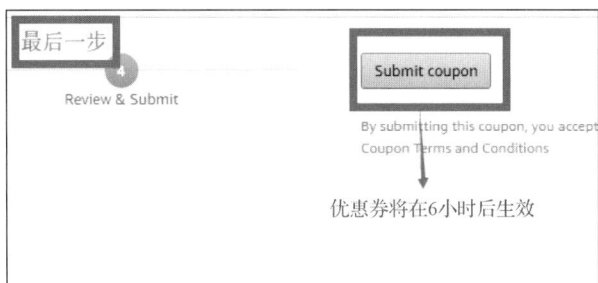

图 4-11 | 优惠券设置完成

📖 【步骤二】创建管理商品列表

（1）进入亚马逊卖家后台，单击"广告"—"管理促销"，如图 4-12 所示。

图 4-12 | 创建管理商品列表的入口

（2）进入促销页面，单击"创建促销"，如图 4-13 所示。

图 4-13 | 社交媒体促销代码创建页面

（3）单击"管理商品列表"选项，如图 4-14 所示。页面出现"ASIN 列表"，单击"创建商品列表"按钮，如图 4-15 所示。

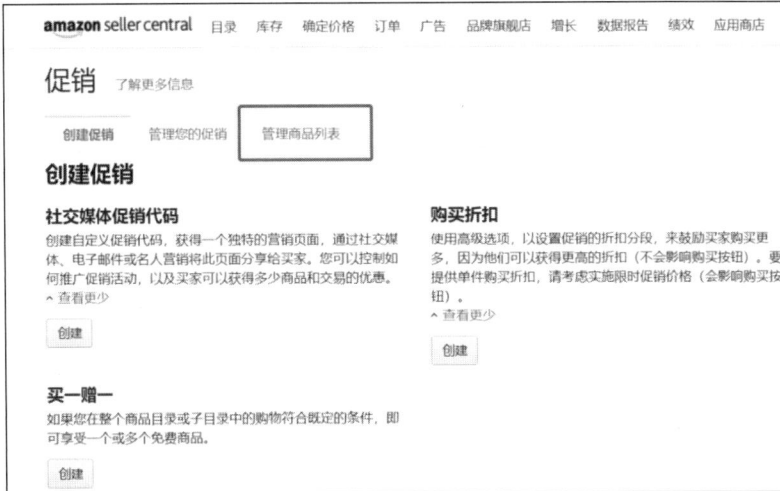

图 4-14 | 进入"管理商品列表"页面

图 4-15 | "创建商品列表"页面

（4）创建商品列表，填写"商品选择列表名称/追踪编码"、"内部描述"和"ASIN 列表"，如图 4-16 所示。填写好后单击"提交"按钮，即可成功创建该列表。

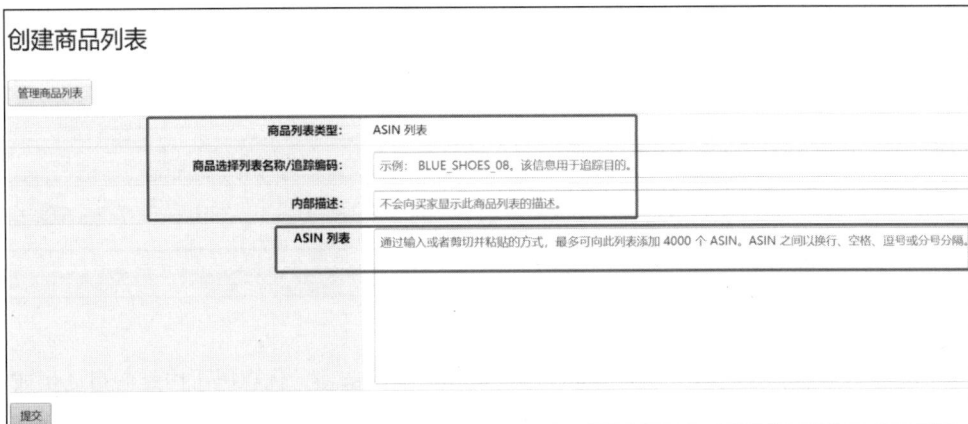

图 4-16 | 创建管理商品列表

📖 **【步骤三】创建社交媒体促销代码**

（1）选择"创建促销"—"社交媒体促销代码"选项，单击"创建"按钮，如图 4-17 所示。

图 4-17 | 创建社交媒体促销代码路径

（2）选择促销条件。以安克 USB 充电宝为例，在"需购买商品"的下拉列表中选择刚创建的"anker usb c charger"选项，对刚刚创建的商品设置优惠码。填写"减免折扣%"，如果需要打 4 折，则填写"60"，意为减免 60%，买家获得的价格为原价的 4 折，如图 4-18 所示。

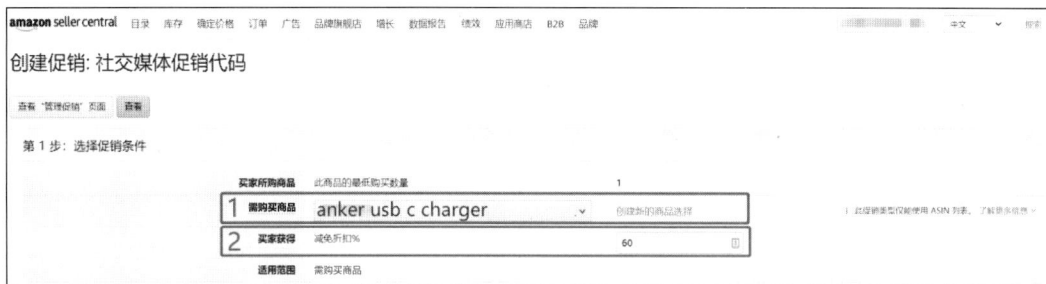

图 4-18 | 选择促销条件

（3）设置促销时间。选择"开始日期"，系统会以当前日期为准，一般优惠码在当前设置时间的 4 小时后生效。选择"结束日期"时，建议设置为开始日期后的第七日。"内部描述"填写方便辨识的折扣名称即可（建议格式为商品名称+折扣力度），如图 4-19 所示。

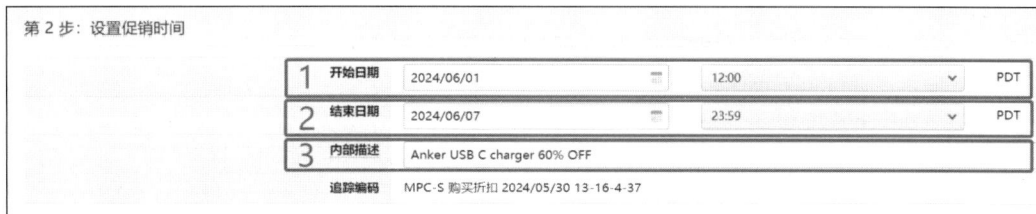

图 4-19 | 设置促销时间

（4）填写更多选项。选择"一次结算中的无限件商品"选项，优惠码可由系统自动生成或自定义，如图 4-20 所示。填写完毕提交即可，4 小时后生效。

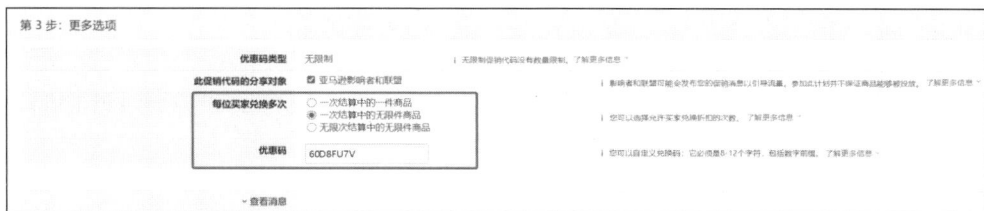

图 4-20 | 填写更多选项

工作任务二　店铺付费营销

知识储备 ↓

一、速卖通付费营销

在数字营销日益重要的今天，速卖通作为全球知名的 B2C 跨境电商平台之一，为广大卖家提供了丰富的付费营销工具，帮助卖家更有效地推广商品，提升销售额。

（一）速卖通的付费营销工具

1. 站内推广工具

速卖通的站内推广工具包括"智能投""自己投""全店管家"。

卖家如果没有太多精力或者不擅长进行投放推广的设置和调优，可以选择"智能投"；如果希望自己掌控投放推广的相关操作，则可以选择"自己投"。

2. 速卖通联盟营销

联盟营销是联合各类海外媒体提供一站式付费流量的模式。在买家通过速卖通联盟推广的链接进入店铺购买商品并交易成功后，平台向卖家按照销售额的一定比例收取佣金，即按销售额付费（Cost per Sales，CPS）。

（1）加入速卖通联盟的优势。

◆　免费曝光，成交收费。前期无须投入资金，免费曝光；按实际成交额收费，预算可控。

◆　优质流量，覆盖全球。覆盖全球流量通道，导购、社交媒体、搜索引擎、手机厂商等多种站外渠道推广资源，精准覆盖海量买家。

◆　丰富的商品营销能力。提供丰富的营销工具，提升商家与流量的匹配效率；通过渠道专员权益打造单品站外冰点价，快速提升销量。

（2）流量来源。加入速卖通联盟后，商品会在站内和站外展示。站外流量全域覆盖，如搜索引擎、社交媒体、导购媒体等渠道。站内流量深度加持，如速卖通联盟专属营销阵地、速卖通联盟特定权益 Code 页、速卖通联盟营销会场与频道页等。

（3）速卖通联盟商品展示规则。对非首次来访的买家，平台会依据其在网站的浏览历史及购买行为进行推荐；对首次来访的新买家，平台会依据其对流量来源的喜好展示对应的商品；爆款商品增设单独展示专区。

（4）联盟商家专属阵地。

◆　在商品的搜索结果页，平台会基于多个维度的综合得分对其进行排序，其中包含是否为爆款商品、佣金比例、历史销量等。

◆ 在同等的网站综合得分下，商品佣金比例越高，排序越靠前。

◆ 在速卖通网站上，速卖通联盟的销量在主搜享有加权。

（5）推广时效。买家首次通过推广链接进入店铺的 15 天内，如果后续再次通过该推广链接进入，那么自其最近点击推广链接之日起重新计算 15 天。

（6）付费规则。

◆ 速卖通联盟订单判断：点击商品站外推广链接+15 天追踪有效期内+下单。

不论新老客户、复购次数、是否批发，如果一个买家点击了速卖通联盟推广的商品链接，在 15 天的追踪有效期内下单，会判断为是速卖通联盟带来的订单，交易成功后平台会收取速卖通联盟佣金。

速卖通联盟佣金=商品实际成交价格×佣金比例（下单时的佣金比例）

其中，　　　　　　　商品实际成交价格=商品最终交易价格-运费

3. 速卖通品牌广告

速卖通品牌广告是一种高端的付费推广方式，通过在平台首页、分类页等高流量区域展示品牌形象和商品信息，提高品牌知名度和美誉度。商家可以选择不同的广告形式，包括图文广告和视频广告。

（二）速卖通付费营销活动

除了以上付费营销工具，速卖通还定期举办各种付费营销活动，帮助卖家提升销售额和品牌影响力。以下是一些常见的速卖通付费营销活动。

1. 速卖通大促活动

速卖通大促活动是速卖通网站一年中最重要的活动。从 2014 年起，速卖通每年组织 3 次大促活动，分别为 3 月的"3·28"大促、8 月的"8·28"年中大促和 11 月的"双 11"大促。速卖通大促会集聚网站全部力量，引入海量新流量，发放巨额优惠券，组织上千万种优惠商品，吸引消费者集中消费，为卖家和网站带来交易额的跨越式提升。

卖家在报名速卖通大促前，首先可以从活动的选品和定价入手。在速卖通大促时，平台主要考虑订单数量、店铺转化率、商品转化率、争议数量、报名折扣和促销数量几个方面。参加活动的商品应在风格和报价等方面与活动相符，通常选取店铺内有销量、纠纷比较少、转化有优势的商品。在定价方面，卖家应学会分析平台活动的折扣要求，并在上传商品时确定利润率和折扣率。

上传商品时，卖家还应注意优化商品图片和商品名称。参与平台活动的商品图片通常需要白色背景，尺寸建议为 400 像素×400 像素。商品标题应该包括核心关键词、属性词、热门搜索词和流量词。

2. 速卖通主题活动

速卖通会根据不同的主题举办促销活动，如春季大促、夏季大促等。在这些活动中，卖家可以参与平台提供的主题活动，针对特定消费群体推出特色商品和促销策略。

3. 速卖通定制活动

速卖通还会根据消费者需求，为特定商品或品牌提供定制化的营销活动。通过与平台合作，卖家可以获得更多商品曝光机会和销售渠道，提升品牌形象和市场地位。

总之，速卖通提供了丰富的付费营销工具和活动资源，帮助卖家提高销售额和品牌影响力。通过合理运用这些工具和资源，卖家可以更好地满足消费者需求，提升市场竞争力和商业价值。

二、亚马逊付费营销

亚马逊付费营销是提高商品曝光度和销售量的有效方式，可以帮助卖家在激烈的市场竞争中

占据优势。在实际操作中，卖家需要根据商品特点和买家的需求，精心制订推广计划，并结合具体营销策略，提升广告投放效果。

亚马逊后台的广告类型有很多，当我们进入卖家后台想为商品创建一个广告活动时，后台会提供3种选择：商品推广广告、品牌推广广告和展示型推广广告。

（一）商品推广广告

卖家进入商品推广广告设置页面，系统默认选择的就是自动投放广告。选择自动投放广告时，不需要预先设定关键词，系统会根据商品详情页中嵌入的关键词及卖家设定的商品类目来自动匹配关键词。

1. 自动投放广告

自动投放广告的主要类型包括紧密匹配、宽泛匹配、同类商品和关联商品。这些匹配类型帮助卖家根据买家的搜索意图和购物习惯优化广告展示。自动投放广告不仅有助于积累数据，筛选出优质关键词，还可以帮助卖家检验商品详情页的质量，增加曝光量和销量。此外，自动投放广告的数据还可以用于选品和优化商品详情页。

自动投放广告出现的广告位有很多，亚马逊官方对此的说明较模糊，但从实践中可以发现，自动广告的广告位置主要有以下几处。

（1）关键词搜索结果页面。关键词搜索结果页面绝大多数显示的是手动投放广告的商品，但也有一部分是自动投放广告的商品，如图4-21所示。

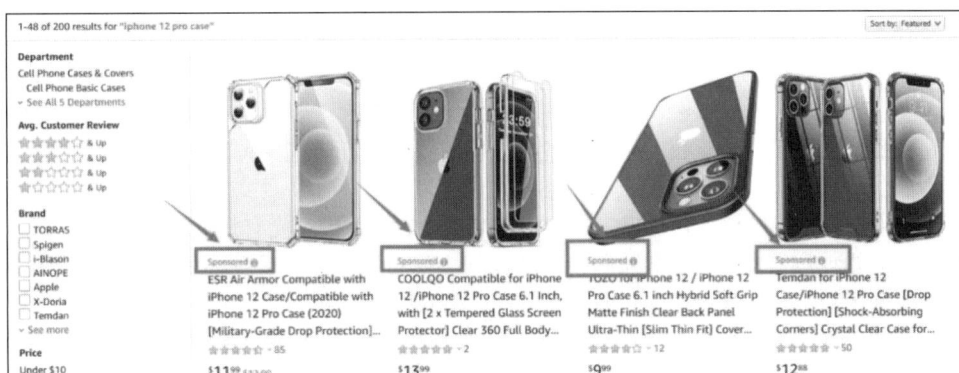

图 4-21 | 亚马逊关键词搜索结果页面

（2）You might also like（你可能喜欢）。在这个广告位的左上角，我们可以清晰地看到"Sponsored"标志，说明这是自动投放广告的一个关联广告位置，如图4-22所示。

图 4-22 | 亚马逊"你可能喜欢"页面

（3）四星及以上（4 stars and above）。这个位置就在"你可能喜欢"的广告推荐位置之下，如图4-23所示。

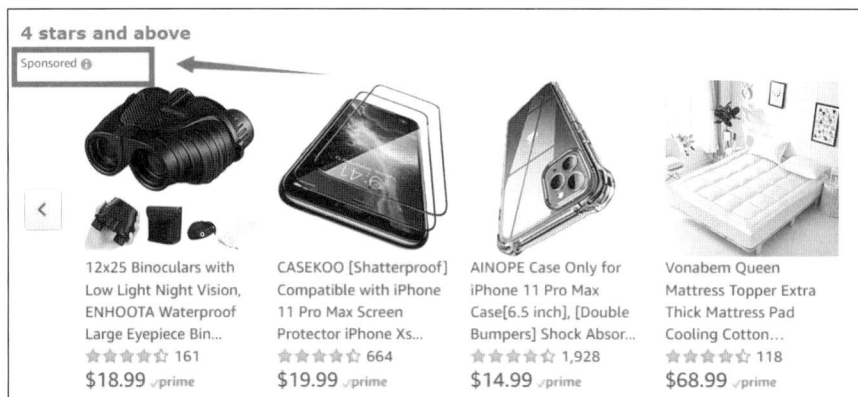

图 4-23 | 亚马逊四星及以上广告推荐页面

2. 手动投放广告

亚马逊会精准地向搜索关键词的买家展示商品的广告，并按实际点击次数向卖家收取费用，这就是所谓的手动投放广告。

（1）手动投放广告的作用。

◆ 通过广告的引流加权，核心关键词可以显示在首页。卖家想推哪个关键词，就对它手动进行精准匹配。通过支出广告费换来的曝光量、浏览量、下单量可以有效提高商品详情页关键词的权重。

◆ 根据广告关键词表现优化商品详情页。卖家可以判断哪些关键词的转化率高、表现好，并将其放到优化文案里。如果关键词表现不好，也可以从商品详情页文案中将其剔除。

◆ 提升订单数量，提高转化率。新品期的商品详情页关键词没有任何权重，也没有曝光量，可以通过手动投放广告提升订单数量，提高转化率。在商品上架后期手动投放广告可以作为流量补充持续带来大量流量，保证商品销量持续增长，增加品牌影响力。

（2）手动投放广告的形式。手动投放广告有两种形式：关键词投放和商品投放。关键词投放是亚马逊最常见的广告投放形式，出现的位置也很明显，就在关键词的搜索结果页面。

◆ 关键词投放。关键词的匹配类型分为广泛匹配、词组匹配和精准匹配。相对于自动投放广告而言，卖家可自行选择需要投放的关键词，精准的关键词会给商品带来更高的转化率。

◆ 商品投放。商品投放是一种针对性很强的广告投放方式，它主要针对卖家的竞品来进行。进行商品投放，首先要确定好主要竞品，然后直接将广告投放到这些竞品的详情页界面上。选择投放标的的方式有很多，可选择某一个或某几个竞品进行投放，也可以选择相关的整个类目进行竞品广告投放。

（二）品牌推广广告

品牌推广（Sponsored Brands）广告可通过在搜索结果中显示定制广告，帮助提高品牌和店铺的曝光量。

1. 投放品牌推广广告的资格要求

如果想要创建品牌推广广告，卖家要满足以下要求：①专业卖家或者是重量级供应商；②投放商品有购物车资格；③店铺通过了品牌注册且为品牌所有者；④开通品牌旗舰店；⑤商品可以配送到广告投放的国家或地区；⑥非二手、翻新、限制类商品。

2. 品牌推广广告的形式

品牌推广广告有 3 种形式：商品集广告、品牌旗舰店焦点广告和视频广告。

（1）商品集广告。商品集广告展示了品牌徽标、自定义标题、3 个及以上商品。卖家可以选择 3 个落地页：该品牌的品牌旗舰店、旗舰店中的某个子页面（旗舰店的分类界面）、自定义落地页，如图 4-24 所示。

图 4-24 | 商品集广告

当顾客看到商品集广告，无论是点击品牌徽标、自定义标题，还是广告展示的商品图片，都可以跳转到指定的品牌旗舰店页面或者自定义的页面。

（2）品牌旗舰店焦点广告。品牌旗舰店焦点广告的优势在于可以增加品牌旗舰店的流量。该广告形式与商品集广告一样，可以展示卖家的品牌徽标、自定义标题，如图 4-25 所示。

当顾客点击广告模块时，它会跳转到品牌旗舰店中的子页面；点击品牌徽标或标题后，会进入品牌旗舰店页面。

图 4-25 | 品牌旗舰店焦点广告

（3）视频广告。视频广告是品牌推广广告中使用最多的一种广告形式，其广告位在第一行自然位的下方和搜索结果页面底部（页脚位置），如图 4-26 所示。

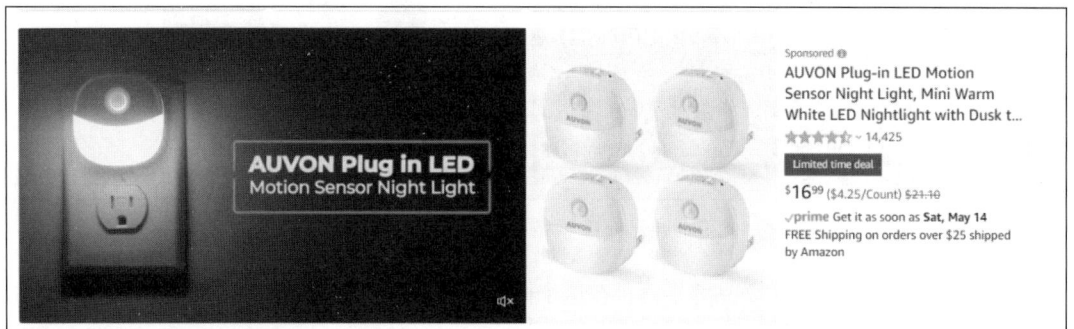

图 4-26 | 视频广告

该广告只要链接优化到位、视频足够吸引人，转化率通常是商品推广广告的 1.5 倍以上。

3. 品牌推广广告的展示位

所有形式的广告都可能展示在搜索结果页面的顶部、中间或底部。需要注意的是，品牌推广广告的商品集/品牌旗舰店焦点广告一定有品牌徽标、标题，会展示 3 个及以上商品（页脚的品牌推广广告展示 1 个商品）。

（1）搜索结果页面顶部。品牌推广广告的商品集/品牌旗舰店焦点广告可以展示在搜索结果页面顶部，如图 4-27 所示。

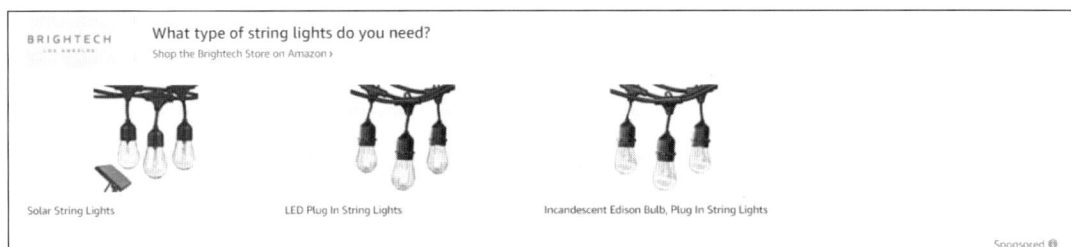

图 4-27 | 展示在搜索结果页面顶部的商品集/品牌旗舰店焦点广告

（2）搜索结果页面中间或底部。品牌推广广告的视频广告一般展示在搜索结果页面中间的前 4 个自然位下方，且单独一行展示，如图 4-28 所示；有些视频广告会展示在搜索结果底部（见图 4-29）。视频广告是最容易辨认的广告类型。

图 4-28 | 展示在搜索结果页面中间的视频广告

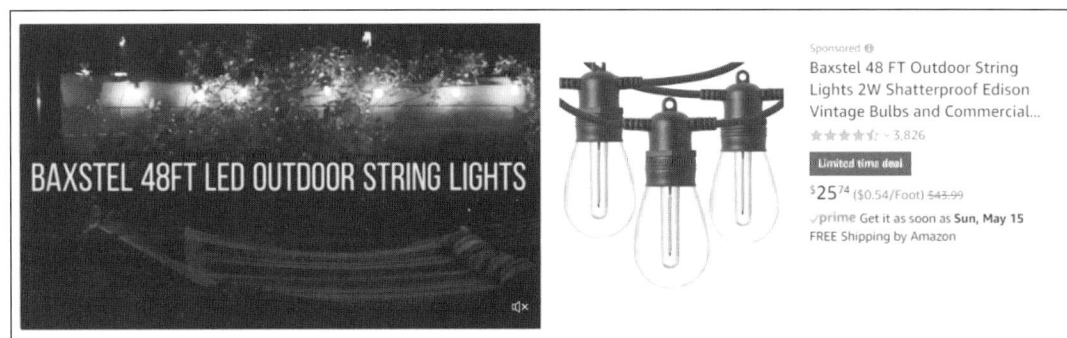

图 4-29 | 展示在搜索结果页面底部的视频广告

（3）搜索结果页面的关联品牌界面。在这个位置展示的广告既可以是商品集广告，也可以是品牌旗舰店焦点广告，如图 4-30 所示。

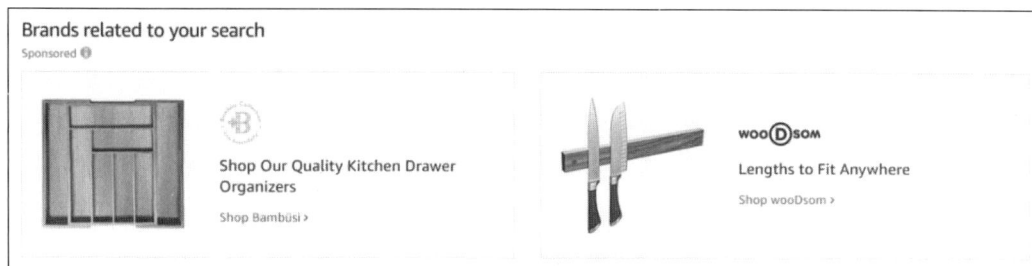

图 4-30 | 展示在搜索结果页面的关联品牌广告

（4）商品详情页面。图 4-31 和图 4-32 分别是展示在商品详情页面和竞品详情页面上的商品集/品牌旗舰店焦点广告。当我们选择投放类型为商品定位时，系统会根据商品、分类、品牌或其他商品功能来定位广告投放位置。

图 4-31 | 展示在商品详情页面上的商品集/品牌旗舰店焦点广告

图 4-32 | 展示在竞品详情页面上的商品集/品牌旗舰店焦点广告

（三）展示型推广广告

展示型推广广告是亚马逊的 3 大广告活动类型之一，可帮助卖家将商品展示到亚马逊的商品详情页和其他页面上，同时也是对普通卖家开放的唯一可将广告投放到站外的广告活动类型。

1. 展示型推广广告的作用

在整个商品生命周期中，展示型推广广告可以帮助卖家实现 4 个关键业务目标。

（1）提高商品/品牌知名度。

（2）提高消费者获取率。

（3）提高品牌忠诚度。

（4）进行再营销，吸引过去考虑过购买商品或类似商品的消费者。

2. 展示型推广广告的类型

展示型推广广告主要有两种类型：商品投放和受众投放。商品投放是在消费者浏览特定商品时展示广告，广告位只在亚马逊站内；而受众广告则可以追踪特定浏览行为的消费者，向其展示广告，广告位可以在亚马逊站内，也可以在亚马逊站外。

针对有明确消费需求的群体，可以通过商品投放将商品展示在现有相关商品详情页面中；针对没有明确消费需求的群体，可以根据消费者的日常消费行为数据，通过受众投放将商品展示到可能购买商品的这部分消费者面前。

展示型推广广告对消费者购物旅程的影响在不同阶段也是不一样的，如图 4-33 所示。

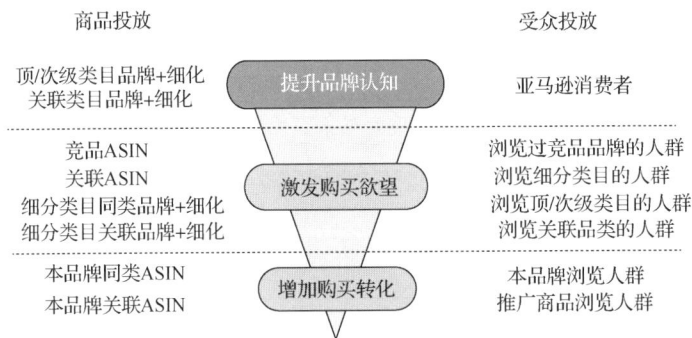

图 4-33 | 展示型推广广告对消费者不同阶段的影响

任务实施 ↓

为了提高店铺曝光量和流量，增加销售额和收益，让店铺在竞争激烈的市场中获得更大的优势和发展空间，运营团队决定在持续不断地开展店铺活动的同时，进行速卖通联盟营销，积极参加速卖通大促活动，以及进行亚马逊付费推广。

1. 速卖通店铺付费营销

【步骤一】店铺开展速卖通联盟营销

在速卖通卖家中心，选择"推广"—"联盟营销"—"单品营销计划"，单击"手动添加商品"，选择要加入推广的商品，单击"修改佣金"，设置佣金率和生效时间，如图 4-34 所示。

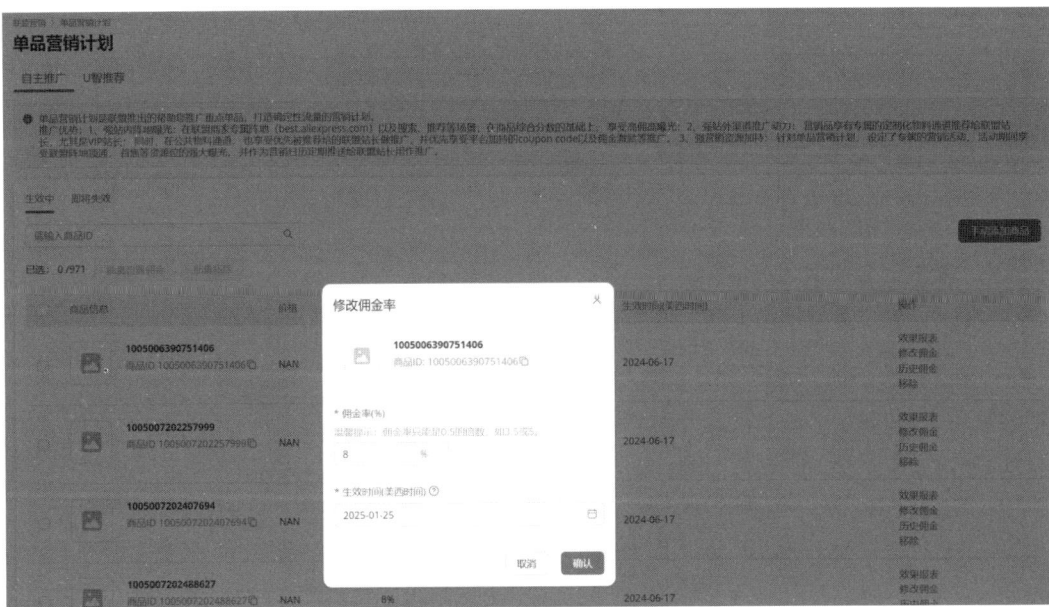

图 4-34 | 设置佣金率和生效时间

📖　**【步骤二】店铺参加速卖通大促活动**

（1）在速卖通卖家中心，选择"营销"—"平台活动"，查看要参加的大促活动，单击"立即报名"。

（2）审核店铺资质，如果店铺符合资质要求，单击"下一步，报名入围活动"。

（3）入围活动报名，要先了解生效模式、活动规则、商品资质要求等，然后单击"开始报名活动商品"。选择参加活动的商品并设置折扣，针对不同国家或地区设置对应面额及优惠门槛。

（4）频道/会场活动报名。选择可报名的活动，单击"报名"，了解基本的活动要求后，选择"下一步，素材报名"。

（5）完成报名，查看活动状态。

2．亚马逊 CPC 广告

📖　**【步骤一】选择广告类型**

进入卖家后台，选择"Advertising"—"Campaigns"，再单击"Create campaign"，选择广告类型。

📖　**【步骤二】创建广告**

进入创建广告页面，按照指示填入活动的名称、每天的预算、起始日期和广告类型。如果没有特定的关键词想要加入，建议先选择"Automatic targeting"，亚马逊会帮商家根据其商品列出所有相关的关键词，这个方式可以迅速提高商品的点击率。

📖　**【步骤三】选择出价方式**

根据需要选择适合的出价方式，这里有 3 种选择，分别是动态竞价-只降低（Dynamic bids - down only）、动态竞价-提高或降低（Dynamic bids-up and down）、固定竞价（Fixed bids）。

📖　**【步骤四】建立广告商品**

一个广告活动（Campaign）下可以建立多个广告组（Ad group），同一广告组里的商品可以共用相同的关键词。商家可以根据商品分类建立广告组，填写广告组名称，单击"Add"按钮添加要做广告的商品。

选好商品之后，选择"Automatic Targeting"（自动广告投放）可以自动匹配关键词，设定这个广告组的 CPC 出价。

如果选择"Set bids by targeting group"（投放组设置竞价），则可以给每个广告组设定一个出价。

如果选择"Manual targeting"（人工出价），亚马逊会推荐一些关键词供选择。选择"Add"按钮，可以添加广告关键词清单。

对每种商品或商品类目设定出价，设置完成后就可以启用广告了。

工作任务三　站外营销与直播营销

知识储备 ↓

一、站外营销推广常用方式

跨境电商各平台除了提供站内营销推广活动，还会借助站外的一些营销推广方式进行引流，帮助卖家提高转化率。常见的站外营销推广方式如下。

（一）社交媒体营销

社交媒体营销推广方式一般采取"先社交后营销"的策略。

1. 跨境电商常用的社交媒体

社交媒体营销是通过社交媒体来推销商品、服务及品牌的过程。现在主要的海外社交媒体有 Facebook、Instagram、YouTube 和 TikTok。

论坛也是社交媒体的一种。Reddit 是美国最大的论坛网站之一，该网站允许用户自己创建话题板块，每个板块必须在用户订阅以后才能看到相关的信息，如与亚马逊相关的板块主要有 Amazon Deals、Amazon Top Rated 等。另外一个论坛网站是 Fatwallet，卖家需要加入联盟才能开展促销。

2. 社交媒体营销优势

（1）口口相传的力量。如果用户在不同的社交媒体上都关注了某品牌的账号，那么毫无疑问他是这个品牌的忠实用户。品牌在不同社交媒体上的主页会成为各类忠实用户的聚集地，这些用户通过社交媒体了解最新的商品信息，并且自发地将这些信息传递给他人。

（2）高效的用户服务。如果想要了解更多的商品信息或进行投诉的时候，部分用户会选择社交媒体这一渠道。如果卖家在自己的社交媒体上添加"客户服务"模块，将会有效提升用户的满意度。

（3）深入了解用户群体。现在，成千上万的用户在社交媒体上发表自己对于不同商品的看法。如果企业想要了解用户最真实的想法，那么对社交媒体上的数据进行分析则是必不可少的。

（二）谷歌广告

谷歌广告（Google Adwords）的流量较大，很多跨境电商卖家将其作为站外营销推广的方式之一。谷歌广告是使用谷歌关键词广告或谷歌遍布全球的内容联盟网络进行推广的一种付费推广方式，它可以选择文字、图片和视频广告等多种广告形式。

谷歌广告可以投放 5 种类型的广告，分别是搜索广告（Search）、展示广告（Display）、购物广告（Shopping）、视频广告（Video）、应用推广广告（Universal App）。

（三）Deal 站营销

Deal 站是跨境电商卖家站外出单的利器，是一个专业的折扣促销网站，无论是淡季还是旺季，Deal 站对跨境电商卖家的营销推广都非常重要。境外主要的 Deal 站有 Slickdeals、Hotukdeals、Kinja 和 Vipon。

二、跨境电商直播

直播带货作为一种新兴且高效的推广方式，不仅成为提升品牌知名度、吸引目标用户的重要工具，更是跨境电商领域中一种备受瞩目的销售转化策略。

（一）直播带货在跨境电商中的兴起

1. 背景与趋势

跨境电商市场的竞争激烈，直播带货以其实时互动、真实性高的特点，在吸引消费者关注、提升购物体验上具有独特的优势。因此，越来越多的跨境电商卖家开始尝试直播带货。

2. 消费者参与度的提升

直播带货通过实时互动的形式，拉近了品牌与消费者之间的距离。消费者可以在直播过程中提问、评论，获得即时回应，这增加了消费者的参与感，从而提高了他们对商品的信任度。

3．跨境销售的辅助工具

跨境电商卖家面临着语言、文化、支付等多方面的挑战，而直播带货通过视频传播，能够跨越语言和文化障碍，让全球消费者更容易理解和接受商品。

（二）直播带货对销售转化的影响

1．提高购物体验

直播带货通过展示商品的细节、实际效果和使用方法，让消费者更好地了解商品，从而提高购物体验。这种直观的呈现方式使得消费者更容易做出购买决策。

2．刺激消费欲望

通过直播的形式，品牌能够更生动地呈现商品的独特之处，激发消费者的购买欲望。特别是在一些限时促销、折扣活动中，直播带货能够在短时间内创造购物热潮，提高销售转化率。

3．数据驱动优化

直播平台的数据分析工具使品牌能够更好地了解消费者喜好、行为习惯，进而优化直播内容和销售策略。通过不断调整和改进，品牌可以更精准地满足目标消费者的需求，增强销售转化效果。

（三）亚马逊直播

1．使用亚马逊直播的原因

无论广告活动目标是什么，亚马逊直播（Amazon Live）都能支持品牌方打造传达商品信息并引发购买兴趣的直播体验，还能提供一系列创意素材，助力全流域广告活动。

亚马逊平台提供的数据显示，三分之二的顾客表示他们喜欢通过创作者在线查找商品；亚马逊直播推广带来的销售额有76%源自品牌新客。

2．亚马逊直播的优势

（1）在富有吸引力的环境中传达商品信息并引发购买兴趣。利用展示加讲述的形式，既能让顾客直观地看到商品，又能让品牌方展示商品优势、使用场景和价值主张。顾客可以实时提问，品牌方可以提供独家优惠和奖励。

（2）与相关主播合作或指定自己的品牌大使。接洽亚马逊直播主持人，用他们独特的声音讲述真实的品牌故事并扩大社交触达。

（3）利用亚马逊直播的优质制作资源。亚马逊广告精通直播和可购物视频内容的制作，提供端到端的创意素材开发。无论是创建自定义广告活动，还是整合到现有亚马逊直播节目中，亚马逊都可以满足多种推广需求。

（4）借助亚马逊直播推广品牌。

任务实施 ↓

越来越多的跨境电商企业在社交媒体上做广告。要想广告达到预期目标，需要了解社交媒体广告设计流程。下面以Reddit为例，说明如何在社交媒体上做广告。

【步骤一】选择目标

明确最希望从广告中获得哪些成效，如提升销量、应用下载量或品牌知名度等。需要先填写购买意向，如图4-35所示。

图 4-35 | 填写营销目标

📖 【步骤二】选择受众

利用已掌握的受众信息，如年龄、地区和其他具体信息，选择与目标受众最相符的人口统计特征、兴趣和行为，如图 4-36 所示。

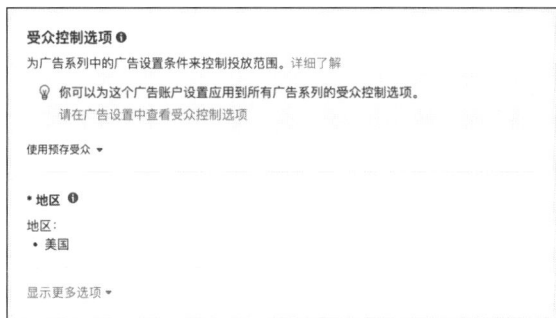

图 4-36 | 选择受众

📖 【步骤三】选择广告投放位置

选择广告的投放位置时，可以选择你想要投放的一个社交平台或多个社交平台。在此步骤中，还可以选择向指定的移动设备投放广告，如图 4-37 所示。

图 4-37 | 选择广告投放位置

📖 【步骤四】设置预算和排期

输入单日预算或总预算以及希望投放广告的时段。设置预算上限可确保广告花费不超出预期，如图 4-38 所示。

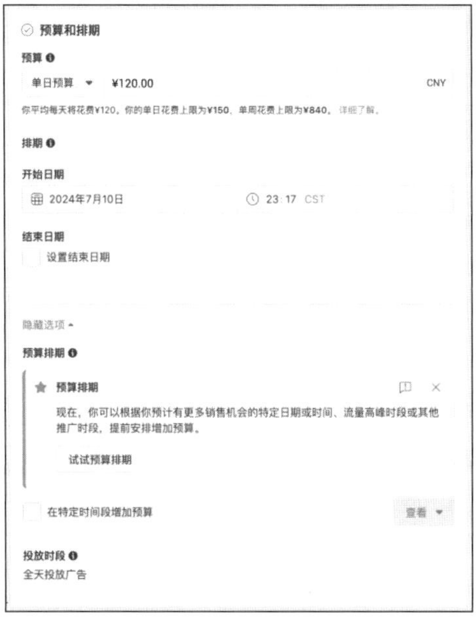

图 4-38 | 设置预算和排期

📖 【步骤五】选择格式

这里的"格式"指的是广告呈现的样式，可以是单图片或视频，也可以是 2 张（个）或更多图片、视频进行轮播，还可以是用全屏移动体验呈现一组商品等，如图 4-39 所示。

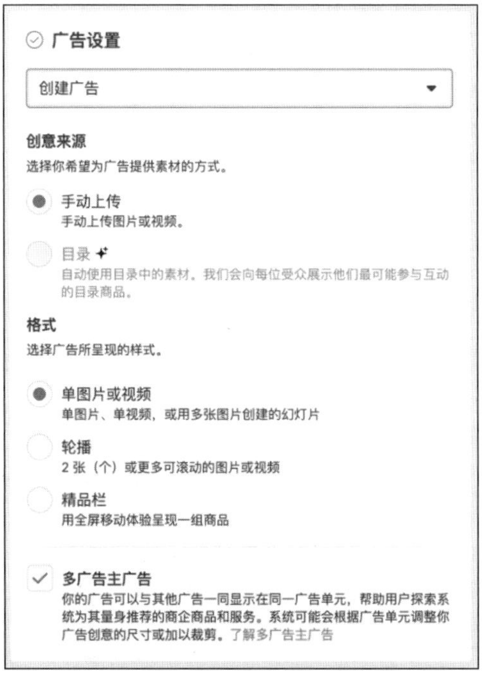

图 4-39 | 选择格式

📖 　【步骤六】下单

广告提交后将进入广告竞拍流程，该流程有助于将广告展示给相关的目标受众。

📖 　【步骤七】衡量和管理广告

投放广告后，可在广告管理工具中追踪广告表现和编辑广告，包括比较多个广告版本的效果，了解广告投放是否高效，并做出相应调整，如图4-40所示。

图 4-40 | 管理广告

岗位素养提升 ↓

跨境电商运营从0到1的AI工具辅助使用

1. 市场调研与分析

① 市场调研工具：如Semrush Market Explorer、Current AI、Quantilope等，可进行竞争对手分析和市场缺口识别。

② 应用场景：分析目标市场趋势，了解用户需求，确定市场定位。

2. 品牌定位与策略制定

① 品牌定位工具：如BrandCrowd Logo Maker、Looka Logo Maker等，可确定品牌定位和目标用户群。

② 应用场景：根据市场调研结果，制定营销策略，包括商品定价、推广渠道和促销活动。

3. 网站搭建与设计

① 网站搭建平台：如Wix ADI或Zyro等，可创建具有AI组件的网站。

② 应用场景：基于用户需求和品牌定位，设计并搭建符合市场趋势的电商网站。

4. 商品上架与管理

① 个性化推荐工具：如Clerk.io等，可提供个性化商品推荐，提高转化率。

② 应用场景：根据用户购买历史和行为，为用户推荐个性化的商品和服务。

5. 内容创作与优化

① 文案生成工具：如Copy AI，可生成营销文案、商品描述等。

② 应用场景：自动生成符合商品特征的详细描述，优化广告文案和投放效果。

6. 多语言适配与国际化

① 智能翻译工具：如谷歌翻译API，可实现网站内容的多语言适配。

② 应用场景：消除语言障碍，扩大国际市场的覆盖范围。

7. 用户获取与引流

① 广告优化平台：如 Albert，可自动优化广告投放效果。

② 应用场景：通过社交媒体广告工具吸引目标用户，提升品牌曝光度。

8. 用户交互与客服

① 智能客服系统：如 Mobile Service Cloud，可提供 24 小时不间断的用户服务。

② 应用场景：自动回复用户问题，提高用户满意度和忠诚度。

9. 数据分析与优化

① 数据分析工具：如 Google Analytics 或 BigQuery，可分析用户行为和网站性能。

② 应用场景：优化推荐算法，提升用户体验。

10. 用户反馈收集与商品迭代

① 反馈分析工具：如 SurveyMonkey 或 Typeform，可收集用户反馈，指导商品迭代和优化。

② 应用场景：分析用户反馈，指导商品迭代和优化。

11. 支付安全与风险管理

① 欺诈检测系统：集成 PayPal 欺诈检测系统，使用 AI 模型提高支付安全性。

② 应用场景：识别异常交易行为，减少欺诈和信用风险。

12. 物流与配送

① 物流优化系统：集成 DHL AI 物流优化系统，可优化物流路径，提高配送效率。

② 应用场景：预测物流需求，减少运输成本和时间。

13. 持续学习与 AI 模型更新

① AI 模型训练工具：如 IBM Watson Studio，可定期更新 AI 模型，适应市场变化。

② 应用场景：不断更新 AI 模型，提高运营效率和准确性。

14. 合规性检查与风险管理

① 合规性检查工具：集成 AI 合规性检查工具，可检查网站内容的合规性。

② 应用场景：确保业务运营符合法规要求，降低合规风险。

15. 发布与推广

① 社交媒体管理工具：如 Hootsuite 或 Buffer，可安排内容发布计划，自动化社交媒体推广。

② 应用场景：提高品牌曝光度，增加用户互动和转化率。

16. 效果跟踪与报告

① 数据可视化工具：如 Tableau，可创建效果跟踪报告，监控运营情况。

② 应用场景：分析数据，制定运营策略，持续优化业务流程。

技能训练 ↓

一、单项选择题

1. 下列哪项不是亚马逊广告的推广方式？（　　　）

    A. SP 广告　　　　　　B. 自动广告　　　　　　C. 星合投放　　　　　　D. 商品投放广告

2. 关于亚马逊品牌推广广告说法错误的有（　　　）。

    A. 商品集可以选择该品牌的品牌旗舰店、旗舰店中的某个子页面（旗舰店的分类界面）、自定义落地页 3 个落地页

    B. 品牌旗舰店广告的优势在于可以增加品牌旗舰店的流量

    C. 品牌官方搜索直达功能是提供给优质商家进行品牌展示的功能。该功能分为搜索下拉框以及搜索结果页两部分

    D. 视频广告的广告位通常在第一行自然位的下方和搜索结果底部（页脚位置）

3. 关于速卖通站内付费推广的说法错误的是（　　　）。

    A. 速卖通站内推广以"智能投""自己投""全店管家"的模式提供商品推广服务，原"直通车重点计划""直通车快捷计划""灵犀推荐计划"并入"自己投"

    B. 如果想获取更多的商品销量，或者有重点营销的商品类型，则可以选择商品推广。是选择智能投还是自己投，卖家可以根据自己的运营经验等实际情况选择

    C. 如果自己没有太多精力或者不擅长进行投放推广的设置和调优，则可以选择"智能投"

    D. 如果希望自己来掌控投放推广的相关操作，则可以选择"智能投"

4. 每次点击成本是指以下哪个术语？（　　　）

    A. CPC   B. CPM   C. CPA   D. CTR

二、多项选择题

1. 速卖通店铺设置互动活动时出现无法选择奖励的情况，可能的原因有（　　　）。

    A. 优惠码的类型是"不可传播"+定向发放型

    B. 未勾选"店铺装修"—"粉丝专享优惠模块"选项

    C. 店铺优惠码（新版）活动开始时间早于互动游戏，结束时间晚于互动游戏

    D. 优惠券已发放完毕，没有可发放的数量

2. 速卖通店铺互动游戏目前有哪些？（　　　）

    A. 翻牌子   B. 打泡泡   C. 收藏有礼   D. 王者荣耀

3. 速卖通常见的营销策略有（　　　）。

    A. 优惠营销   B. 定向推广   C. 内容营销   D. 活动营销

4. 速卖通店铺付费的营销活动主要有（　　　）。

    A. 达人合作   B. 联盟营销   C. 直通车   D. 钻展广告

三、判断题

1. 速卖通店铺设置互动活动，在奖励设置时，店铺优惠码创建的时间区间要包含在互动活动时间内，时间可以交叉。（　　　）

2. 速卖通店铺设置互动活动后，创建好的互动活动配置不可以修改。（　　　）

3. 定向推广通过用户兴趣点和购买历史给用户精确推送广告，从而提高点击率和转化率，如针对母婴商品用户推送母婴周边商品。（　　　）

4. 内容营销主要通过自有公众号、微博等渠道分享丰富的商品知识和生活小技巧，如"母婴便当搭配大全""终身免费换手机池说明"等，帮助用户并吸引流量。（　　　）

四、能力训练题

假设你的店铺中有商品 A 和商品 B。商品 A 已进入小类目排名前 30，日出 20 单左右，你评估过 Best Seller 的销量，也知道向上的销售预期和利润空间，现在备了 2000 多件货，想继续往上冲销量。商品 B 售价为 19.99 美元（有同类卖家标售更低的价格），设置了 10% 的折扣，排名在小类目 260 名左右，日出 10 单左右，因为市场竞争激烈，又因为是季节性商品，销售高峰期已过，而你的库存还有不少。

针对这两款商品，请根据所学的跨境电商营销推广知识和技能，谈谈应该如何做营销推广才能解决流量和销量的问题。

模块五

店铺管理

学习目标

知识目标

➤ 了解跨境电商客服管理的工作范围和客服体系构建
➤ 掌握跨境电商纠纷处理和预防的方法
➤ 掌握跨境电商交易管理的主要内容
➤ 掌握跨境电商评价管理的内容和方法

技能目标

➤ 能够熟练地开展跨境电商售前、售中、售后服务
➤ 能够妥善处理跨境电商的各种纠纷订单
➤ 能够顺利完成各种订单的处理
➤ 能够根据商品的不同评价因势利导

素质目标

➤ 通过对跨境电商客服管理的学习，逐步具备跨文化沟通能力和国际化视野
➤ 通过对跨境电商纠纷处理的学习，树立客户至上意识
➤ 通过对跨境电商交易管理的学习，具备良好的分析和解决问题的专业素养
➤ 通过对跨境电商评价管理的学习，培养系统思维和精益求精的工匠精神

思维导图

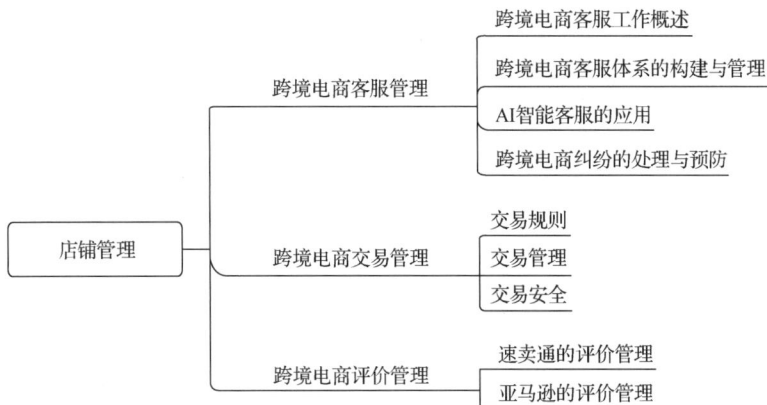

项目背景

店铺开展营销活动后客户确实增加了不少。由于订单小单化、碎片化以及订单数量增长迅速，客服团队的工作环节多、情况复杂，工作内容涉及多个部门；同时，由于不同国家（地区）在语言、文化、商品规格上的差异，客服团队梳理了具体的工作内容和预期目标，希望通过科学的店铺管理进一步提升店铺的运营水平和服务水平。

工作任务一　跨境电商客服管理

知识储备 ↓

一、跨境电商客服工作概述

（一）跨境电商客服的工作范围

不同店铺根据自身发展的需要，对客服人员的数量及工作内容的要求是不同的。大型店铺会根据客服人员所负责的不同工作，将其分为售前客服、售中客服和售后客服（见图 5-1），客服团队一般由 2～6 名客服人员组成；中小型店铺则不需要进行如此细致的划分，只需 1～2 名客服人员即可保证店铺正常运作。

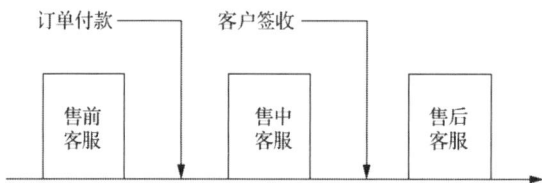

图 5-1 | 客服工作划分标准

1. 解答客户咨询

客服人员需要对所在行业与商品有充分且深入的了解，对各国（地区）不同商品的各项技术指标也要有所了解。此外，客服人员还要掌握跨境电商业务的各个流程，包括选品、物流运输、清关等环节是如何运作的。这样当客户提出问题时，客服人员才能及时有效地解答客户的疑惑，促成客户下单。

2. 解决售后问题

跨境电商客户通常是"静默下单"。当客户联系卖家时，往往是因为发现商品、物流运输或其他服务方面出现了依靠自己的力量无法解决的问题。这时，客服人员就需要帮助解决客户遇到的各种麻烦。

3. 促进销售

在跨境电商领域，客服人员如果充分发挥主观能动性，同样可以为企业创造价值。以速卖通为例，该平台的客户中有一部分是做小额样品采购的，在确认样品的质量、款式及卖家的服务水平之后，他们经常会试探性地增加单笔订单的数量和金额，逐渐与卖家建立稳定的"采购—批发供应"关系。

这类批发客户与跨境电商卖家的接触往往是通过客服人员进行的。因此，优秀的客服人员需要具备营销意识，能够把零售客户中的潜在批发客户转化为实际的批发客户，这就是客服的促销职能。

4．管理监控职能

跨境电商由于其跨国交易、订单零碎的属性，在日常的团队管理中往往容易出现混乱的情况。跨境电商团队必须充分发挥客服人员的管理监控职能，让客服人员定期将遇到的所有问题进行分类归纳，并及时反馈给销售主管、采购主管、仓储主管、物流主管及总经理等，为这些决策者进行岗位调整和工作流程优化提供重要的参考信息，这就是客服人员的管理监控职能。

（二）跨境电商客服的工作目标

1．保障账号安全

（1）跨境电商账号安全主要与卖家的信誉及服务能力有关。每个跨境电商平台对店铺都有相关的考核要求，并给予不同的权重。以速卖通为例，为了清楚地衡量每一个卖家的服务能力和信誉水平，速卖通设置了卖家服务等级。卖家服务等级对卖家账号的直接影响可以体现在图 5-2 所示的内容中。

项目	不及格	及格	良好	优秀
定义描述	上月每日服务分均值小于60分	上月每日服务分均值大于等于60分且小于80分	上月每日服务分均值大于等于80分且小于90分	上月每日服务分均值大于等于90分
橱窗推荐数	0个	0个	1个	3个
平台活动权利	不允许参加	正常参加	正常参加	优先参加
直通车权益	无特权	无特权	开户金额返利15%，充值金额返利5%（需至直通车后台报名）	开户金额返利20%，充值金额返利10%（需至直通车后台报名）
营销邮件数量	0封	500封	1000封	2000封

图 5-2 | 卖家服务等级的分级标准与资源奖励

（2）保障账号安全的考核标准。以速卖通为例，保障账号的安全性体现在"卖家服务等级"这一标准上，平台要求店铺的相关客服人员必须保证该店铺的卖家服务等级在"及格"及以上。当卖家服务等级处于"不及格"时，该店铺的"营销邮件数量"会被降为 0，也无法参加所有的平台活动，且该店铺在搜索排序中会受到严重的负面影响，这些将直接影响店铺的整体曝光量。因此，保证账号的卖家服务等级在"及格"及以上是店铺对客服团队提出的"安全标准"。

当卖家服务等级达到"优秀"后，无论是在曝光加权上，还是在平台活动的优先参与权上，平台都会有非常明显的支持。优秀卖家将获得"Top-rated Seller"（高度评价卖家）的标志，客户可以在搜索商品时快速发现优秀卖家，并选择优秀卖家的商品下单。

2．降低售后成本

在保证账号安全的前提下，所有卖家都倾向于采用低成本的解决方案，因此对客服人员在售后成本的考核上，需要有一个可以量化的指标。如月度退款重发比率，这个指标可以衡量客服团队在售后成本控制上的水平。该比率越低，说明客服团队对售后成本的控制越好。当该比率超出一定范围时，管理者需要及时调整客服人员的售后服务方案，防止售后成本失控。

当该指标稳定在一个合理的水平时，跨境电商销售团队可以在进行下个月的商品定价时将上个月的月度退款重发成本考虑到下个月的商品定价中，提前考虑售后的成本与损失。

总之，通过合理、巧妙地搭配各种售后服务方式，针对不同的情况采取不同的处理方式，最终将售后成本指标（如月度退款重发比率）控制在合理范围内，这是客服人员的重要目标之一。

3. 促成再次交易

跨境电商的客服人员还有一个非常重要的工作任务，那就是促成潜在批发客户的批发订单。这也是促成客户再次交易的一个有效方法。

除了促成批发订单，客服人员通过自己的努力，也可以有效地吸引零散客户再次来到店铺进行交易。在普遍"静默下单"的情况下，境外客户很少与跨境电商卖家进行深入交流，也就很难形成具有黏性的老客户。因此，当客服人员遇到客户的投诉问题时，不要怕麻烦，应当将这种沟通作为展示自己团队服务水平的一次机会。这是客服人员促成客户再次交易的另一个有效方法。

（三）跨境电商客服工作的思路

大部分联系卖家的客户邮件或留言都是在售后出现的。通常情况下，客户在售后发起联系，往往是因为所购买的商品出现了问题，或者订单本身在完成的过程中出现了障碍，如货不对板、商品有瑕疵、运输不能按时完成等。此外，语言与文化的障碍进一步加深了客户的不满，许多客户缺乏与卖家沟通的耐心，不愿相信卖家的解释。概括来说，跨境电商客服工作的思路如下。

1. 做谈判的主导，注意引导客户的情绪

（1）淡化事件的严重性。客服人员工作时需要换位思考、推己及人。当商品出现问题时，客户容易出现焦躁的情绪，这都是非常正常的。针对这种情况，客服人员首先需要做的就是在沟通的每一个环节，特别是在与客户第一次接触时，想方设法淡化事件的严重性，在第一时间向客户保证能够帮助其顺利解决问题。

（2）从专业的角度解决问题。首先，客服人员需要清楚明了地向客户解释问题产生的真正原因；其次，无论是物流还是商品涉及的一些专业术语，客服人员都需要适当地简化，用通俗易懂的方式向客户进行说明；最后，在提出解决方案时，客服人员需要基于问题产生的真正原因，提出有效的解决方案。

从长远来看，客户就所遇到的问题提出投诉，对卖家而言并非坏事。当问题能够顺利且彻底解决时，可以有效地增加客户对卖家的信任，进而形成客户黏性，即用专业的方法与诚恳的态度来解决问题，将偶然下单的客户转化为自己的长期客户。

2. 解决方案由卖家积极提供，让客户有选择

（1）解决方案应由卖家主动提供。在出现问题的第一时间，卖家应积极地提出解决方案，这样既能给客户留下专业、负责任的印象，又能够最大限度地降低处理问题的成本和难度。

（2）尽量提供多个方案供客户选择。在为客户提供解决方案时，建议一次性提供两个或两个以上的解决方案。这样做的好处在于：一是让客户能够充分体会到卖家对其的尊重，使客户更有安全感；二是可以防止客户在不接受卖家提出的解决方案时单方面向平台提起投诉或给卖家差评。

3. 尽量为客户提供可信赖的证据

由于距离远、流程多，加上语言与文化的障碍，客户在跨境电商平台的购物过程中，容易对卖家产生诸多怀疑。所以，无论是回答客户的咨询，还是在售后应对客户提出的投诉，客服人员应当尽量提供可以让客户"看得见、摸得着"的证据。例如：就商品而言，可信赖的证据往往指商品的细节图片、详尽的使用说明，或卖家为了说明商品的技术细节而为客户特别拍摄的短视频等；就物流方面的问题而言，可信赖的证据往往指可以追踪商品物流信息的网址等。

4. 多样化地解答复杂问题

针对跨境电商较为复杂的问题，寻求一些多样化的沟通方式往往会取得更好的效果。例如，制作安装流程图或拍摄简单的安装视频，并将这些资料传递给客户，让客户可以更直观、高效地了解卖家所要阐述的内容。所以，针对一些有代表性的问题，客服人员花时间整理制作一些解决方案资料库，往往可以在日后的工作中多次使用，起到事半功倍的效果。

二、跨境电商客服体系的构建与管理

跨境电商客服体系是跨境电商企业的重要组成部分，是由先进的客服理念、相对固定的客服人员、规范的客服流程等构成的。跨境电商客服工作应以客户为中心，以提升企业知名度、美誉度和客户忠诚度为目的。

（一）跨境电商客服团队建设

为保证销售业绩稳步增长，建设一支优秀的客服团队势在必行。跨境电商客服团队建设包括以下3个方面。

1. 客服岗位设置与规划

（1）客服岗位设置。一般而言，客服岗位主要有商品管理客服、销售客服、售后客服和客服主管等。跨境电商卖家可以根据自身实际发展需要进行个性化的岗位设置，岗位整体的分工是大同小异的，只不过在精细化程度上存在一定的差异。

（2）客服人力资源规划。相关资料显示，客服人力资源规划一般涉及5个方面，即战略规划、组织规划、制度规划、人员规划和费用规划。

◆ 战略规划通常是根据企业总体发展战略的目标对客服人力资源开发和利用进行规划设计的。

◆ 组织规划通常是对客服团队整体架构的设计，主要包括组织信息的采集、处理和应用，组织结构图绘制，组织调查、诊断和评价，组织设计与调整，以及整体组织架构的框架设置等。

◆ 制度规划通常是客服人力资源规划目标实现的重要支撑，包括客服人力资源管理制度体系建设的程序及客服制度化管理等内容。

◆ 人员规划通常是对客服人员数量、构成及流动的整体规划，包括客服人力资源现状分析、客服定员、客服人员需求和供给预测，以及客服人员供需平衡等。

◆ 费用规划通常是对客服人工成本以及客服人力资源管理费用的整体规划，包括客服人力资源费用的预算、核算、结算，以及客服人力资源费用控制等。

2. 客服岗位职责界定与招聘

（1）客服岗位职责界定。对于客服的岗位职责，每个跨境电商企业可以根据自身实际发展情况界定。例如，在企业发展初期可能是一人多岗，随着企业的发展，可能是一岗多人，因此不同时期客服岗位的职责也不同。通常情况下，客服岗位的主要职责如图5-3所示。需要说明的是，各岗位的客服人员在实际工作过程中所要担负的职责远不止这些。

（2）客服岗位招聘。客服工作对从业人员的敬业态度、与客户沟通的技巧、操作跨境电商平台以及相关软件的熟练程度要求很高，因此，客服人员要能吃苦，有耐心，处理好交易环节中的各种问题，提升客户的体验，从而促成更多的交易，形成一种良性互动。

3. 客服团队培训与工作流程

（1）客服团队培训。客服人员一旦招聘到位，立即开展相关培训是非常重要的。客服团队培训主要从3个方面展开，即价值观、基础操作和岗位技能。

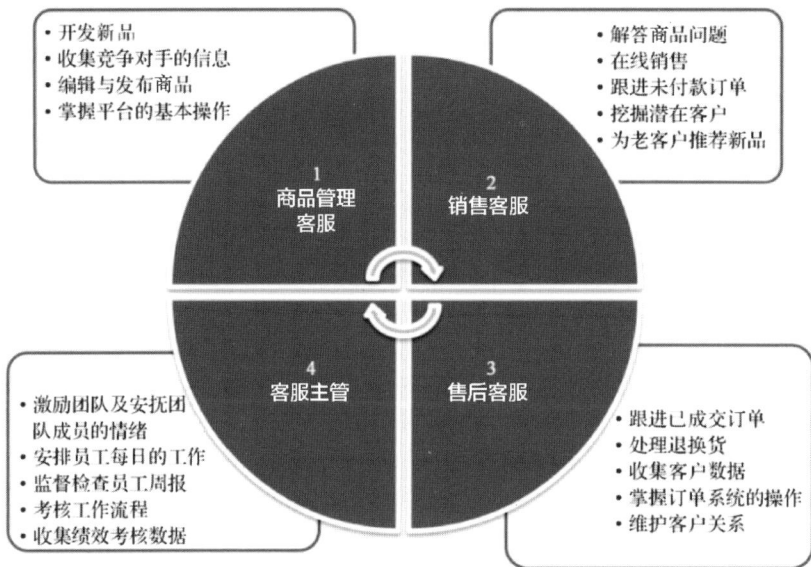

图 5-3 | 客服岗位职责

价值观培训有助于加强员工对企业的认同感及自身的归属感；基础操作培训主要是让客服人员系统地学习操作平台的各类规则及各类系统工具，提升员工的专业素养；岗位技能培训主要是让客服人员系统地学习销售技巧、客服基本礼仪及商品知识，使其经过培训早日成为专业的客服人员。

（2）客服团队工作流程。客服团队工作流程如图 5-4 所示。

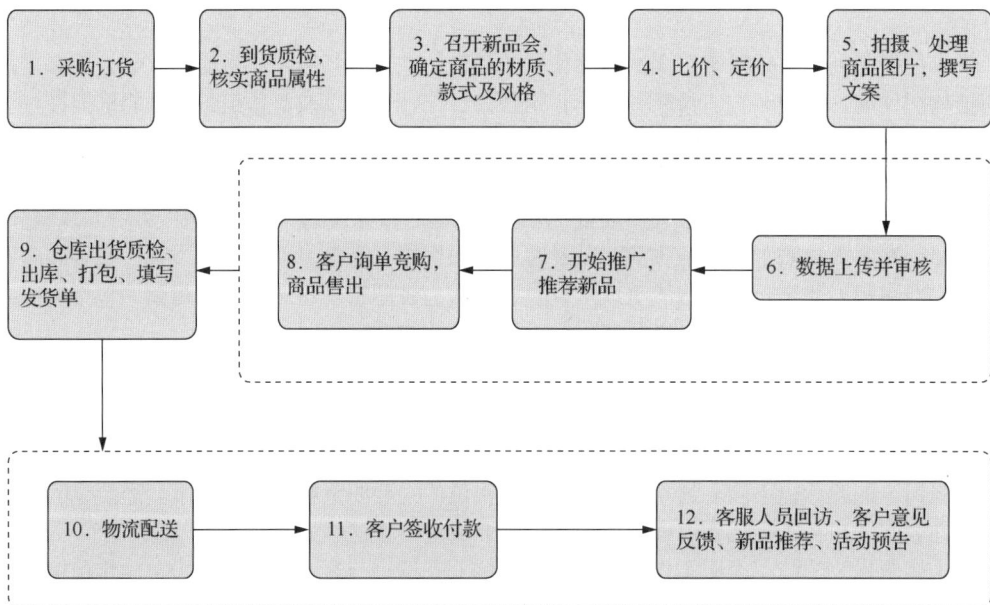

图 5-4 | 客服团队工作流程

此外，销售客服在所有的客服岗位中起着十分重要的作用，售前、售中和售后这 3 个环节直接关乎跨境电商的经营成果，也涵盖了跨境电商经营交易的全过程。图 5-5 所示为销售客服服务流程。

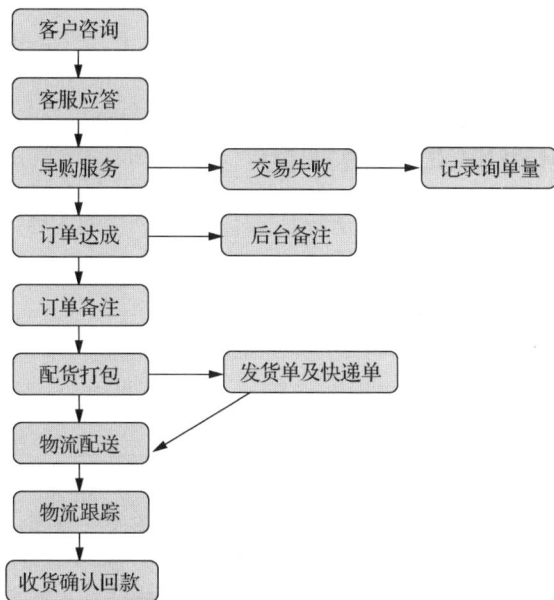

图 5-5 | 销售客服服务流程

（二）跨境电商客服团队管理

1. 信息安全管理

在跨境电商企业的实际运营过程中，经营管理者应该重点关注信息安全。

（1）签订保密协议。客服人员进入企业以后，需要与企业签订保密协议，以保证其在在职期间和离职后对公司信息安全负有保密责任。

（2）专人专号。企业在分配客服人员时做到专人专号，这样不但有利于销售监管，而且更容易划分权责。

（3）设置账号权限。不同的岗位设置不同的操作权限，相关人员离职后，管理部门要及时修改账号密码。

（4）日常安全规范。企业应要求客服人员不在公共群及聊天工具上发布任何关于账号及密码的信息，及时更新公司网络安全监控软件。

2. 客服团队绩效考核

客服团队绩效考核的内容包括很多方面，主要有销售目标完成情况、工作执行情况、培训掌握程度、商品知识熟悉程度、工作技能熟练程度、个人综合能力、客户服务水平、工作态度等。企业可以根据自身实际情况进行增减。

三、AI 智能客服的应用

随着人工智能在跨境电商行业的应用，AI 智能客服的应用也越来越广泛。跨境电商的售前服务多数是商品参数咨询，AI+知识库就可以很好地完成售前客服的工作。售中和售后服务也只需要通过 AI 进行自然语言处理和逻辑优化就可以完成。

1. 基于用户画像的智能答复

将用户画像参数化，并通过多维度的标签索引进行向量存储，再结合 AI 自然语言处理，将极大发挥语言大模型的潜力，让千人千面的智能客户服务成为现实。

2. 贴近人类思维的智能回复

AI 智能客服能够判断客户的情绪，然后回答问题，同时可以预判问题并进行答复。

四、跨境电商纠纷的处理与预防

跨境电商售后服务的很大一部分工作是处理交易过程中产生的各种纠纷。因此，掌握处理与预防纠纷的方法尤为重要。

（一）纠纷的种类与影响

1. 纠纷的种类

买家提交纠纷的原因大致有以下几种。

（1）未收到货。买家未收到货的纠纷主要涵盖无法查询物流信息、物流显示已妥投但买家仍投诉未收到货物、海关扣关、货物在运输途中、货物被退回、卖家私自更改物流方式等。

（2）买家自身的原因。买家自身的原因有很多，其中最主要的原因是买家拒绝签收包裹（以下简称"拒签"）。买家拒签的情况包括有理由拒签和无理由拒签。有理由拒签是指当货物送至买家（包括买家代表）手中时，买家发现货物存在肉眼可见的损坏，买家当场拒绝签收；无理由拒签是指货物送到买家（包括买家代表）手中时，买家无任何理由但选择拒绝签收。

（3）收到的货物与约定不符。货不对板是指买家收到的货物与约定不符，包含货物与描述不符、质量问题、销售假货、发错货物、货物短装、货物破损等。

2. 纠纷的影响

由于纠纷对买卖双方以及平台都会造成不同程度的影响，平台会对与卖家纠纷相关的指标进行考核，然后进行处罚。每个跨境电商平台都有相应的处罚措施，以速卖通为例，其纠纷处罚措施如表 5-1 所示。

表 5-1　纠纷处罚措施

指标	考核点	处罚措施
纠纷提起率	买家提起纠纷订单减去买家主动撤销纠纷订单的情况	影响卖家的商品曝光
货不对板裁决提起率	卖家未解决的货不对板纠纷提交至平台裁决的情况	影响卖家的商品曝光，比率过高会导致商品在一段时期内无法被买家搜索到
货不对板卖家责任裁决率	速卖通裁决的货不对板卖家责任纠纷订单的情况	

（1）纠纷提起率。纠纷提起率即考核周期内买家提起纠纷的订单数减去买家主动撤销纠纷的订单数与发货订单数之比，计算公式为：

纠纷提起率=（买家提起纠纷的订单数-买家主动撤销纠纷的订单数）÷

（买家确认收货的订单数+确认收货超时的订单数+买家提起纠纷的订单数）

（2）货不对板裁决提起率。买卖双方对买家提起的货不对板纠纷处理无法达成一致，最终提交至速卖通进行裁决，则该订单进入纠纷裁决阶段。货不对板裁决提起率是指考核周期内提交至平台进行裁决的货不对板订单数与发货订单数之比，计算公式为：

货不对板裁决提起率=提交至平台进行裁决的货不对板纠纷的订单数÷

（买家确认收货的订单数+确认收货超时的订单数+

买家提起纠纷并解决的订单数+提交到速卖通进行裁决的订单数）

（3）货不对板卖家责任裁决率。纠纷订单提交至速卖通进行裁决时，速卖通会根据买卖双方的责任进行一次性裁决。货不对板卖家责任裁决率指一定周期内提交至平台进行裁决且最终被判为卖家责任的货不对板订单数与发货订单数之比，计算公式为：

货不对板卖家责任裁决率=提交至平台进行裁决且最终被判为卖家责任的货不对板纠纷的订单数÷（买家确认收货的订单数+确认收货超时的订单数+买家提起纠纷并解决的订单数+提交到速卖通进行裁决并裁决结束的订单数）

（二）纠纷—仲裁的基本流程

1. 亚马逊 A-to-Z 索赔流程

A-to-Z 索赔（Amazon-to-Z Guarantee Claim）是亚马逊对在其平台上购买商品的所有买家实施的保护规则。如果买家不满意第三方卖家销售的商品或服务，可以发起 A-to-Z 索赔，以保护自己的利益。

卖家收到退货后，需要退全款给买家。但如果卖家通过索赔邮件中的"Refund buyer"（退款给买家）按钮进行操作，A-to-Z 索赔会自动关闭，亚马逊会默认这是卖家的责任，从而将这单 A-to-Z 索赔计入卖家的 ODR 中，对卖家 ODR 指标不利。所以，卖家最好是回到订单页面进行退款操作。

2. 速卖通纠纷处理流程

（1）买家提起退款申请。买家可以在卖家全部发货 10 天后申请退款（若卖家设置的限时达时间少于 5 天，则买家可以在卖家全部发货后立即申请退款）。

提交退货退款或仅退款申请后，买家需要描述问题，提出解决方案并上传证据。买家提交纠纷后，速卖通"纠纷小二"会在 7 天内（包含第 7 天）介入处理。

（2）买卖双方协商。如果交易过程中买家提起仅退款或退货退款申请，即进入纠纷阶段，须与卖家协商解决。速卖通纠纷处理流程如图 5-6 所示。

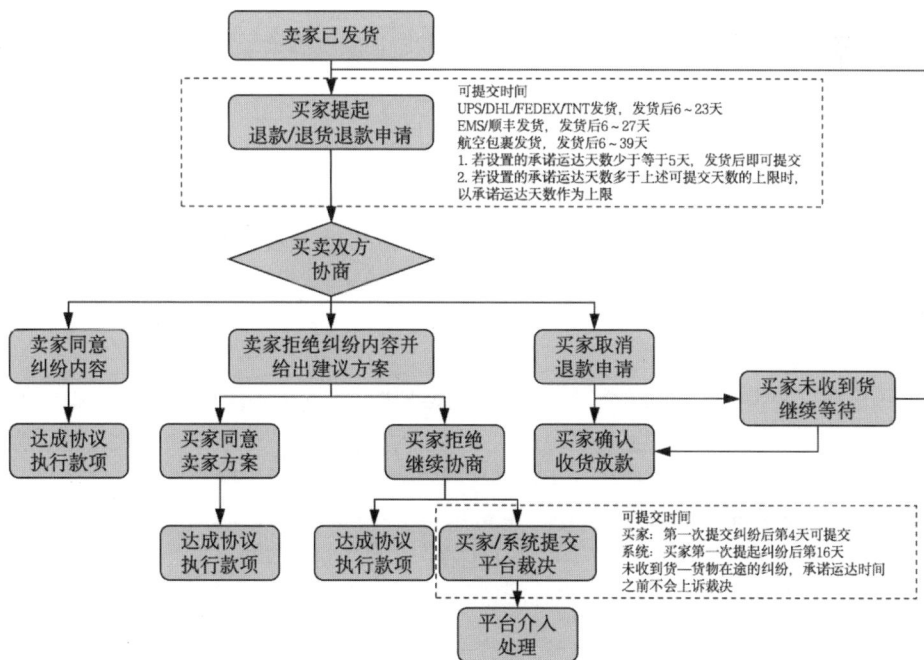

图 5-6 | 速卖通纠纷处理流程

（3）平台介入处理。平台会参照纠纷情况以及双方协商阶段提供的证明给出解决方案。买卖双方在纠纷详情页面可以看到买家、卖家、平台3方的方案。在纠纷处理过程中，纠纷原因、解决方案、举证均可随时修改（即在纠纷结束之前，买卖双方如果对自己之前提供的原因、解决方案、证据等不满意，可以随时进行修改）。买卖双方如果接受对方或平台给出的解决方案，可以选择接受此方案，此时双方对同一个方案达成一致，纠纷结束。纠纷订单处于赔付状态时，买卖双方不能再协商。

（4）退货流程。如果买卖双方达成退货退款的协议，买家必须在10天内将货物发出（否则订单款项会打给卖家）。买家退货并填写退货运单号后，卖家有30天的确认收货时间；如果卖家未收到货物或对收到的货物不满，此时卖家可以直接将订单提起纠纷至平台，平台的相关部门会联系双方跟进处理。

需要注意的是，买家退货后，卖家需要在30天内确认收货或提起纠纷，逾期未操作则平台默认卖家收货，执行退款操作。

（三）纠纷的预防

从一件商品上架到送达境外买家手中，卖家若把握好其中的每一个重要的环节，纠纷就可以有效地得到解决。卖家要想使纠纷少发生，就要找到一个主线条，优化每个环节，做到极致。

1. 把好选品关

选品时要注意把控商品的质量，这可以大大降低纠纷的产生；同时，还要注意商品是否侵权，销售侵权商品也极易导致买卖双方发生纠纷，而且一旦买家提起纠纷，卖家必输无疑。

2. 把好商品上架关

商品上架是店铺的基础工作，只有基础工作做扎实了，卖家才能避免很多纠纷，这个环节主要体现在商品的标题、图片、描述等方面。建议卖家在发布商品前，针对商品所在类目的特点，将商品信息完整、如实、详细地描述出来。卖家可以按照以下思路来设计商品详情页：首先，从买家角度思考，购买商品时希望获得哪些信息，会有哪些顾虑；其次，参考同行优秀卖家是如何制作商品详情页的，然后结合自身情况进行调整；最后，结合店铺经营过程中买家关心的细节及产生过纠纷的环节，有针对性地调整商品详情页。

3. 把好订单处理关

在这一环节，一是要核对订单及收货信息后再发货；二是在发货环节要严把质量关，合理包装商品，妥善保留发货底单，如实填写商品的价值、数量和重量；三是要跟踪订单的物流信息，及时发现存在物流问题的订单，提前通知买家当前的物流状态及跟进的结果。

任务实施 ↓

在跨境电商运营中，存在一部分订单已过纠纷保护期（即买家无法提起纠纷），但由于货物未收到、质量有问题等，卖家需要通过平台退款给买家的情况。在速卖通平台，自主退款功能仅针对无法线上提出退款申请的订单使用，卖家退款前应确保国际支付宝账户余额充足。

📖 **【步骤一】查看订单详情**

在速卖通卖家中心，选择"交易"—"所有订单"—"纠纷中订单"—"查看详情"，进入"订单详情"页面，这里可以查看存在纠纷的订单的详细信息。

📖 **【步骤二】退款给买家**

单击"退款给买家"，如图5-7所示。进入"退款给买家"页面，输入退款金额，如图5-8所示。

图 5-7 | 查看订单详情

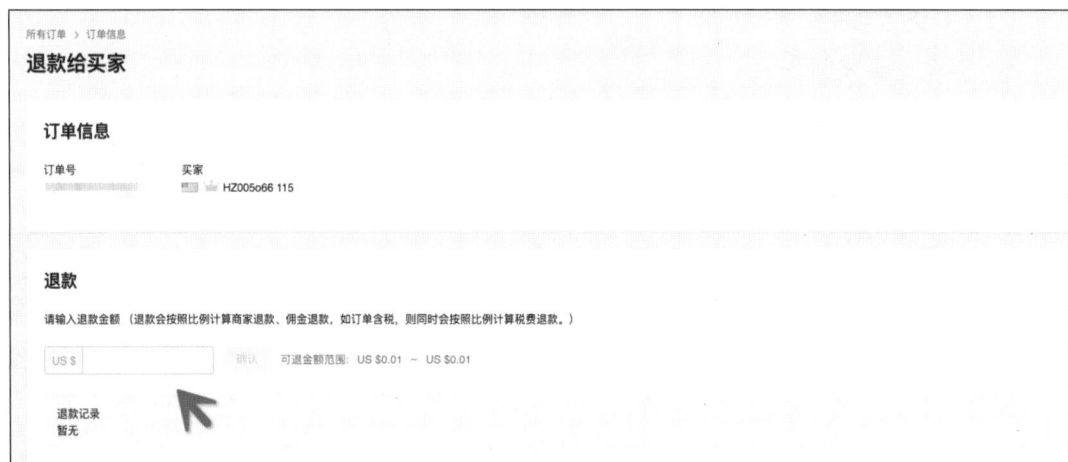

图 5-8 | 输入退款金额

📖 【步骤三】确认退款金额

确认退款金额，单击"确认退款"按钮，如图 5-9 所示。提交成功后，用户还可以查看退款记录。

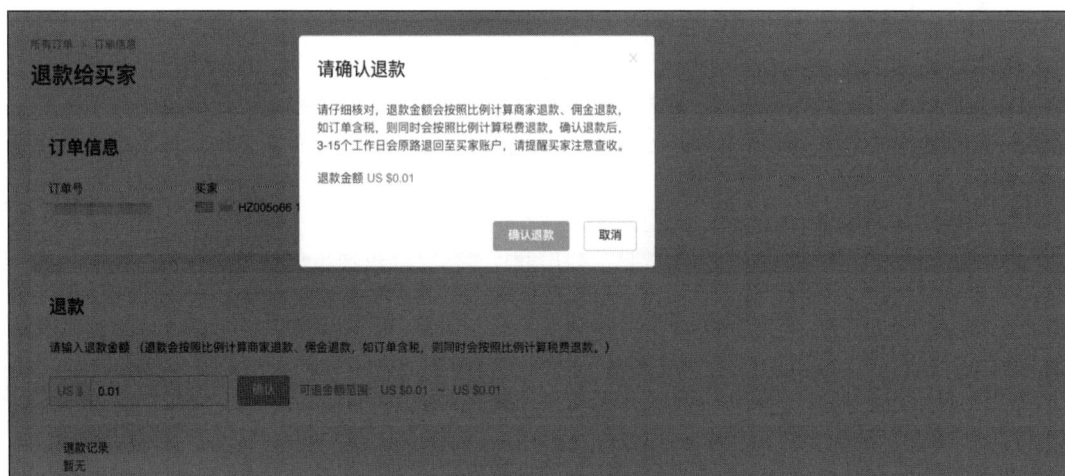

图 5-9 | 确认退款金额

工作任务二　跨境电商交易管理

知识储备 ↓

一、交易规则

不管哪个电商平台都有自己的规则，卖家在经营店铺的时候，只有遵守规则才能做得长久。

（一）速卖通交易规则

1. 平台交易规则

速卖通不允许发生侵犯买家的财产权及其他合法权益的行为。

2. 知识产权保护

速卖通限制卖家销售任何未经授权的商品，并且会惩罚侵犯了任何第三方知识产权的卖家。

3. 禁止虚假销售

速卖通严格禁止销售人员通过不正当的操作增加店铺的信用和销售量。

4. 联系方式不能具体描述

卖家不能在商品描述或图片上留下任何联系方式。此外，卖家也不能在速卖通的网页上留下包括网址在内的任何链接，但是卖家可以在信息中心或阿里旺旺留下联系方式，以便与买家沟通。

5. 速卖通运营规则

速卖通对于参加平台促销活动的店铺通常会有一定要求，如好评率、卖家详细评分（Detailed Seller Ratings，DSR）没有达到要求的店铺无法参加活动。

（二）亚马逊交易规则

亚马逊为卖家和买家提供了一个庞大的交易平台，为了确保公平交易和良好的购物体验，亚马逊制定了一系列平台规则。这些规则旨在保护买家权益，规范卖家行为，维护整个平台的秩序。

1. 商品列表规则

亚马逊要求卖家提供准确、完整的商品信息，包括商品的标题、描述、图像等，并禁止使用虚假、误导性的信息来误导买家。同时，亚马逊针对某些类别的商品（如食品、药品等）还有特别的规定。

2. 卖家行为规则

亚马逊对卖家行为有明确的规定，禁止使用欺诈手段、操纵评论、侵犯知识产权等。此外，卖家需要遵守亚马逊的服务标准，包括及时处理买家消息、保持良好的售后服务等。

3. 订单处理规则

亚马逊要求卖家及时处理订单并按时发货，订单取消和退款等也有相应的规定。

4. 评价和反馈规则

亚马逊鼓励买家对商品和卖家进行评价，但也规定禁止买家虚假评价、恶意攻击。

5. 知识产权和商标使用规则

亚马逊禁止卖家在未经授权的情况下销售商品。同时，其对商标使用也有明确的规定，禁止卖家使用他人的商标进行宣传和销售商品。

二、交易管理

有效的订单管理和支付处理是卖家成功的关键之一。它们不仅可以提高销售效率，还可以提供优质的购物体验。

（一）交易管理的主要内容

1. 卖家中心后台订单

卖家中心后台订单展示的信息包括卖家对订单情况的处理、订单信息的查看以及对订单信息的管理。卖家应定期针对交易信息进行处理，如果订单量过多，卖家可以选择"批量订单导出"模式处理。在发货前，卖家应对收货地址做风险检测。如果检测结果为有风险，平台会在 24 小时内关闭该订单，且卖家不需要发货或对该订单进行其他操作。

2. 物流中心

物流订单状态包括未完成发货订单、待填写发货通知、未上网订单、异常订单和退货订单。卖家要是想查看详细、准确的物流状态，可以去"物流中心"的"物流洞察"模块查看物流 5 日上网率、平均时效及未收到货纠纷率。

3. 订单状态和资金结算

（1）订单状态。订单状态包括标准订单信息显示、物流记录以及订单处理情况。

（2）资金结算。订单费用明细包括商品费用的收取方式、平台扣款项目、订单最终收款金额、费用明细管理等。卖家只有了解平台佣金扣费比例，才能够合理确定商品售价，保证利润率。

收付款操作包括平台的绑定、平台放款信息查看以及其他账户信息绑定。卖家应及时检查资金回流信息，若发现有金额不相符等情况，应及时更正。

4. 交易评价

交易评价分为两种：第一种是信用评价，即订单结束后买卖双方对对方的信用状况给予的评价；第二种是卖家详细评分，即订单结束后买家可以匿名对卖家进行评价，包括对其商品描述的准确性、沟通质量和回复速度、物流时效的评价等。

（二）速卖通订单管理流程

1. 订单确认与准备

（1）收到通知：当有新订单生成时，速卖通会通过电子邮件或平台消息通知卖家及时查看并确认订单信息。

（2）订单详情检查：仔细检查订单详情，包括商品名称、数量、价格、收货地址等，确保订单信息准确无误。

（3）准备发货：根据订单详情准备商品并进行包装，要确保商品质量良好、包装完整，并在内外包装上正确标明商品信息和收货地址。

（4）发货方式选择：根据买家指定的运输方式，选择合适的快递公司或邮政服务提供商，确保能够及时追踪物流信息。

2. 订单处理与发货

（1）扣款确认：确认买家的付款是否成功。在速卖通平台上查看订单状态，验证付款情况。

（2）更新订单状态：在速卖通上更新订单状态为"待发货"或"已发货"。选择合适的订单状态并及时更新，以便买家和平台能够跟踪订单进展。

（3）生成运单：根据买家提供的收货地址，在所选择的快递公司或邮政服务提供商的网站上生成运单；填写正确的收货地址和联系方式，确保快递公司或邮政服务提供商能够准确投递。

（4）物流跟踪与通知：记录运单号并在速卖通上更新订单信息；提供买家可追踪的物流信息，并及时通知买家。

（5）退款与纠纷处理：若遇到退款或纠纷情况，根据速卖通的退款规则和纠纷处理指南，与买家进行沟通、解决问题并处理退款申请。

3．售后服务与评价

（1）提供售后支持：根据速卖通的售后规则，向买家提供必要的售后服务，如回答买家的咨询、解决商品质量问题、尽力满足买家的合理需求。

（2）提醒买家评价：在订单处理完毕后，通过速卖通的消息系统或电子邮件提醒买家给予评价，鼓励买家积极参与评价，提高店铺的声誉。

（3）维护客户关系：建立良好的客户关系，通过及时回复消息、提供优质的售后服务和个性化的推荐，留住忠诚买家，并鼓励再次购买。

4．注意事项与操作建议

（1）保护个人信息：处理订单时，务必保护买家的个人信息，遵守速卖通的隐私政策和数据保护规定。

（2）遵守法规与政策：在处理订单的过程中，确保遵守相关国家和地区的法律法规，以及速卖通的规则。

（3）及时沟通和解决问题：与买家保持良好的沟通，及时回复消息并解决问题；尽量避免纠纷的发生，保证买家满意度。

（4）不断改进与优化：不断总结经验，了解市场需求，改进订单处理流程，提升服务质量；优化运营策略，提高效率和买家满意度。

（三）亚马逊订单管理与支付流程

1．订单管理

（1）订单接收。买家下单后，订单将出现在亚马逊卖家中心。卖家可以通过电子邮件、短信或卖家中心通知来接收新订单提醒。

（2）订单处理。在接收订单后，卖家要及时处理订单，如确认订单、准备商品、包装商品以及安排物流。

（3）订单追踪。亚马逊提供订单追踪功能，允许卖家和买家实时追踪订单的交付进度。

（4）退款和退货。处理退款和退货也是订单管理的一部分。卖家要根据亚马逊的规则来处理退款请求，并根据实际情况接受或拒绝退货。

2．支付流程

（1）亚马逊支付。亚马逊提供了安全的支付平台，买家可以在购物时使用各种支付方式，包括信用卡、借记卡、亚马逊礼品卡和第三方支付等。

（2）订单结算。当订单交付完成后，亚马逊会将订单款项转到卖家账户。卖家可以选择定期结算或手动提取资金。

（3）费用和手续费。亚马逊会收取一定的订单处理费和销售手续费。卖家要了解这些费用并在确定售价时考虑它们。

（4）货币和汇率。在跨境电商交易中，卖家需要处理不同货币和汇率的问题。亚马逊提供跨境交易和汇率转换的服务。

3．亚马逊支付平台的安全性和合规性

（1）安全性。亚马逊的支付平台采取了极高的安全防护措施，内设数据加密、多因素身份验证和防欺诈系统。

（2）合规性。亚马逊遵守各种国际支付合规性标准，确保支付流程合法合规。

亚马逊通过不断改进其风险管理体系来减少欺诈和支付的风险。卖家也可以采取额外的措施来保护其账户安全。

（四）速卖通半托管 JIT 订单封装流程

在速卖通后台管理系统中，确认订单信息无误后，就可以打印面单了。在 JIT（Just-in-Time，即时发货）订单中，会涉及 3 种标签：揽收面单、货品标签和入库面单。每种标签都有其特定的用途和贴附位置。

1. 贴揽收面单

揽收面单的尺寸是 60mm×30mm，需要贴在商品外包装的显眼位置。

2. 贴货品标签

贴好揽收面单后，需要将货品标签贴在商品的外包装上。货品标签的作用是标识商品的基本信息，方便后续的操作和管理。

3. 打包

可以选择将商品放入气泡袋中，也可以放入纸箱或快递袋中。不论选择哪种方式，都要确保商品在运输过程中不会受损。

4. 贴入库面单

入库面单的尺寸是 100mm×150mm，同样需要贴在外包装上。贴好入库面单后，整个商品的包装就完成了。

5. 商品入袋

将贴了入库面单的商品放入麻袋中，并用绳子扎好。这里使用的是红色麻袋，主要是为了区分 JIT 订单和其他类型的订单。

三、交易安全

（一）评定跨境电商交易安全性的因素

在进行跨境电商交易之前，买家需要评定跨境电商平台或店铺的安全性。以下是一些适宜评定跨境电商交易安全性的重要因素。

1. 平台信誉

平台信誉可以通过 3 方面了解：查看其他买家对该平台的评价，了解其消费体验；查询平台的建设年限和历史，确定它是不是一个可靠的平台；查验平台是否满足国际贸易规则和法规，以保证其合法性。

2. 店铺信誉

店铺信誉可以从 3 方面了解：查询店铺业务的定级和反馈，了解店铺信誉；查询店铺的交易历史，了解成功交易订单的细节；确定店铺是否提供良好的售后支持，包含退款、退货和问题解答。

3. 安全支付

安全支付的评定可以从以下方面进行：应用安全套接层（Secure Socket Layer，SSL）加密来确保交易数据安全；能够支持多种付款方式；选用信誉好、保障性强的第三方支付服务。

4. 退款规则

退款规则包括退款期限和流程等，买家应仔细了解退款规则。

5. 商品质量和安全

商品质量和安全可以从以下方面进行把握：确保商品详情描述精确，包含规格、材质和特性；检查商品是否通过相关的认证，如 CE 认证、食品安全认证等；查看其他买家的反馈和评论，了解商品的质量和安全性。

6. 数据安全

如果需要在交易中提供个人资料或敏感信息，如银行账号、身份证号码等，要确保平台或卖家能提供数据安全保护措施。

7. 沟通便捷

确保买家可以便捷地联系到卖家，快速响应和有效沟通是建立信任的关键因素。

（二）跨境电商常见业务欺诈风险

跨境电商参与者包括电商平台、独立站、入驻平台的第三方卖家和消费者。随着对境外市场的认知加深，越来越多的卖家意识到，普通买家的权益滥用行为将带来较大的经济损失，如滥用退货退款规则、未收到商品索赔、创建多个账号滥用优惠券等。概括起来，可总结为以下几个方面。

1. 恶意网络爬虫风险

在跨境电商运营中，卖家需要对运营、广告、利润和库存 4 个板块以及访问量、转化率、排名等更多细节的数据进行详细了解，网络爬虫可以协助跨境电商卖家合并不同的数据，还能协助卖家进行定价跟踪、品牌监控和 SEO，从而更好地了解商品的营销规律和未来趋势。

但网络爬虫带给卖家和跨境电商平台的危害更大。例如，不法分子能够利用网络爬虫获取卖家的商品、价格、库存、对市场趋势的预估以及定价策略等关键信息，这种做法削弱了卖家的竞争优势，甚至能够让不法分子搭建仿冒的网页进行诈骗。通过网络爬虫，不法分子可以轻松抓取买家的评价、交易记录，甚至个人敏感信息等。这些数据可能被用于诈骗或其他非法活动，对平台用户的财产安全和隐私造成严重威胁。此外，限量款商品发售时，除了买家蹲守，还可能有海量自动化的爬虫攻击，它们会干扰正常促销活动，同时给个人账户带来潜在威胁。一旦发生恶意攻击事件，卖家信誉将会受到不可逆的损害。

2. 刷单炒信风险

基于跨境电商平台规则，当买家在平台上用关键词搜索某种商品时，平台会计算出所有关于该商品的页面权重，然后按照先后顺序展现在买家面前。排名越靠前的商品，其曝光率和点击率相应地越高，订单量也会相应增多；而排名越靠后的商品，被买家看到的可能性就越低。

影响商品排名的指标非常多，但其中最重要的 3 个指标分别是商品的销量、转化率以及好评率。虽然这一算法机制为买家节省了大量挑选和比较的时间，但个别卖家为了提升商品排名，违规进行刷单。请谨记，不管在哪个平台，刷单炒信都是违规的。

3. 盗卡交易风险

跨境电商中均为无卡交易，买家购买商品后，只需要输入卡号、有效期和 3 位信用卡安全码（Card Verification Value，CVV）等信息即可完成付款，无须提供支付密码。该类支付会提升订单交易成功率，但缺点是恶意拒付、欺诈交易的风险比较高。

欺诈者购买商品后，使用盗取的卡片信息进行支付。当失主发现自己的卡片被盗刷后会致电银行撤销交易。而此时商家已将商品发送给购买者，由此面临钱货两空的风险。

4. 滥用促销福利

买家滥用促销福利给卖家带来了巨大的经济损失，阻碍了促销活动的正常开展，严重影响业务的正常运行。

任务实施 ↓

发货之前，卖家需要确认订单的详情，包括商品、数量、价格、收货地址等，确保没有错误或遗漏。方便起见，公司的初期订单都选择线上发货。

📖 **【步骤一】查看待发货订单**

在速卖通卖家中心，选择"交易"—"所有订单"—"发货未完成"，可以查看待发货订单的情况。

📖 **【步骤二】准备发货**

单击"去发货"，进入"我要发货"页面，如图 5-10 所示。

图 5-10 | "我要发货"页面

📖 **【步骤三】线上发货**

单击"创建物流单"，进入"线上发货"页面。确认相关物流信息后，单击"提交物流单"，如图 5-11 所示。

图 5-11 | 创建物流单

📖 【步骤四】打印发货标签

在线生成物流订单后，单击"声明发货"，无须线下回填运单号，即可完成发货，如图5-12所示。勾选需要打印发货标签的包裹，选择"批量打印发货标签详情"，如图5-13所示。

图 5-12 | 声明发货

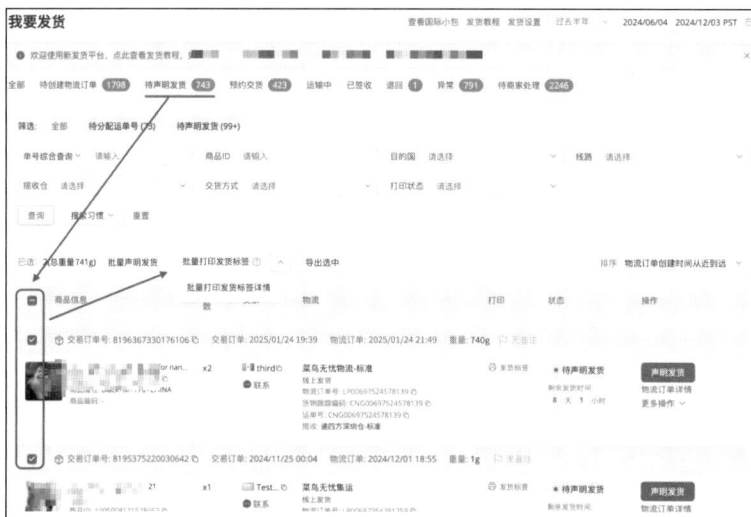

图 5-13 | 打印发货标签

📖 【步骤五】预约交货

针对同一店铺订单的预约交货，系统会推荐可一起组包的订单，如图5-14所示。单击"下一步"，进入"我要发货"页面，选择"批量预约交货"，如图5-15所示。物流公司的工作人员将会上门揽货。至此，完成了线上发货操作。

图 5-14 | 推荐组包订单

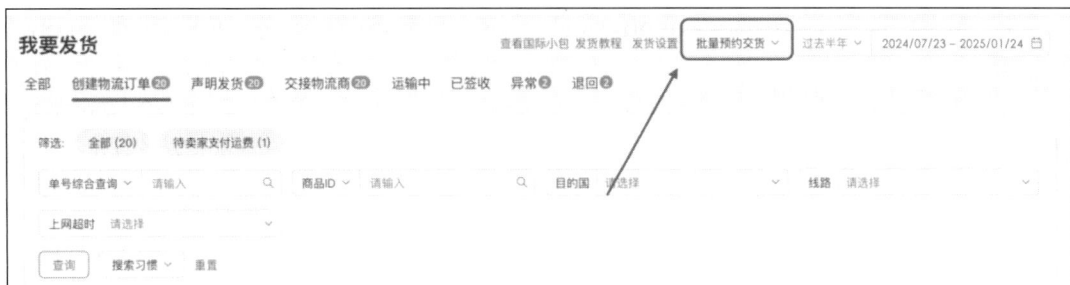

图 5-15 | 批量预约交货

工作任务三　跨境电商评价管理

知识储备 ↓

一、速卖通的评价管理

（一）评价规则

速卖通的评价包括信用评价（Seller Summary）及卖家详细评分（Detailed Seller Ratings）两种，如图 5-16 所示。其中，卖家详细评分是指买家在订单交易结束后以匿名的方式对卖家在交易中提供的商品描述准确性（Item as Described）、沟通质量和回应速度（Communication）、物品运送时间合理性（Shipping Speed）3 方面服务做出的评价，是买家对卖家的单向评分。信用评价买卖双方可以互评，但卖家详细评分只能由买家对卖家做出。

图 5-16 | 速卖通的评价构成

1. 信用评价

信用评价是指买卖双方在订单交易结束后对对方信用状况的评价，包括五分制评分和评论两部分。

买家提起未收到货纠纷且发生退款，退款结束后（即交易结束后）买卖双方均可评价，但不计入好评率。对于信用评价，买家给出评价即生效；若双方都未给出评价，则该订单不会有任何记录。买卖双方可以针对自己收到的差评进行回复解释。

2. 卖家好评率（Positive Feedback Ratings）和卖家信用积分（Feedback Score）的计算

店铺的订单将根据系统的自动判断计入卖家好评率和卖家信用积分；补运费/差价、赠品类目、定制化商品等特殊商品的评价不计入卖家好评率和卖家信用积分。除以上情况之外的评价，都会正常计入卖家好评率和卖家信用积分。根据平台评价规则，不论订单金额的大小，如果该订单为好评（4～5 星）则加 1 分；如果为中评（3 星）则不加分；如果为差评（1～2 星）则要扣 1 分。

（1）相同买家在同一个自然旬（即每月 1～10 号、11～20 号或 21～31 号）内对同一个卖家只做出一个评价的，该买家订单的评价星级为当笔订单评价的星级。

（2）相同买家在同一个自然旬内对同一个卖家做出多个评价，好评、中评、差评数都只各计一次（包括一个订单里有多个商品的情况）。

（3）在卖家详细评分中，同一买家在一个自然旬内对同一卖家的商品描述准确性、沟通质量和回应速度、物品运送时间合理性 3 项中某一项的多次评分只计一次。

（4）以下 3 种情况，不管买家留差评还是留好评，仅展示留评内容，不计算卖家好评率及信用积分。

◆　成交金额低于 5 美元的订单（成交金额明确为买家支付金额减去售中的退款金额，不包括售后退款情况）；

◆　买家提起未收到货纠纷或纠纷中包含退货情况，且买家在纠纷上升到仲裁前未主动取消；

◆　运费补差价、赠品、定金、结账专用链接、预售品等特殊商品（简称"黑五类"）的评价。

（5）卖家所得到的信用积分决定了卖家店铺的信用等级。

3. 评价档案

评价档案包括近期评价摘要（会员公司名、近 6 个月好评率、会员起始日期）、评价历史（过去 1 个月、3 个月、6 个月内的好评率、中评率、差评率、评价数量）和评价记录（会员得到的所有评价记录、给出的所有评价记录以及在指定时间段内的指定评价记录）。

好评率=6 个月内好评数量÷（6 个月内好评数量+6 个月内差评数量）

差评率=6 个月内差评数量÷（6 个月内好评数量+6 个月内差评数量）

平均星级=所有评价的星级总分÷评价数量

卖家详细评分中各单项平均评分=买家对该分项评分总和÷评价次数（结果四舍五入）

（二）评价修改和评价申诉

如果买家或者卖家对评价有异议，可首先联系对方让其帮助修改评价。好评不可改成中评或差评，差评也不可改为中评。中评或差评在评价生效后的 30 天内有一次机会改成好评，修改后立即生效，同时评价解释将被清空。

速卖通有权删除内容中包含人身攻击或者其他不当言论的评价。

二、亚马逊的评价管理

客户评价决定了商品排名，也为潜在客户决定是否进行购买提供了参考信息。对于卖家而言，客户评价是其了解商品满意度的第一信息来源。

亚马逊的评价体系分为两种：Review（商品评价）和 Feedback（反馈）。

（一）商品评价

商品评价一般是指客户购买了商品以后，针对这个商品本身进行的评价。如图 5-17 所示，点击"See customer reviews"链接即可查看商品评价。

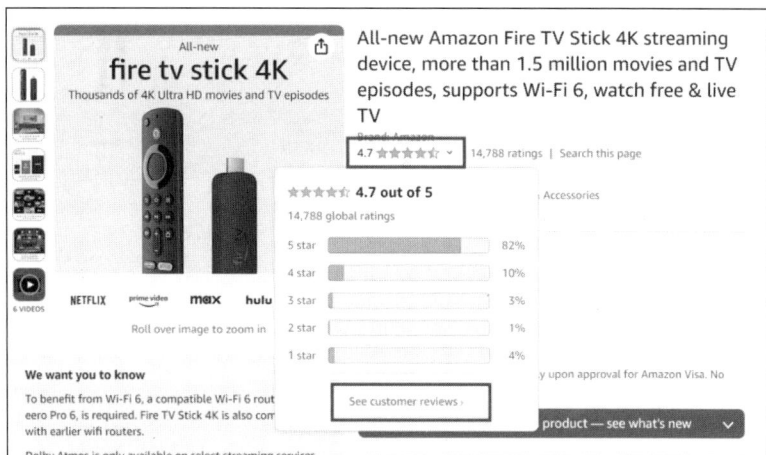

图 5-17 | 查看商品评价

1. 发布商品评价的条件

无论客户是否在亚马逊购买了某商品，只要消费了 50 美元以上，就可以对该商品留下评价。

2. 商品评价的类型

商品评价分为直评、普评、VP 评价和 Vn 绿标评价。

（1）直评：指客户不用购买就可以进行评价，这是商品评价（Review）与反馈（Feedback）的重要区别之一。

（2）普评：亚马逊商品评价的绝大部分都是普通评价，包括文字评价、图片评价、视频评价等。从重要程度来说，其权重大小的排序依次是：视频评价>图片评价>文字评价。

（3）VP 评价：VP 评价是加强版的普通评价，即客户在购买商品后留下的真实评价。

（4）Vn 绿评：Vn 绿评是商品评价里权重最大、可信度最高，转化率最高的评价。

3. 处理商品评价

卖家找出商品评价的差评中暴露出来的问题，在与客户取得联系后，看看是否可以通过换货或退款来解决。提供奖励以换取客户修改评价的做法是违反亚马逊服务条款的，提供良好的客户服务才能获得好的评价。亚马逊删除商品评价的标准包括与商品不相关或不适当的内容、字数过少或夹带外部链接的评价。如果卖家没有收到任何商品评价，可以设置一条自动消息，提示客户在收货后及时做出评价。

（二）反馈

反馈是亚马逊区别于国内电商平台评价体系最主要的特征之一，也是关于卖家的物流和售后服务的最终评级。客户只有在进入卖家店铺页面时，才能够看到其他客户对该店铺的反馈情况，如图 5-18 所示。

1. 发布反馈的条件

反馈通俗来讲是客户在亚马逊购物后对店铺做出的评价，其内容包括商品品质、服务水平、发货速度以及物品与描述的一致性等。

2. 商品评价与反馈的区别

（1）评价主体不同。

反馈的评价主体必须是购买该商品的客户，而商品评价只要是在亚马逊购买过商品的客户就可以发布。

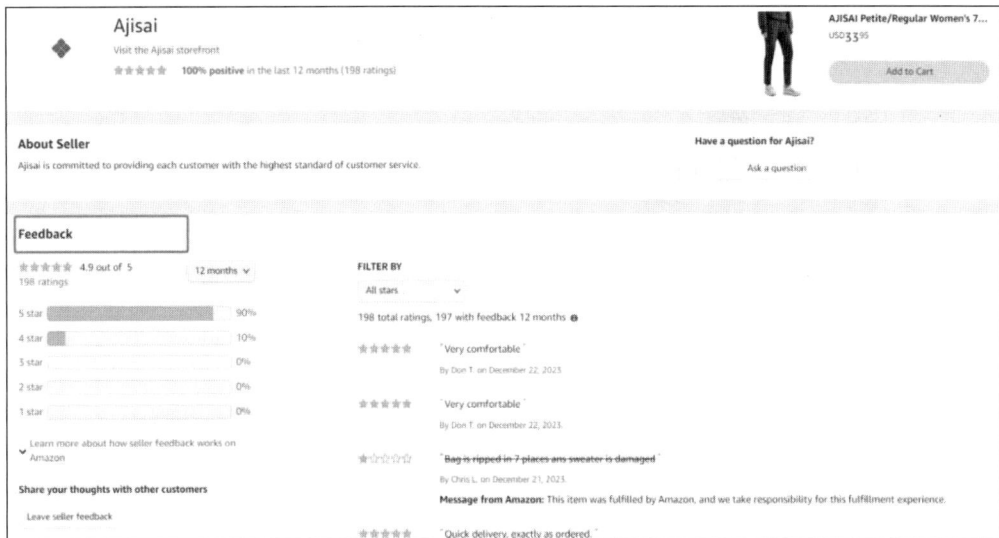

图 5-18 | 查看反馈

（2）评价内容不同。

反馈的评价内容主要涉及卖家的服务质量和交易体验等，而商品评价的内容则主要涉及商品本身的使用体验和性能等。

（3）功能不同。

反馈主要是帮助卖家了解自己的服务质量和交易体验，从而改进服务，提升客户的购物体验；而商品评价主要是帮助其他客户了解商品的使用体验和性能等，从而帮助他们做出更好的购买决策。反馈的好坏（分数高低）直接影响着卖家账号以及店铺 ODR 指标的变化，而商品评价的好坏只会影响商品的曝光量和排名。

（4）展示位置不同。

反馈会显示在卖家后台和店铺页面上，只有卖家和购买过商品的客户可以看到。商品评价会显示在商品页面上，所有人都可以看到。

（5）干预力度不同。

对于反馈，亚马逊一般不会直接删除或修改，只会在卖家收到虚假评价、恶意评价等情况下，对该条反馈进行审核和处理。而对于商品评价，亚马逊会对评价内容进行审核，对违反平台规定的评价内容进行删除或修改。如果卖家认为某条商品评价违反了平台规定，可以向亚马逊投诉。

（三）其他反馈渠道

1. 私信和电子邮件

私信和电子邮件通常是客户和卖家之间取得直接联系的在线渠道。如果客户遇到问题或有疑问，卖家迅速且专业的回应能够增强客户的购买信心。

亚马逊要求卖家应在 24 小时内回复所有消息。如果卖家经常达不到此要求，亚马逊将向卖家发出警告，如果后续没有改善，卖家的账号可能因此面临被停用的风险。

2. 社交媒体

社交媒体是卖家收集客户反馈的重要来源。卖家应养成日常检查主要社交媒体的习惯，以便跟踪自己的品牌风评或社会反响。卖家在社交媒体上看到有关评价时，可以主动回复或提出解决办法，这也能给客户留下深刻的印象。卖家可以利用社交媒体监测竞争对手的反馈，及时了解行业动态；同时，鼓励好评客户在社交媒体上分享他们的使用体验，也会为卖家的品牌带来正面积极的影响。

任务实施 ↓

反馈主要反映卖家的客服水平、物流时效和响应速度。相比商品评价，反馈并不直接在商品详情页上显示，但会影响卖家账号的评分。当卖家收到负面的反馈时，该如何处理呢？

📖 **【步骤一】查看反馈是否可以删除**

亚马逊对于反馈有严格的规定，即反馈只能是针对物流和卖家服务的评价。如果反馈中出现图 5-19 中列举的内容，卖家可以申请删除。

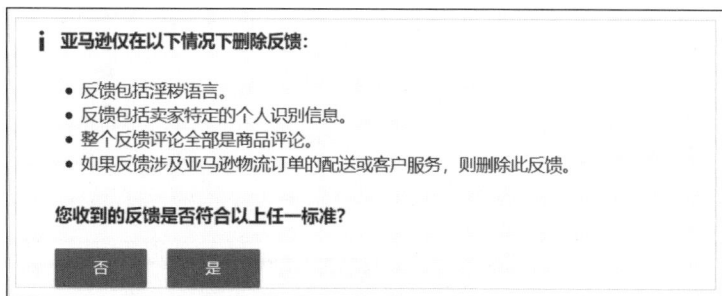

图 5-19 | 亚马逊可申请删除的反馈

📖 **【步骤二】选择要处理的反馈**

打开亚马逊卖家后台，选择"绩效"栏的"反馈"选项，如图 5-20 所示。选中要处理的反馈，后面有 3 个选项："联系买家""发布公开回复""请求删除"。如果这条反馈不属于可以删除的类型，那么可以选择"发布公开回复"选项，尽量将这条反馈带来的影响降到最低。

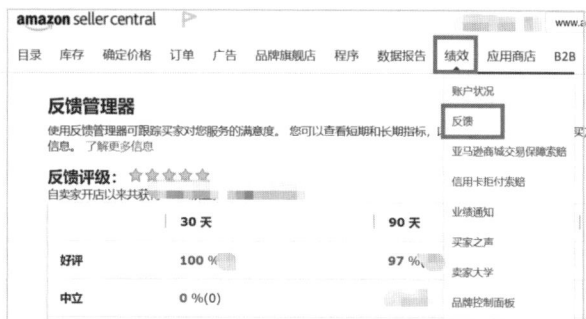

图 5-20 | 处理反馈的路径

📖 **【步骤三】删除要处理的反馈**

当选择"请求删除"选项后，亚马逊就会提示该条反馈是否属于图 5-19 中列明可以删除的类型。如果符合删除条件，单击"确定"按钮，这条反馈就被成功删除了。

岗位素养提升 ↓

跨境电商半托管模式

1. 什么是半托管

半托管是一种介于全托管和商家自运营之间的服务模式。以速卖通为例，其提供的半托管服务内容如图 5-21 所示。

业务类型	半托管
经营主体	· 商家自主经营 · 平台-仓配物流管理及退货服务
商品定价	· 商家-商品定价 · 平台-物流服务费定价
物流履约	1. Choice标准物流模板 2. Choice对接仓配/物流资源 3. 目前覆盖核心47国
退货服务	半托管海外仓退服务
前台玩法	Choice标（权益包括但不限于） 1. 平台集邮/满包邮 2. 平台满减 3. SD/Choice满件折 4. ChoiceDay
经营门槛（商家）	供货+销售

图 5-21 | 半托管服务内容

2. 半托管的资源

半托管将为商家带来以下资源。

（1）营销场域，专属活动：参与专项活动，流量效率更高。

（2）物流省心，服务升级：提供物流管理服务，服务标准更高、覆盖国家（地区）更多、物流价格更优、时效更快。

（3）同店报名，便捷加入：自营店铺内商品可直接升级为半托管模式，无须重新发布，操作便捷。

3. 怎么参与半托管

参与半托管的操作流程如图 5-22 所示。

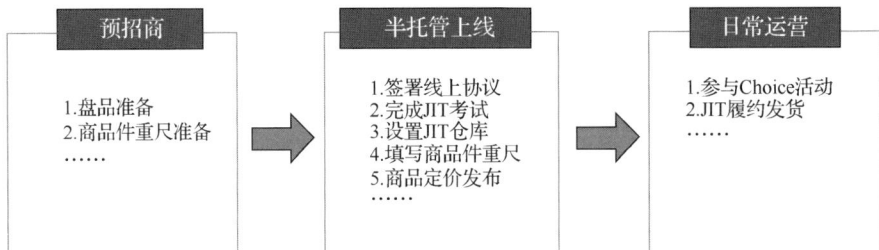

预招商	半托管上线	日常运营
1.盘品准备 2.商品件重尺准备 ……	1.签署线上协议 2.完成JIT考试 3.设置JIT仓库 4.填写商品件重尺 5.商品定价发布 ……	1.参与Choice活动 2.JIT履约发货 ……

图 5-22 | 半托管参与流程

注：商品件重尺是指商品的基本规格信息，包括件数、重量和尺寸 3 个方面。

4. 半托管规则

（1）履约规则。

① 履约模式：目前半托管支持 JIT 模式发货。

JIT 指速卖通 Choice 频道下商家无须提前备货到速卖通指定仓库，即可在 Choice 频道上架商品进行售卖的模式。若平台支持上门揽收及自寄到仓，买家完成订单付款后，在揽收范围内的商家通过在工作台预约上门揽收进行发货（JIT 上门揽收），或商家使用自寄方式发货，即在买家付款后 48 小时内（含 48 小时）按时及足量地将商品配送至速卖通指定仓库，并完成到货登记，后由速卖通对接物流服务商并配送至买家指定的收货地址。

② 发货时效要求：通过 JIT 上门揽收发货的商品，商家应保证揽收及时达成，即当买家付款时间在当天的北京时间 14 点（含 14 点）后至第二天 14 点（不含 14 点）之间的订单，商家应在买家付款后第二天的 24 点前按时及足量地将商品交给上门揽收的司机完成扫描（以司机扫描时间为准），逾期视为揽收不及时，即被视为 JIT 订单违规。

通过自寄方式发货的，商家应保证商品自寄在 48 小时内完成，即商家应在买家付款后 48 小时内（含 48 小时）按时及足量地将商品配送至速卖通指定仓库且完成到货登记（以系统到货登记时间为准），逾期视为自寄未达成，即被视为 JIT 订单违规。具体规则以半托管 JIT 管理规则为准。

③ 物流线路规则：在半托管模式下，由速卖通对接的物流服务商向商家提供"半托管物流线路"及对应的境内揽收、境外配送、物流详情追踪、物流纠纷处理等服务。但这对商品类型、特征及尺寸等有一定要求，商家应在线路规则约定范围内发货。

（2）售后规则。

商品加入半托管模式后，会在开放"Free Return"（免费退货）的国家（地区）为买家提供免费退货服务，即免费无理由退货至海外仓库的服务。当发生买家无理由退货或者因商品质量问题退货，商家需承担对应的退货运费和仓库操作费。

半托管模式下的订单纠纷（包括未到货纠纷及到货纠纷）被提交给平台客服时，将由平台客服统一进行处理并判责。

需要注意的是，在半托管模式覆盖的 47 个国家（地区）外的区域，仍保留原来的售后模式。

技能训练 ↓

一、单项选择题

1. 只要满足亚马逊的留评标准，即在平台消费（　　）美元以上，都可以对该商品留下评价。
   A. 10　　　　　　　B. 20　　　　　　　C. 50　　　　　　　D. 100
2. 速卖通卖家详细评分中的回答速度要求卖家应在（　　）小时之内回复买家消息。
   A. 12　　　　　　　B. 24　　　　　　　C. 48　　　　　　　D. 36

二、多项选择题

1. 速卖通的评价分为哪几类？（　　）
   A. 服务态度　　　　B. 卖家详细评分　　　C. 物流评价　　　　D. 信用评价
2. 卖家详细评分是指买家在订单交易结束后以匿名的方式对卖家在交易中提供的（　　）等方面服务做出的评价，是买家对卖家的单向评分。
   A. 商品描述准确性　　　　　　　　　　B. 沟通质量和回应速度
   C. 物品运送时间合理性　　　　　　　　D. 信用评价
3. 下面关于亚马逊商品评价说法正确的有（　　）。
   A. 评价越多，销售额就越高，买家也更愿意购买好评多的商品
   B. 商品的好评量是亚马逊 SEO 的重要考量指标
   C. 商品评价也可以对亚马逊卖家和品牌的口碑产生重要影响。好的评价可以增强品牌形象和信誉度，吸引更多潜在买家和忠实买家
   D. 买家的评价和反馈可以帮助亚马逊卖家了解商品的问题和不足之处，从而进行改进和优化
4. 下列哪些是买家提起纠纷的原因？（　　）
   A. 未收到货　　　　　　　　　　　　　B. 买家自身的原因
   C. 收到的货物与约定不符　　　　　　　D. 海关扣关

三、判断题

1. 所有卖家成功发货的订单，在交易结束后买卖双方均可评价。买家提起未收到货纠纷且发生退款，退款结束后（即交易结束后）买卖双方均可评价，但不计入好评率。（　　　）

2. 在订单结束30天后产生的评价不计入卖家考核分内。（　　　）

四、能力训练题

请根据以下案例情况，谈谈卖家应该如何避免此类纠纷。对于描述不符的纠纷，卖家应该注意什么？（英文为买卖双方对话原文）

1. 引起纠纷的原因

买家买了8个灯泡，收到货后表示灯泡的瓦数与订单信息不一致，由此提起纠纷。

2. 提起纠纷后买卖双方做法

买家：提起纠纷，要求部分退款（25美元）不退货（总金额为49.4美元）。

Unfortunately, you sent me wrong products. I've ordered SMD5630-60LEDs-15W, received 42LEDs-5.2W. Third times difference in power. I'm very upset, because I always receive corn bulbs with lower power. This time I'm triple upset, because you sent the wrong bulbs. If you need, I can send you the link to the video.

卖家：拒绝纠纷，要求买家退货，表示发了两种类型的灯泡，都是按照买家要求发货的，希望买家重新检测。

Hello, you purchased two orders from us, one is 42LEDs, another is 60LEDs, we all do as your request.

On the other hand, the power is more than 5W, and you should test in correct voltage and current. Best regards!

买家：修改退款理由，退款金额从25美元降至21美元，并且表示愿意举证，如果退货的话，要求卖家承担运费。

21USD my last offer. I also can offer you return of product, but you should pay shipment cost = 11USD in advance.

卖家：拒绝买家的方案，要求买家退回所有货物，然后全额退款。

Please return the goods to me.

买家：继续拒绝卖家的请求，并且提供了视频证据，然后提起仲裁纠纷，要求平台介入。

平台建议：买家提起纠纷后，建议卖家积极与买家协商，尤其是买家提供了证据的情况下。如果发现商品的确存在问题，卖家可以和买家协商部分退款，如果在前期纠纷阶段就达成一致，可以避免提起仲裁。

3. 平台介入后的处理

平台介入后，发邮件给双方告知情况。

告知买家：举证的两件商品被认可，但是剩下的6件商品需要重新举证。

Meanwhile, please kindly understand that our mediation is on the basis that you provided enough evidence for your claim. Based on the current evidence provided, for goods is not as description, the evidence is accepted for 2 pieces, please provide video when you test other 6 pieces to support your claim within 3 calendar days.

告知卖家：我们会继续取证，也建议卖家积极与买家协商。针对买家投诉问题，我方限定买家在3天内提供更多证据予以说明。请您关注买家的反馈并积极联系买家沟通协商。若在此期间，买家补充了重要的证据，我方将根据实际情况给出裁决意见并通知买卖双方；若在此期间双方通过协商达成一致，请您单击"回应"按钮并在响应内容中写明意见，我方将按照双方的一致意见处理该纠纷订单。

4．处理结果

响应期限内，买家重新举证商品问题，卖家发现的确存在问题后，发起结案申请（仲裁再协商），愿意退款 21 美元（即买家要求的金额），然后买家同意了卖家的请求，最后双方达成一致——部分退款 21 美元。

5．申请退款并结案

在纠纷上升到仲裁后、专员结案前，卖家可以在专员介入处理的同时，自主与买家就退款金额进行协商。

"申请退款并结案"功能的优点如下。

① 将案件的主动权交还给买家：部分退款需要买家确认，全额退款无须等待买家确认。

② 当买卖双方达成一致，无须等待专员的操作，时效性更强。

③ 对于能通过"申请退款并结案"功能自主解决问题的订单，平台认为这是卖家积极主动解决问题的表现，不会对这类订单做卖家是否有责的判定。

模块六
店铺数据分析与优化

👤 学习目标

知识目标
- ➢ 掌握跨境电商店铺数据分析的基本方法
- ➢ 掌握速卖通、亚马逊等平台商品流量分析的基本方法
- ➢ 掌握跨境电商营销推广数据分析的基本方法
- ➢ 掌握跨境电商数据优化的途径

技能目标
- ➢ 能根据速卖通、亚马逊等店铺的表现理清数据分析的思路
- ➢ 能够根据店铺成交数据分析提出优化建议
- ➢ 能够根据店铺推广数据分析提出优化方案

素质目标
- ➢ 通过对数据分析的学习，逐步形成科学严谨的工作作风和跨境电商数据素养
- ➢ 通过对店铺推广数据分析与优化的学习，培养精益求精的工匠精神

👤 思维导图

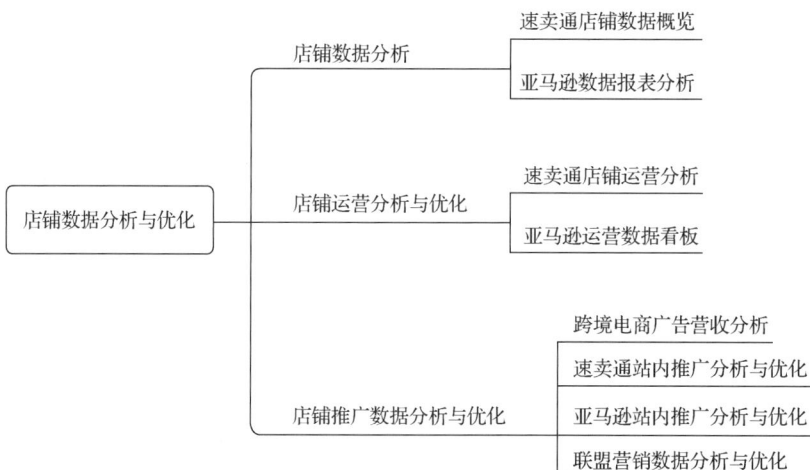

项目背景

　　店铺经过一段时间的运营之后会产生一系列的数据，对这些数据进行整理与分析，不仅可以更好地了解店铺的运营情况和健康状态，还可以为将来制定店铺的运营策略提供指导意见。陆谦目前就需要带着团队成员对公司名下的所有店铺进行全面的了解，并完成流量来源分析、成交分析、店铺活动分析和直通车运营分析等，更好地实现效益最大化的目标。

工作任务一　店铺数据分析

知识储备 ↓

一、速卖通店铺数据概览

　　数据分析是指为了提取有用的信息和形成结论，而对数据加以详细研究和概括总结的过程。通过对数据的了解和分析，卖家能够获取想要的准确信息。

1. 实时概况

　　速卖通实时概况是卖家进入"生意参谋"页面就能看到的内容，包括支付金额、访客数、支付买家数、税费、浏览量和支付订单数等内容，如图 6-1 所示。它可以让卖家及时了解店铺流量变化、商品信息优化等调整和营销活动带来的直接效果，从而帮助卖家调整客服工作时间及直通车投放时间。

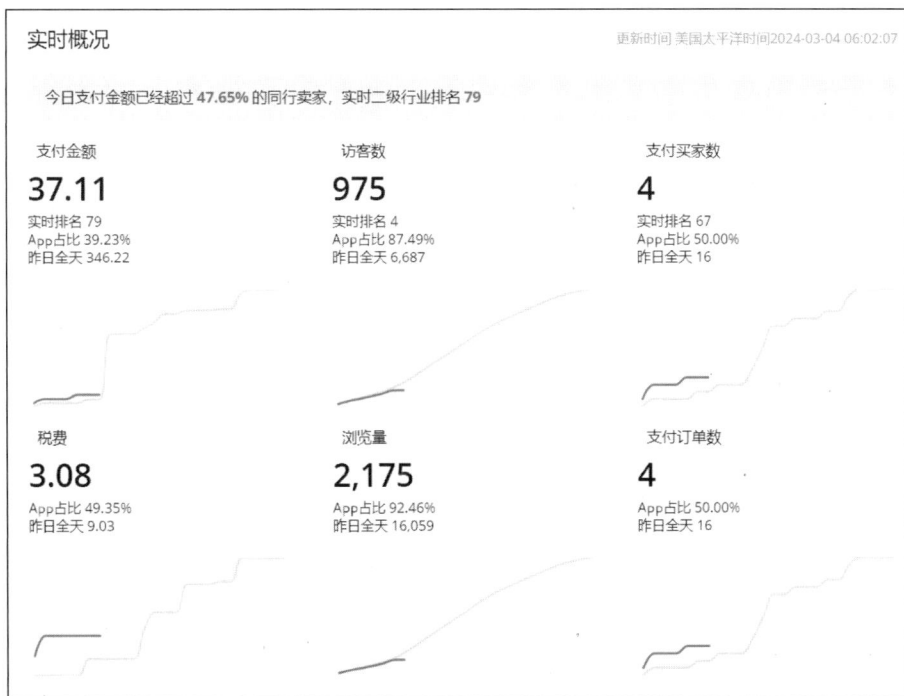

图 6-1 | 速卖通实时概况

2．核心指标

速卖通数据概览页面的第二块内容是核心指标。系统默认显示的是最近一天的数据，卖家也可以选择查看最近 7 天、最近 30 天、自然日、自然周和自然月的数据。它主要提供关于支付、下单、流量、加购收藏和逆向等 5 方面的数据，同时会显示本店、同行同层优秀和同行同层平均的曲线图，如图 6-2 所示。

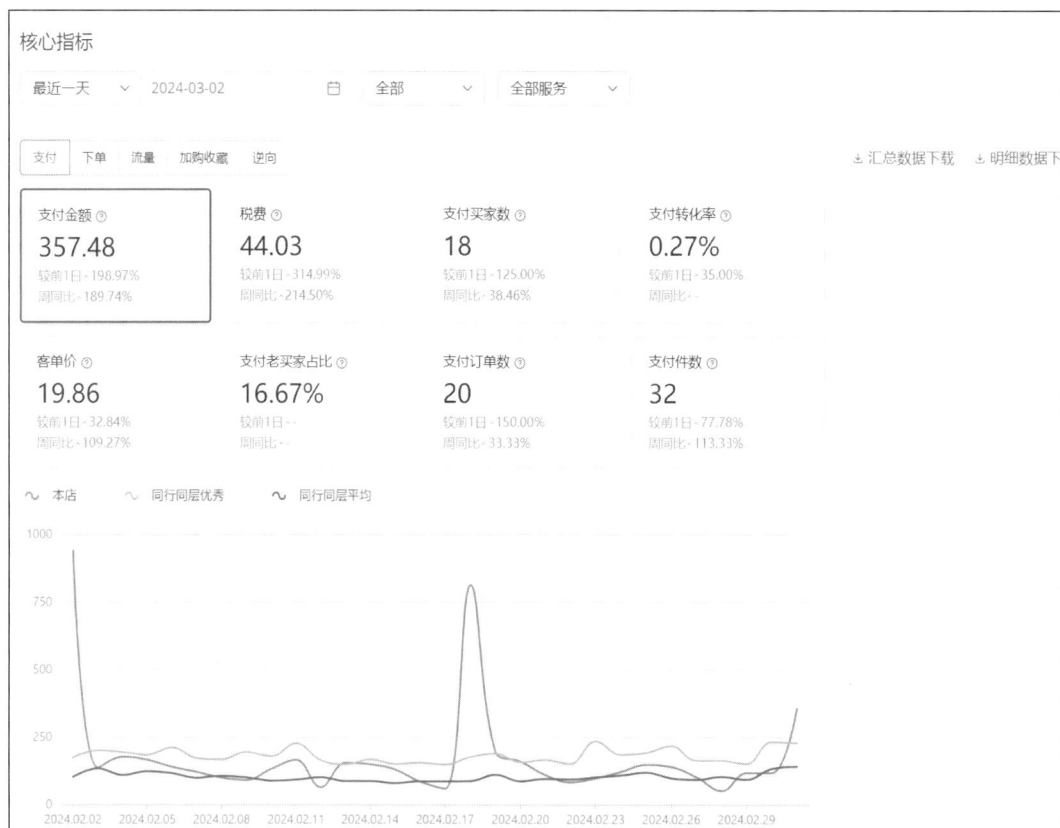

图 6-2 | 速卖通核心指标

3．流量看板

流量看板主要向卖家展示无线端和 PC 端的店铺来源分布、店铺来源趋势、搜索词排行、跳失率、人均浏览量和平均停留时长等数据，如图 6-3 所示。流量运营是卖家的核心业务之一。卖家可以根据流量渠道进一步判断自己店铺的流量来源，以及各个流量渠道的占比、排名情况。一款商品的流量由各个流量渠道的流量汇总而成。根据折线图上流量的起伏情况，对流量渠道进行判断，这可以作为流量投入的依据。

（1）店铺来源分布和店铺来源趋势。

这两个功能可以帮助卖家概览整体流量渠道数据及效果，它们支持国家（地区）、平台、新老访客、日期维度的选择和一级流量渠道归类。

下单转化率在每个渠道只计算一次，使得渠道的下单转化率加总与店铺的实际数值相近。如访客 A 当天通过 5 个渠道进店并产生 1 次交易，则其支付金额只归入第一次进店的渠道，另外 4 个渠道不做统计。

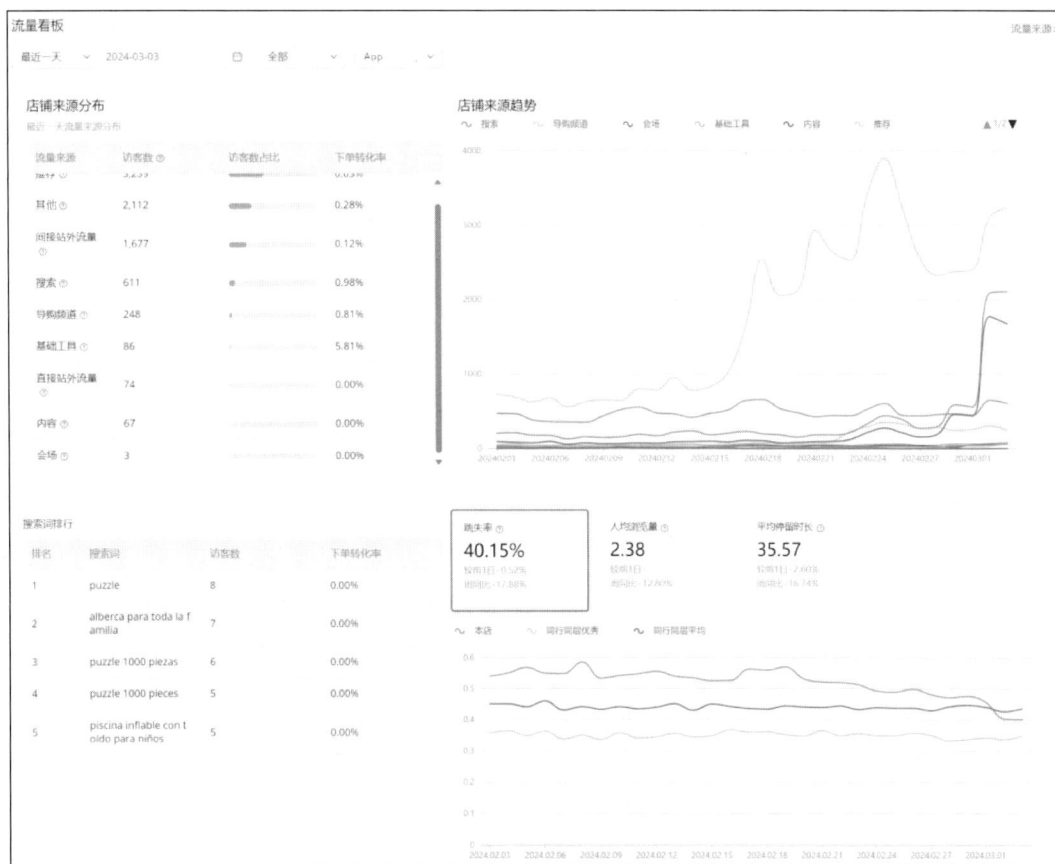

图 6-3 | 速卖通流量看板

（2）流量来源。

深入分析流量来源可以帮助卖家改善流量结构。流量来源主要包括以下几种。

◆　直接站外流量：访客直接通过站外渠道点击进入店铺页面的流量，比如访客直接点击 Facebook 上的商品投放链接进入店铺的商品详情页。

◆　间接站外流量：访客不直接通过站外渠道进入店铺页面，而是需要借助中间步骤，比如先到站外活动承接页、速卖通首页等中间页，再通过中间页进入店铺。

◆　搜索：通过搜索进入店铺。

◆　推荐：基于算法推荐吸引访客进入店铺，如首页推荐、心愿单推荐、购物车推荐、关联搭配推荐。

◆　基础工具：通过购物车、消息、"我的订单"等渠道进入店铺。

◆　导购频道：通过前台导购（如榜单、Flash Deals、金币频道等）进入店铺。需要注意的是，用户在无线端切换不同国家（地区）的导购频道时会有差异。

◆　社交：通过社交玩法进入店铺，如人拉人、砍价、小游戏、裂变券等。

◆　会场：通过会场进入店铺，一般是促销活动的会场、行业会场等。

◆　内容：通过 Feed、短视频等渠道进入店铺。

◆　VK 小程序：俄罗斯本地社交 App 上的速卖通小程序。

◆　其他：从除以上渠道外进入店铺。

（3）搜索词排行。

搜索词排行是平台对本店铺访客搜索时使用的关键词的排名。该榜单将按照本店铺访客使用最多的关键词进行排序，并显示每个搜索词的访客数和下单转化率的数据。对速卖通卖家而言，关键词往往能够影响到后续商品的曝光量，排名靠前的关键词能够帮助卖家的商品获得更多的曝光量及流量。

（4）跳失率。

跳失率是指统计时间内，访客中没有发生点击行为的人数除以访客数的值。该值越低，表示流量的质量越好。多天的跳失率为各天跳失率的均值。

（5）人均浏览量。

人均浏览量是指浏览量除以访客数的值。通过人均浏览量，卖家可以知道店铺的曝光情况如何，掌握店铺的关注度。如果关注度太低，那么店铺的业绩自然不好。

（6）平均停留时长。

平均停留时长是指访问店铺的所有访客总的停留时长除以访客数的值，单位为秒。平均停留时长是店铺分析的一个重要指标，通常用于评估店铺的客户体验。平均停留时长越长，说明店铺或商品详情页对访客的吸引力越强，能带给访客的有用信息越多，访客越喜爱；反之，对访客的吸引力越差，可用的信息越少，说明店铺或商品详情页需要优化。

4. 商品排行

为了提供更稳定的实时数据，生意参谋提供支付榜、访客榜、收藏榜和加购榜等榜单数据。每个榜单都显示了支付金额、访客数、商品收藏人数和商品加购人数等数据。如果要查看其他数据分析情况，可以单击"单品分析"菜单查看，其中可以看到实时的商品核心指标与趋势图。

二、亚马逊数据报表分析

亚马逊是一个重商品、轻店铺的跨境电商平台，非常注重买家体验。亚马逊制定了一套规则，要求卖家按照设定的指标，努力经营自己的店铺，服务好所有的买家。如果卖家没有达到标准，账号的状态就会受到影响。

（一）数据报表与亚马逊卖家账号的关系

1. 卖家账号的 4 种状态

亚马逊的卖家账号一般有 4 种状态：活动、正在审核、受限制、暂停，具体介绍如下。

（1）活动：卖家账号处于正常、可活动状态，卖家可在亚马逊上销售商品，按照正常流程收付款项。

（2）正在审核：卖家可以在亚马逊上销售商品，但其账号正在接受亚马逊的审核。在完成审核前，卖家账号只能接收资金，但无法转出资金。

（3）受限制：卖家无法销售某些类别中的商品或只能销售自行配送的商品。

（4）暂停：卖家无法在亚马逊上销售商品，资金被暂时冻结。

2. 影响卖家账号的指标

（1）卖家账号的指标组成。

卖家账号处于什么状态，表现得好不好，可以从各项指标评分中看出，如图 6-4 所示。卖家账号的各项指标包括订单缺陷率（Order Defect Rate）、订单取消率（Cancellation Rate）、延迟发货率（Late Shipment Rate）、退货不满意率（Return Dissatisfaction Rate）、客户服务不满意率（Customer Service Dissatisfaction Rate）、违反规则（Policy Violations）、准时交货（On-Time Delivery）、联系回复时间（Contact Response Time）、有效追踪率（Valid Tracking Rate）等。

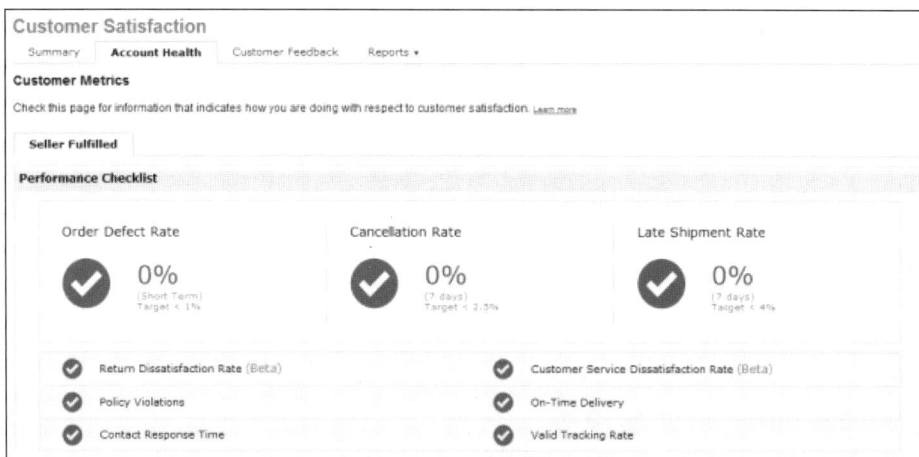

图 6-4 | 影响卖家账号的指标

（2）账号状态、各指标状态的符号标记。

卖家账号状态、各指标状态有 3 种不同标记符号。

◆ 　Good：优秀。这表示卖家为买家提供了良好的体验，达到了亚马逊在此指标方面的要求。

◆ 　Fair：一般。这表示卖家向买家提供的体验未达到亚马逊在此指标方面的要求，卖家应改善自己的服务，以避免出现负面反馈和索赔。

◆ 　Poor：糟糕。这表示卖家向买家提供的体验未达到亚马逊在此指标方面的要求，卖家应立即改善自己的服务，以避免出现负面反馈和索赔。

3. 亚马逊对卖家账号的指标要求

亚马逊对卖家账号的指标设置了不同的要求，其中常用的 7 项指标的要求如表 6-1 所示。

表 6-1　亚马逊卖家账号的 7 项指标要求

序号	亚马逊指标	亚马逊指标要求	指标重要性	属性
1	订单缺陷率	<1%	必须满足	服务性
2	订单取消率	<2.5%	必须满足	服务性
3	延迟发货率	<4%	必须满足	服务性
4	有效追踪率	>95%，针对卖家自配送	重要	服务性
5	准时交货	>97%	一般	潜在性
6	退货不满意率	<10%	一般	潜在性
7	违反规则	关联、侵权、卖仿货	重要	政策性

从表 6-1 中可以看出，亚马逊对卖家每项指标的考核都是从为买家服务的角度考虑的。此外，从亚马逊的这些考核指标中还可以得出以下信息。

（1）注重绩效指标。

亚马逊是综合许多因素来设定指标的。整体而言，它是十分注重买家体验的，所以无论在哪个站点，无论店铺大小，订单缺陷率、订单取消率、延迟发货率、有效追踪率都是卖家的基本目标，是一定不能触碰的警戒线。想要将店铺做得更好，卖家必须按照亚马逊的要求运营店铺，尽力提升这 4 项指标。

（2）关注亚马逊官方规则的变动，不可忽视其他指标。

亚马逊在不同时段会对某些指标进行微调，虽然主要的绩效指标一般不会有太大的变更，但是卖家对于其他指标也要尽量做好，以免影响店铺评分。

预配送取消率是在确认发货之前，卖家取消的订单数量除以相关时间段内的原订单数量。预配送取消率超过 2.5% 会对店铺产生较大的负面影响。

延迟装运速度是在预定船期内未被确认的装运订单数量除以相关时间段内的订单数量。确认延迟发货的订单量增加可能导致买家查询数量增加，导致买家购物体验不佳。理想情况下，这个数值应该保持在 4% 以内，并根据过去 7 天和 30 天分组。如果不能达到这些目标，那么卖家的销售特权可能会被亚马逊暂停。

（3）清楚各项指标的计算规则。

如 ORD 指标中就包括差评这个因素，如果是在商品上架初期、评价少的情况下，一个差评就会对卖家造成较大的负面影响，影响商品后续的销量。

（二）亚马逊后台业务报告

卖家打开亚马逊后台，可以在"Report"（数据报告）栏找到"Business Report"（业务报告）查看业务报告。

业务报告的数据最多可以保留两年，卖家可以全部下载。

1. 销售图表

销售图表由销售概览（Sales Snapshot）、销售对比（Compare Sales）和商品类别销售排名（Sales by Category）3 部分组成。

（1）销售概览。

销售概览通常会显示卖家当天的销售情况，数据大约每小时更新一次，具体数据包括"Total order items"（订单商品种类数）、"Unit ordered"（已订购商品数量）、"Order product sales"（已订购商品销售额）、"Avg. units/order item"（每种订单商品的平均数量）、"Avg. sales/order item"（每种订单商品的平均销售额）。

（2）销售对比。

销售对比由直观的图表数据和表格数据组成。它能将不同时间的销售数据放在一起对比，让卖家可以很直观地看到商品销量、净销售额的升降情况，如图 6-5 所示。

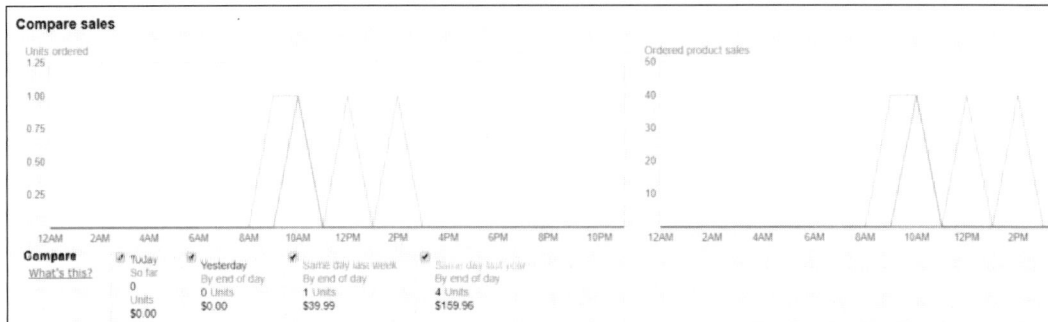

图 6-5 | 销售对比

销售对比具有互动式功能，具体如下。

◆ 可以按需使用页面顶部的"Date"（日期）、"Sales breakdown"（销售明细）、"Fulfillment channel"（配送渠道）来筛选结果。

◆ 可以选择用图形（默认选项）或表格来查看销售统计数据。右上角可以选择"Gragh View"（折线图）或者"Table View"（表格）。

◆ 可以勾选图形或表格下方的复选框，在"日期"筛选条件中选择要对比的时间点。例如，将"日期"筛选条件设置为"今天",那么"对比"选项会将今天的销售数据与"昨天"、"上周的今天"和"去年的今天"的销售数据进行对比。

（3）商品类别销售排名。

商品类别销售排名能让卖家知道在具体时间段内排在店铺前几名的商品分别有哪些类目,各类目的商品数量、净销售额,以及商品数量占比和净销售额占比。

2. 业务报告

业务报告按照日期、ASIN 码和其他业务报告这三大板块来归集数据。业务报告的数据比较多,但卖家常看的数据有以下几项。

（1）根据日期统计的业务报告。

◆　销售量与访问量（Sales and Traffic）:根据日期统计的销售量与访问量数据以"图形+表格"的形式直观展示。卖家可以看到某段时间内的销售额、销量、买家访问次数、订单商品种类数及转化率等各项数据。

◆　商品详情页上的销售量与访问量:卖家要重点了解页面浏览次数（Page Views）和购买按钮页面浏览率（Unit Session Percentage）。

◆　卖家业绩:这一部分数据主要反映售后情况,包括退款、退货、索赔的数据。通过这部分数据,卖家可以知道买家体验好不好,自己有没有将售后服务和客户服务做好。如果卖家的售后服务与客户服务都做得很好,那么退货数量、退货率、负面反馈率都会比较低。

（2）按 ASIN 码统计的业务报告。

如果卖家需要仔细分析某种商品的表现,那么按 ASIN 码统计中的"子商品详情页上的销售量与访问量"这个数据值得一看。卖家可以主要查看子商品的买家访问次数、页面浏览次数、已订购商品数量、已订购商品销售额和订单商品种类数这几个数据。

同时,卖家也可以通过对比不同子商品数据,发现和挖掘商品的市场潜力。人气旺的热门商品的页面浏览量往往会比其他商品的高出很多,商品销量也会比较理想。但如果人气不旺,商品没有吸引力,买家的浏览量少,那么它的销量也不会高到哪里去,这种商品就可能会有库存压力,所以卖家应该对商品详情页面的标题、描述、关键词进行优化,或者进行推广引流。

（3）按照其他方式统计的业务报告。

例如,统计某月已订购商品销售额、已订购商品数量、订单商品种类数、已发货商品销售额、已发货商品数量、已发货订单数量等数据,卖家可以知道该月对比其他月份的情况,方便及时调整销售策略。

3. 业务报告的其他说明

从亚马逊提供的业务报告中,卖家可以读取到关于商品在某一段时间内的销量、流量、转化率等数据,这些数据是比较准确的。需要注意的是,业务报告中没有将亚马逊要扣除的月租和商品销售佣金这部分费用计算在内。卖家如果需要进一步了解实际的收支情况,可在"Report"下的"Payments"中下载"Date Range Report"进行查看。

任务实施 ↓

商品发布后,经过一段时间的营销推广,陆谦发现平台对商品粒度的服务考核越来越严格,无论是在流量还是营销上都有比较高的要求。相对来说,店铺得分、权重之类的指标反而变弱,所以陆谦希望大家把注意力多放在商品上,而不是整个店铺上。于是,陆谦要根据生意参谋中的数据进行各项分析。

📖 **【步骤一】查找需要分析的单品**

登录速卖通跨境卖家中心，单击"生意参谋"—"单品分析"选项，如图 6-6 所示。

图 6-6 | 单品分析路径

📖 **【步骤二】分析商品核心指标**

单击"核心指标"，选择"最近 30 天"，可以看到核心指标一共有 24 项，每项指标的数据均与品类运营考核息息相关，这些数据支持下载导出，如图 6-7 所示。

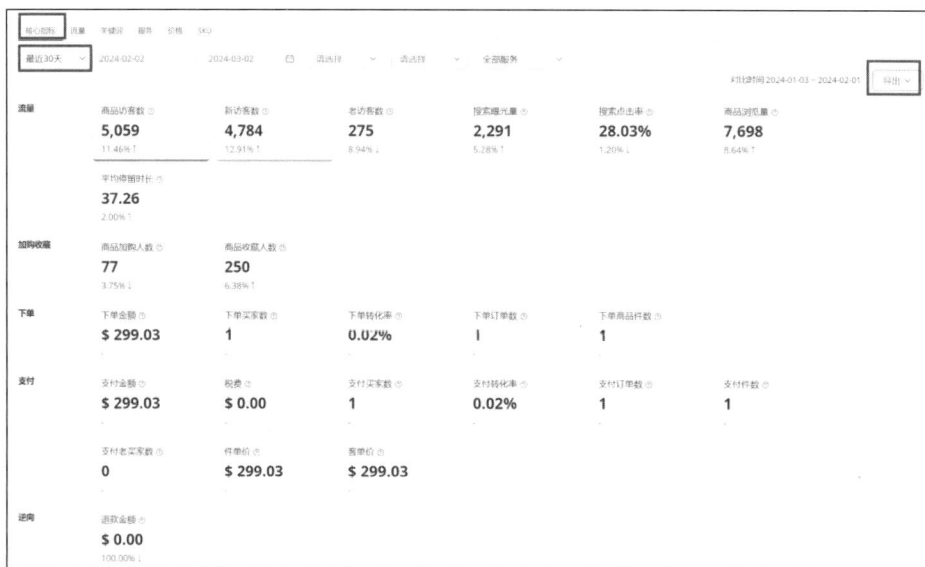

图 6-7 | 分析商品核心指标

📖 **【步骤三】分析数据，找出原因，提出优化方案**

我们可以看到这款商品的流量一直处于上升趋势，但是转化率不高，且访客数在 2 月 17 日至

2 月 20 日这段时间下降非常快,如图 6-8 所示。结合店铺日常工作和活动情况,这个时间段是"2月春节不打烊+大促"活动期间,是平台将流量都给了参加活动的商品及大卖家导致的。因为每次到平台大型活动时,其都会为大卖家做一定的流量倾斜,所以在这个时间段,一般卖家可以考虑通过直通车来稳定商品的流量。在活动开始之前,转化率相对平时会高一些,所以一般卖家也不能放过这样的机会。

图 6-8 | 分析数据

该款商品流量多,说明某些关键词的搜索权重高或推荐流量较好,但转化率不高说明该商品可能存在的问题有:运费模板设计不合理、商品订单量目前没有打破信任壁垒、商品无好评记录等。这种情况下,商品最好不要用直通车去强推,否则会进一步降低访客数,导致排名下降,而应等转化率上来之后再去推广,这样效果会更好。

工作任务二　店铺运营分析与优化

知识储备 ↓

最影响消费者体验的商家经营能力包括 7 个方面,它们是服务能力、商品能力、流量渠道能力、流量承接能力、物流能力、客户运营能力、成长规模。根据消费者行为影响情况,跨境电商平台也对这些方面予以一定指标赋权。

一、速卖通店铺运营分析

速卖通对商家服务能力的考核会围绕物流履约、商品品质及客户服务 3 部分进行,考核维度分为店铺、类目及商品服务。

(一)店铺服务

店铺服务分是卖家服务能力的综合表现,其结果将应用于能否被速卖通推荐、是否有资格参加速卖通平台活动和相关的计划、店铺能否正常运营等场景。店铺服务分查询的路径为:"我的速卖通"—"体检"—"店铺考核"—"服务分考核",如图 6-9 所示。

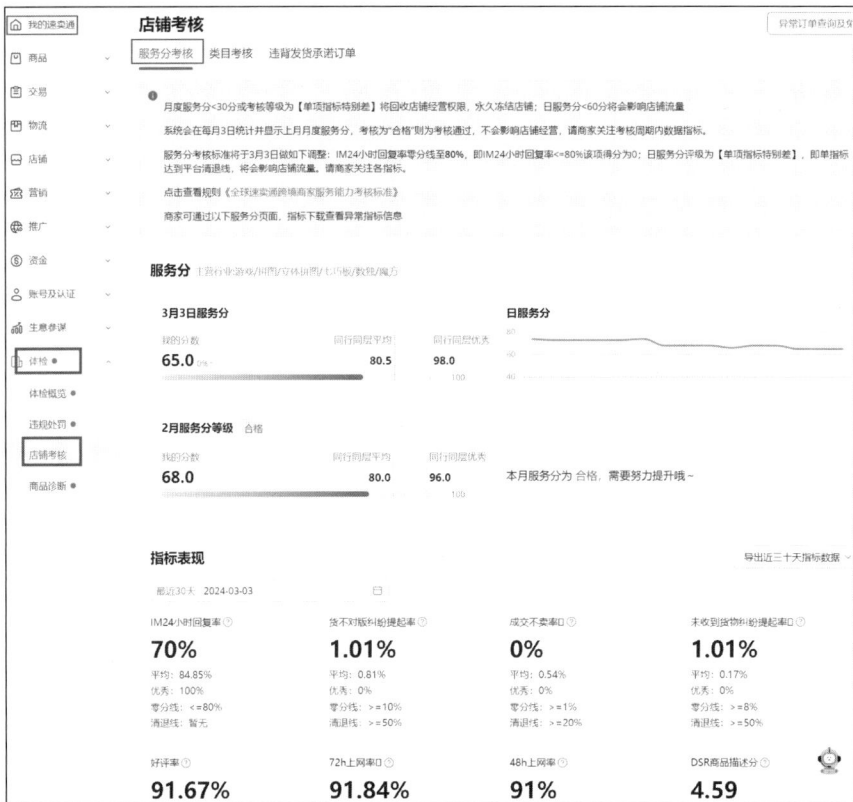

图 6-9 | 速卖通店铺服务分查询路径

1．考核指标

店铺服务分考核指标有 6 个，分别是考核近 30 天好评率、物品与描述不符（Significantly Not As Described，SNAD）纠纷率、成交不卖、买家未收到货（No Received，NR）纠纷率、72 小时上网率、24 小时回复率。店铺服务分以百分制统计，根据每个指标中商家所在的主营二级行业均值及商家指标对比统计得出。

2．考核标准

店铺服务分的考核标准如下。

（1）店铺单日服务分：每日更新，单日服务分低于 60 分或服务分评级为"单项指标特别差"，则影响每日流量（包括站内及站外流量）。

（2）店铺月度服务分：月度服务分评估时段为月底最后一天往前总计 30 天，若最后一天无数据，则往前递推，最多递推 5 天，通常每月 2 号展示上月服务分评级。月度服务分有对应的月度服务分评级，评级分为以下 4 种。

◆ 不考核：90 天未满 30 单或 30 天未满 10 单。

◆ 合格：月度服务分大于等于 60 分。

◆ 不及格：月度服务分低于 60 分，影响平台活动权益的享受（以具体活动规定为准）；月度服务分低于 30 分，平台回收店铺经营权限，永久冻结店铺。

◆ 单项指标特别差：某个指标不及底线值，平台收回店铺经营权限，永久冻结店铺。

（二）类目服务

速卖通从 2024 年 1 月 12 日起根据店铺类目维度近 90 天"DSR 商品描述平均分"和"货不

对板纠纷提起率"这两个重要指标进行考核。卖家可以通过"我的速卖通"—"体验"—"店铺考核"—"类目考核"选项查看经营类目"当前的值"及"考核标准值"。

1. 考核方式与结果

在考核日，近 90 天"DSR 商品描述平均分"和"货不对板纠纷提起"这两个考核指标中任何一个不达标，平台会关闭对应类目经营权限并下架对应商品。直至下一次考核日，类目经营权限才会被恢复，卖家可再自行上架相关类目对应的商品。

考核结果分为以下几种：无须考核、达标和未达标。考核时间规定为每月月初，最终以实际季度考核日为准。

2. 指标考核详情

类目服务的考核时间、指标等详见表 6-2。

表 6–2　类目服务指标考核

项目	说明
考核时间	北京时间每年 7 月 2 日、10 月 2 日，次年 1 月 2 日、4 月 2 日，如遇到法定节假日，则会顺延到节假日结束后的第二天
考核指标	1. 类目近 90 天 DSR 商品描述平均分 （若类目近 90 天商品描述 1 分和 2 分的总评价数少于 3 笔，则不考核该指标） 2. 类目近 90 天货不对板纠纷率 （若类目近 90 天货不对板纠纷订单数少于 10 笔，则不考核该指标）
考核标准	具体考核标准以"我的速卖通"—"体检"—"店铺考核"—"类目考核"中的标准为准
考核方式	在考核日，以上两个考核指标中任何一个不达标，平台会关闭对应类目经营权限并下架对应商品。直至下一次考核日，类目经营权限才会被恢复，届时可自行上架相关类目对应的商品

（三）商品服务

为了保障消费者的购物体验，速卖通将针对服务体验不佳的商品采取限制每日流量（包括站内及站外流量）、下架商品、删除商品、影响平台活动权益享受等措施。平台对商家的服务考核内容如下。

（1）考核指标：SNAD 纠纷率、DSR 商品描述平均分、成交不卖、NR 纠纷率、72 小时上网率。

（2）考核标准：根据商品当前服务指标在所在叶子类目均值对比，偏离叶子类目均值（如两倍以上）则会影响商品流量获取或导致商品下架。

商家可通过"我的速卖通"—"体验"—"商品诊断"—"待优化商品"选项关注。

二、亚马逊运营数据看板

运营数据看板是一个用于监测和分析亚马逊平台上商品销售和广告表现的数据仪表板。通过运营数据看板，卖家可以实时了解店铺每天的总体情况、店铺经营情况、每个 ASIN 具体情况、广告投放情况、库存状况等关键数据，并基于这些数据做出决策和优化策略。

（一）亚马逊店铺业务报告

亚马逊运营数据看板是卖家分析店铺运营情况、优化销售策略的重要工具。它提供了全面的销售、流量、库存和广告数据，可以帮助卖家实时监控业务表现并准确做出经营决策。

亚马逊运营数据看板中重要的关键指标有售出数量（Units Sold）、总销售额（Total Sales）、页面浏览量（Page Views）、客户浏览数（Sessions）、转化率（Conversion Rate）和黄金购物车百分比（Buy Box Percentage）。

1. 售出数量

（1）数据的含义：该数据是指在特定时间段内销售的商品数量。

（2）如何使用数据：卖家可以通过该数据评估商品表现、优化库存管理、调整定价策略、识别销售趋势、评估促销活动效果等。

（3）根据该数据应该采取的行动：识别销售高峰与低谷，从而更好地安排库存和销售活动；如果销售单位数低于预期，可以考虑调整商品定价。

提高售出数量是卖家的首要任务，如果效果不好，应该找出问题原因并及时解决，因为这对页面浏览量和转化率有着重要的影响。

2. 总销售额

（1）数据的含义：总销售额是指在特定时间段内卖家通过销售商品所获得的总收入，包括商品本身的销售额和其他附加费用（如礼品包装费、运费等）。总销售额是衡量店铺经营效益和盈利能力的关键指标。

（2）如何使用这些数据：卖家可以通过分析总销售额数据来评估业务健康状况、制订销售目标、优化定价策略、分析市场趋势等。

（3）根据该数据应该采取的行动：通过提供优质的商品和服务，增加客户复购率；调整广告策略，提高广告投资回报率；优化商品详情页，确保商品详情页能够更好地吸引和留住访客；如果某款商品的总销售额较高，可以考虑推出配套商品或捆绑销售套餐，以提高客单价和总销售额。

3. 页面浏览量

（1）数据的含义：页面浏览量即店铺的访问量。店铺中的每个页面都是单独计算的，因此，如果客户在店铺中查看了多个页面，这些数据都将被计算为单独的页面浏览量。

（2）如何使用数据：从页面浏览量数据中，卖家能够看到什么时候页面浏览量下降，并通过及早发现流量下降，改变运营策略来扭转趋势。

（3）根据该数据应该采取的行动：如果页面浏览量低，就说明看到该商品的客户少。卖家要通过该数据找出页面浏览量低的原因：检查是否赢得了黄金购物车、商品标题是否包含重要的关键词等。一般来说，页面浏览量较高就意味着转化率较高，而较高的转化率意味着商品将获得较高的搜索排名。

4. 客户浏览数

（1）数据的含义：指在24小时内曾经浏览过商品详情页的客户数。这只是一种跟踪流量的方法，同一客户无论访问多少次页面，这里都只计算一次。

（2）如何使用数据：通过分析客户浏览数，可以了解客户对商品详情页感兴趣的程度。如果客户浏览数较低，可能意味着商品详情页的吸引力不足。

（3）根据该数据应该采取的行动：如果商品无法吸引潜在客户的注意，则无法将其转化为交易，所以卖家应根据该数据评估页面可能存在的问题。如果发现商品详情页每月只有不到100个客户浏览数，应该检查商品详情页是否在正确的类别，标题关键词和图片是否符合亚马逊的要求。另外，商品的定价策略可能也需要调整。

5. 转化率

（1）数据的含义：指访问商品详情页的客户中有多少人最终完成了购买。它是衡量商品页面将访客转化为买家的能力的重要指标。

（2）如何使用数据：转化率是衡量商品页面优化效果和市场表现的关键指标。卖家可以通过该数据评估商品页面的表现、优化广告投放、分析市场趋势等。

（3）根据该数据应该采取的行动：优化商品详情页中的图片、视频、商品描述；根据市场需求和竞争情况，灵活调整商品定价；积极获取和展示客户的正面评价，提高客户信任度；确保广告关键词与商品高度相关，提高广告点击率；优化商品标题和关键词，提高自然搜索流量等。

6. 黄金购物车占比

（1）数据的含义：指在特定时间段内，卖家的商品出现在黄金购物车中的次数占该商品页面总浏览次数的比例。黄金购物车是亚马逊商品详情页右上方的一个区域，买家可以通过单击"立即购买"或"加入购物车"按钮直接购买商品。据统计，82%的订单是通过黄金购物车实现的。因此，黄金购物车占比是衡量卖家在商品页面上获得优先销售权的重要指标。

（2）如何使用数据：黄金购物车占比是卖家评估商品竞争力和市场表现的关键指标。卖家可以通过该数据评估商品竞争力、优化定价策略、监控竞争对手、优化物流服务和提升客户满意度。

（3）根据该数据应该采取的行动：确保商品的标题、描述、图片等信息清晰、准确，能够吸引买家；根据市场需求和竞争情况，灵活调整商品定价，确保价格具有竞争力；避免因库存不足而失去黄金购物车；及时处理客户问题，提供优质的售后服务，提高客户满意度；使用 FBA 可以提高黄金购物车占比；确保订单缺陷率低于 1%。

（二）关键词搜索报告

亚马逊提供的 ABA（Amazon Brand Analytics，亚马逊品牌分析）报告中的客户购买意图分析，即关键词搜索，能够帮助卖家进行商品组合、商品开发等方面的决策。

只有客户在搜索框内输入准确的关键词，相关数据才会被记入 ABA 数据内，如用户直接访问商品详情页、从类目列表点击进入商品详情页、通过站内推荐或站外分享链接进入商品详情页等，这些没有实际发生过搜索行为的数据都不被记入 ABA 数据内。

点击份额（Click Share）与关键词的精准度、距离购物决策的远近、商品的主图是否吸引人、价格、评价星级等因素有关，转换份额（Conversion Share）则与该商品页面的设计、图片、文案内容等因素有关。点击率高、转化率高的商品可能两方面都做得很好，且关键词与商品较为匹配；点击率高、转换率低的商品可能页面设计不够好，也可能是关键词带来的搜索只是比价。因此，卖家必须综合看前 3 名的结果才能做出推论。

1. 主要名词解释

Search Term（搜索词），即客户在前台搜索框中搜索的关键词。

Search Frequency Rank（搜索频率排名），即关键词在当前类目、筛选时间内的搜索量排名。数字越小，排名越靠前，其搜索量越大，这对选品与关键词挖掘非常有参考意义。

#1 Clicked Asin，是在搜索特定关键词后获得点击量最多的 ASIN，以此类推，#2 /#3 Clicked Asin 就是点击量排名第 2/第 3 的 ASIN。

#1 Product Title，是在搜索特定关键词后，获得点击量最多的商品标题。众所周知，商品标题权重很高，大部分的搜索结果是根据商品标题来匹配的。

#1 Click Share（点击共享），即点击量最多的 ASIN 在该搜索词下获得的点击次数与总点击次数之比。

#1 Conversion Share（转换共享），即该 ASIN 通过某个搜索词转化的订单与该搜索词转化的总订单数之比。

2. 关键词报告的应用

关键词报告可以帮助我们了解市场容量、竞品 ASIN 表现，关键词的排名趋势、搜索规律，为选品开发及广告关键词的选择做好准备。

（1）建立关键词库。

◆ 热门关键词：在"Department:Amazon.com"状态下，卖家可以查看全类目各个站点的热门关键词、飙升关键词，了解最近两周亚马逊上的热门关键词及相对应的信息，如图 6-10 所示。这部分信息的价值是，卖家可以使自己的商品向热点靠拢，打造属于自己的热点商品。

◆ 品类关键词：输入商品的所属类别，查看类目下的热门关键词、飙升关键词，进行扩词，建立词库，以优化标题和页面；同时，卖家可以通过搜索排名清晰地了解具体关键词的流量大小，如图 6-11 所示。

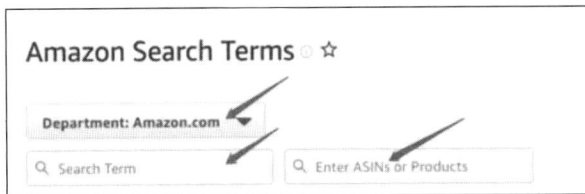

图 6-10 | 亚马逊热门关键词搜索

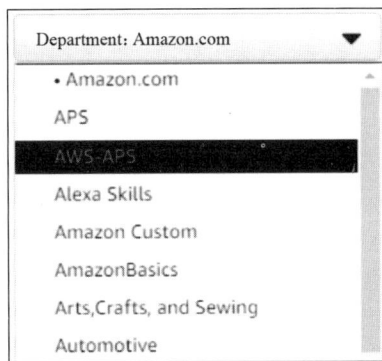

图 6-11 | 亚马逊品类关键词搜索

◆ 竞品关键词：由于需要做到点击共享/转换共享前 3 才能进入排名之中，那么此时 ASIN 被亚马逊收录的词大概率就是这款商品的出单词。我们可以通过这种方式判断竞争对手出单的关键词。

（2）选品开发分析。

◆ 市场总体流量：搜索待开发商品的关键词，根据其搜索排名情况来判断市场的大小，根据其排名变化趋势来判断商品的淡旺季情况，同时需要跟谷歌趋势（Google Trends）进行同频对比。

◆ 市场竞争情况：搜索待开发商品的关键词，将前 3 个 ASIN 的点击共享和转换共享相加，来判断市场的竞争情况。如果一个关键词的前 3 个 ASIN 转化共享都是 70%以上，且类目的点击共享和转化共享都集中于此，则表明该市场竞争激烈、销量出现断层，此时卖家要避开该市场。反之，如果整个类目的点击共享和转化共享都比较分散且平均化，则表明该市场存在机会，可以选择这个关键词。

◆ 市场机会情况：如果一个 ASIN 的点击共享高，转化共享也高，说明已经有很多人点击并且购买了。这时候卖家可以放弃与其进行竞争，因为没有发展空间。如果一个 ASIN 的点击共享高，转化共享却很低，说明很多人点击但是没有产生实际购买，可能是这些 ASIN 的页面没优化好，或者关键词不够精准。如果关键词没有问题，卖家就可以抓住机遇进行大量的广告投放，抢夺这个 ASIN 的流量。

（3）自有店铺投放词表现。

将 ABA 数据报告与自己店铺的广告数据报告结合分析，了解店铺投放关键词的排名、广告订单数、CTR、前 3 名 ASIN 点击份额、CVR、前 3 名 ASIN 转化份额。如果自有店铺投放关键词连续多周排名下降且表现不佳，可以考虑暂停投放，对表现好的关键词可以不断优化。

任务实施 ↓

作为店铺运营人员，陆谦每天最关注的两个端点是商品和客户，3 个关键是流量、转化和客户黏性。因此，他每天都要分析卖家中心的数据，关注它们的变化。

📖 【步骤一】关注实时播报

登录速卖通跨境卖家中心，单击"生意参谋"—"实时播报"选项，查看相关数据。

（1）查看实时概况。

实时概况展示了美国太平洋时间截至浏览时间的支付金额、访客数、支付买家数等数据，如图 6-12 所示。

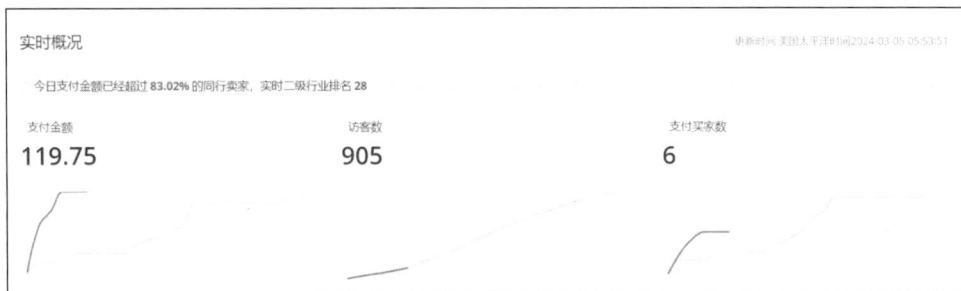

图 6-12 | 速卖通店铺实时概况

实时概况的数据可以帮助卖家快速了解店铺的当日成交金额及其与昨日成交金额的对比变化，充分了解今日销售情况是否理想，同时判断店铺成交金额最高的时段；卖家也可以通过成交金额判断商品详情页优化和营销活动是否有积极的效果；根据不同时间段的成交金额，卖家可以对直通车推广计划的启动时间进行调整。

（2）了解店铺层级。

店铺层级（见图 6-13）展示了店铺近 30 天支付金额及近 30 天支付金额排行。近 30 天支付金额排行指店铺在所属主营二级行业的实时排名，排在 200 名之外用"200+"显示。店铺一共分为 5 个层级，按照近 30 天支付金额排序后，再按照商家数量占比来划分：占比如果是 0～40%，属于第一层级；如果是 40%～60%，属于第二层级；第三层级的商家数量占比为 60%～80%；第四层级的商家数量占比为 80%～95%；第五层级则是在 95%以上。

通过店铺层级的数据，卖家可以观察店铺所处层级的变化及在层级中的排名情况。根据近 30 天支付金额排

图 6-13 | 速卖通店铺层级

行及支付金额总数上升下降趋势，卖家可以判断出近 30 天店铺销量整体变化情况及与行业内其他卖家之间的差距。如果店铺近 30 天支付金额呈现上升趋势，但是近 30 天支付金额排行却未提升甚至出现下降，则说明有一些比较强势的店铺加入竞争或者原本销量不如自身的店铺销量已经"反超"，保持店铺现有销量已经不足以抢占更多市场，还需要打造新的热门商品，加快提升店铺销量。

（3）了解实时客流量。

查看实时客流量，观察客流量高的时段，如图 6-14 所示。通过调整客服上线时间，提高客户购物体验和客户黏性。

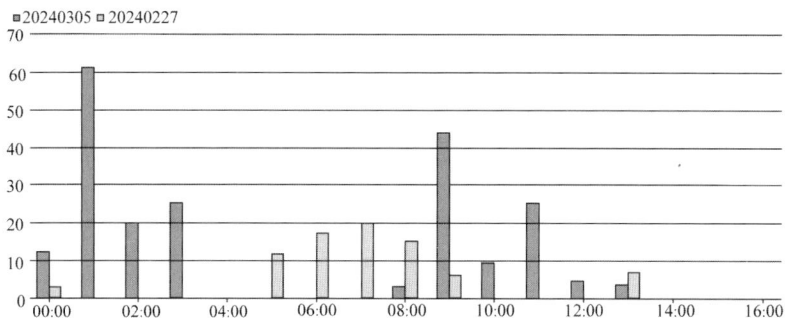

图 6-14 | 速卖通店铺实时客流量

（4）关注实时核心指标。

在整体看板页面，卖家可以通过日、周、月等不同的时间维度查看店铺的支付金额、商品访客数、支付转化率、客单价等数据，如图 6-15 所示。通过这些数据及其变化，了解店铺表现情况。

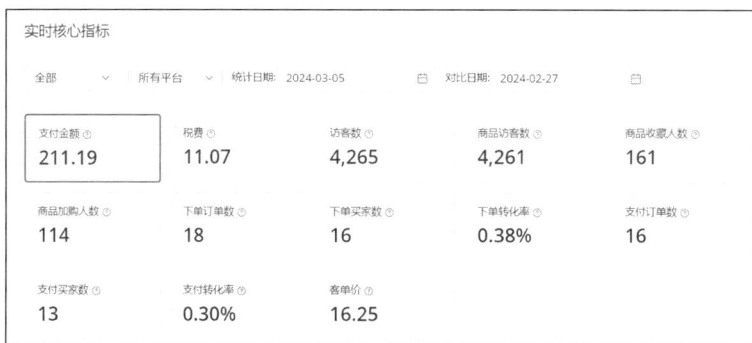

图 6-15 | 速卖通店铺实时核心指标

（5）查看实时商品排行与实时国家&地区排行。

观察店铺访客量高、成交量高的商品变化情况，找出店铺畅销商品或者潜在畅销商品，进行运营推广，提升并稳定店销量。查看实时国家&地区访客榜及实时商品支付榜，找出店铺成交金额高且稳定的国家和地区作为主流市场，并通过一定的运营手段进行维护和拓展；找出店铺访客数高但是成交金额较少的国家和地区，将其作为机会市场进行拓展和布局，如图 6-16 所示。

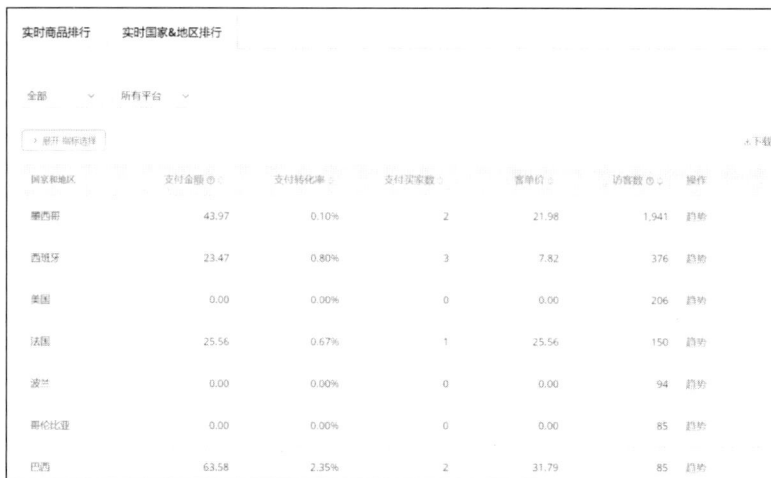

图 6-16 | 速卖通店铺实时商品排行与实时国家&地区排行

📖　**【步骤二】进行成交分析**

单击"生意参谋"—"成交分析"选项，查看相关数据后，分析店铺运营情况。

（1）查看店铺排名。

店铺排名是指卖家店铺在搜索结果中显示的顺序。卖家通过店铺排名页面还可以查看自身店铺与同行同层平均及同行同层优秀的对比情况，如图 6-17 所示。店铺排名越靠前，就意味着店铺在相关关键词搜索中更容易被买家找到，可获得更多的曝光量和点击量。店铺排名对于卖家来说非常重要，因为它直接影响着店铺的可见性和销售量。

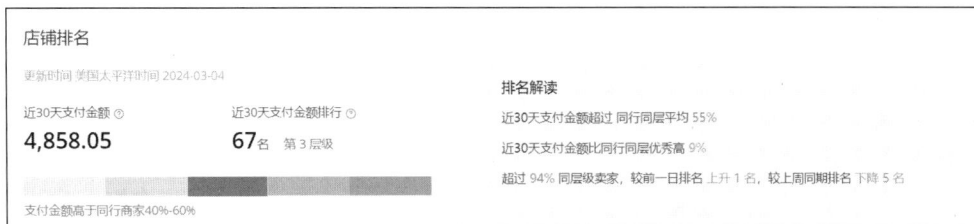

图 6-17 | 速卖通店铺排名

（2）查看店铺成交分析。

店铺成交分析通常以 7 天为一个周期来呈现相关数据，如图 6-18 所示。

图 6-18 | 速卖通店铺成交分析

计算店铺支付金额的公式如下。

$$支付金额=访客数×支付转化率×客单价$$

该公式也可变换成如下更直观的样式，以便我们可以更具体地针对相应数据波动做好优化。

支付金额=访客数×支付转化率×客单价

　　　　=搜索曝光量×搜索点击率×[订单数÷（搜索曝光量×搜索点击率）]×客单价（一个周期内每单平均支付金额）

这样当支付金额有所下降，或者想更有针对性地提升支付金额时，我们便可以从以下几个方面入手。

① 搜索曝光量。

具体提升途径：优化商品标题、价格、属性、运费模板，加大直通车推广及优化店铺内容活动中心（金银牌卖家）、店铺首页、关联模块，加强小语种页面的编辑运用（增加在小语种国家或地区的曝光量），增加平台活动等。

② 搜索点击率。

具体提升途径：优化商品主图、价格、运费模板，提升商品排名。

③ 订单数。

订单数与商品详情页有密切关系。在有购买意向的买家打开商品链接后，商品详情页就显得至关重要，这里需要将商品值得购买的特性更清晰、直观地呈现给买家；另外，增设问答模块，对买家常见疑问做好解答，也有助于促成买家下单。

④ 客单价。

具体提升途径：增加商品关联模块、套餐组合等，但要充分考虑商品的关联度。商品详情页顶部的关联模块可以关联不同价格、型号的替代品，以防一些买家对正在浏览的商品失望而形成跳失，底部可以关联一些互补品，促使买家深度消费；套餐组合可设置互补性商品，适当给出价格优惠，提升转化率。

（3）查看成交分布。

成交分布主要分为国家/地区、平台、行业、价格带、新老买家、90天支付次数、半托管等7个维度，如图6-19所示。

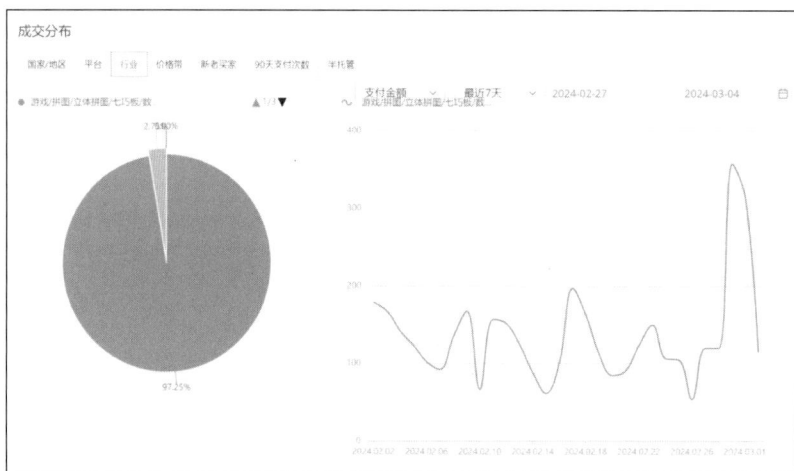

图 6-19 | 速卖通店铺成交分布

这里我们主要选取行业维度进行分析。首先在"核心指标"页面下载2024年2月27日至3月4日的明细数据（见图6-20），再将数据表格进行整理（见图6-21）。将文本型数据全部转换成数值型数据，做出自己所处行业最末一级的数据透视表，就可以直观地看到各个细分类目下7天内所对应的订单数。以7天为一个周期，做出相应的数据透视表，进行数据对比分析，可以看出各个行业的波动情况，然后再通过商品分析里的行业分析，针对具体行业做出相应调整。

图 6-20 | 速卖通店铺核心指标

统计日期	支付金额	税费	支付买家	支付转化	客单价	支付老买	支付订单	支付件数	订单金额	订单件数	订单转化	Created c	Visitors	Page view	Search e
2024-03-(	115.12	5.12	13	0.002	8.86	0.1538	13	18	683.15	18	0.0028	18	6400	14874	25300
2024-03-(	346.22	9.03	16	0.0024	21.64	0	16	17	5793.38	24	0.0036	25	6681	15397	30997
2024-03-(	357.48	44.03	18	0.0027	19.86	0.1667	20	32	7012.04	23	0.0035	26	6589	15240	31469
2024-03-(	119.57	10.61	8	0.002	14.95	0	8	18	918.16	13	0.0032	13	4090	9108	25777
2024-02-2	119.52	12.24	11	0.0027	10.87	0	11	13	656.48	12	0.0029	12	4124	8634	23319
2024-02-2	53.52	2.96	5	0.0014	10.7	0	5	7	1172.13	10	0.0027	10	3663	7760	24566
2024-02-2	104.44	6.99	11	0.0028	9.49	0.1818	11	14	15020.39	13	0.0034	17	3871	8029	23229

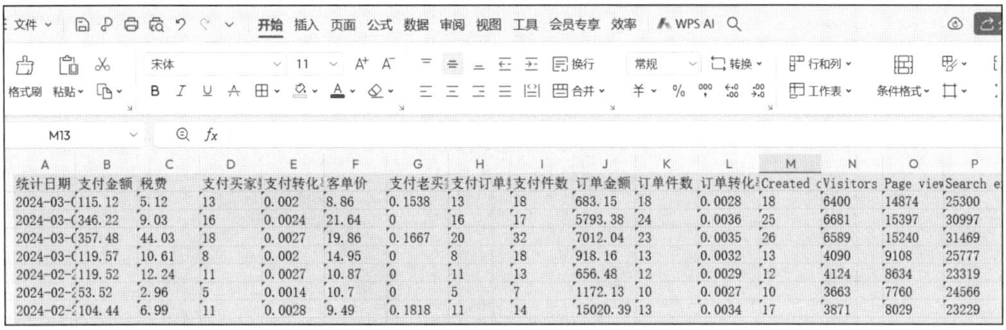

图 6-21 | 店铺 7 天核心指标下载数据

【步骤三】进行流量分析

单击“生意参谋”—“流量分析”选项，查看相关数据后，分析店铺流量情况。

（1）核心指标。

核心指标包括 3 个方面：店铺核心指标、商品核心指标和转化核心指标，如图 6-22 所示。店铺核心指标主要反映的是买家行为指标，通过此处的跳失率、人均浏览量和平均停留时长的实时数据，以及与前一日、上一周数据的对比，卖家可以观察店铺跳失率、人均浏览量及平均停留时长数据变化的情况；通过时间维度的调整，卖家还可以观察店铺的跳失率、人均浏览量及平均停留时长日、周、月不同时间维度的变化趋势。如果店铺跳失率较高，人均浏览量较少，平均停留时长较短，说明商品对买家的吸引力一般，不能引起买家的关注，此时卖家需要对店铺的商品信息进行优化，如商品的主图、标题、详情页、评价等方面。

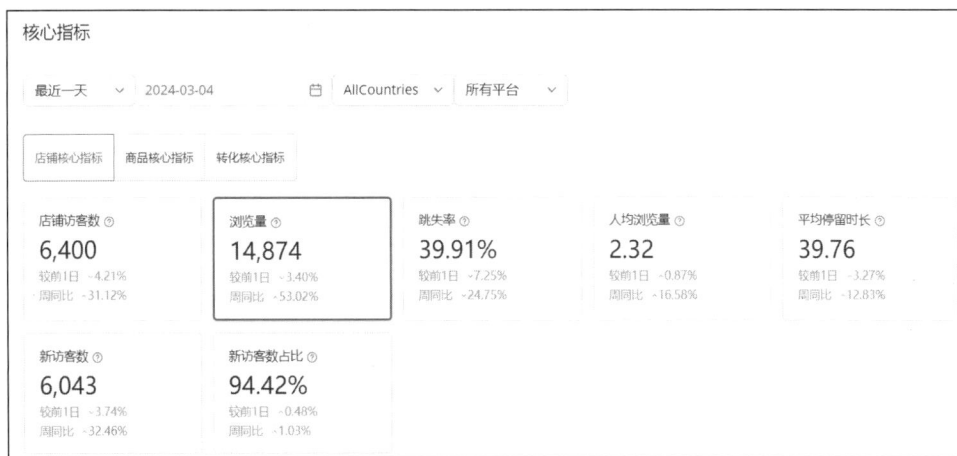

图 6-22 | 核心指标

（2）流量分布。

通过对流量分布的分析可以发现，截至 2024 年 3 月 4 日，最近 7 天店铺流量排行前 5 的国家依次为墨西哥、西班牙、美国、法国和智利，如图 6-23 所示。这 5 个国家的流量之和约占店铺流量的 60%以上，且点开“趋势”来看，每个国家的流量都呈上升趋势。以墨西哥为例，该国的流量呈上升趋势，且在 3 月 2 日急剧上升，但支付转化率却为 0，如图 6-24 所示。这从侧面可以看出，该流量来源的访客数不够精准，质量不高，如果之前有加大对该流量来源的推广力度，则当下可以适当减少投入，将推广资金配置在其他来源。从新老访客占比来看，新访客占比要远远大于老访客占比，说明我们的商品对新买家的吸引力比较大，可能是活动效果比较好，但是在买家黏性方面还需要加大力度，做好老买家的维护工作。

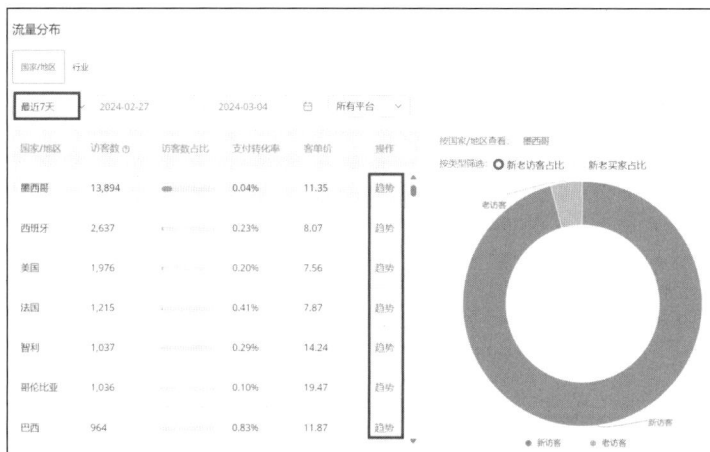

图 6-23 | 店铺流量分布

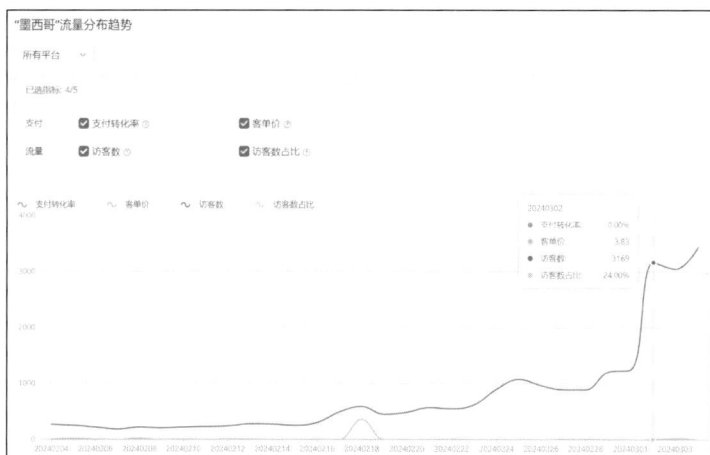

图 6-24 | 墨西哥流量分布趋势

📖 **【步骤四】进行商品排行分析**

单击"生意参谋"—"商品排行"选项，查看相关数据后，分析店铺全部商品、商品来源、超级权益、商品分层、前台透标商品等情况，如图 6-25 所示。

图 6-25 | 店铺商品排行

单击商品后面的"数据趋势"选项，选择其中的维度，卖家根据需要每次可以选择 5 个维度，平台将会提供趋势图（见图 6-26）。它为卖家提供了详尽的数据信息，直观地展现了各个维度的走势，让卖家能够更好地优化店铺设置、调整营销策略，从而提高流量、提升转化率。通过持续地监测和分析数据，卖家可以更加准确地把握市场趋势，有针对性地进行业务调整，实现更为可观的业绩增长。

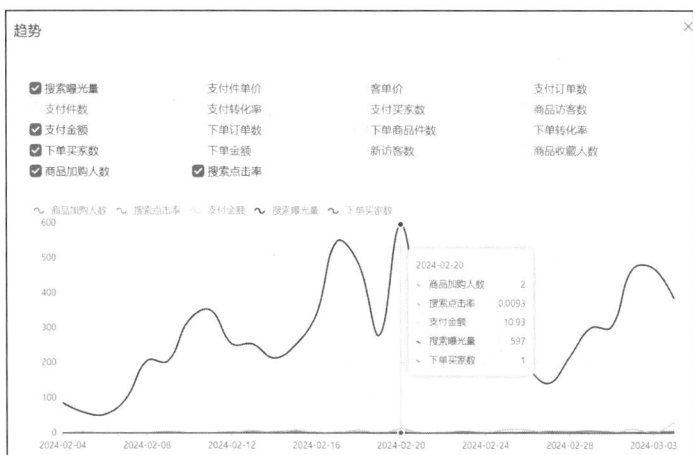

图 6-26 | 店铺商品数据趋势图

工作任务三　店铺推广数据分析与优化

知识储备 ↓

　　跨境电商要想做得好，离不开广告投放及运营。识别广告投放的有效性是跨境电商卖家面临的常态化问题。跨境电商卖家如果能进行精细化广告分析，通过数据和指标对"碎片化"受众有更深刻的认识，再选择目标人群进行各类型广告的投放，根据回流数据实时优化广告投放策略，形成一个闭环链路，就能实现品效合一，为企业降本增效，促进企业实现数字化、精细化运营。

一、跨境电商广告营收分析

　　在投放广告时，跨境电商卖家一般会初步计算广告成效，为此其需要了解投资与回报的关系。

（一）投资回报率与目标广告支出回报率

　　投资回报率（Return on Investment，ROI）与目标广告支出回报率（Return on Ad Spend，ROAS）是衡量广告成效的重要指标。

1. 投资回报率

　　投资回报率是电商运营中广告投放效果回报和总成本投入之比，即：

$$\text{ROI} = \frac{\text{成交金额}}{\text{总成本}} \times 100\%$$

$$\text{ROI} = \frac{\text{点击转化率} \times \text{客单价}}{\text{点击付费支出}} \times 100\%$$

　　例如：某商品的成本是 40 美元，售价为 100 美元，共售出 10 件，广告花费共 300 美元，则

$$\text{总收入} = 100 \times 10 = 1000（美元）$$

$$总成本=40×10+300=700（美元）$$
$$ROI=1000÷700×100\%≈143\%$$

针对跨境电商卖家在 Facebook 平台上的广告投放而言：

$$总收入=网站购物转化价值$$
$$总成本=广告费+商品采购成本+运费+手续费$$

ROI 越高，证明利润越高。若 ROI 大于 1，则表示是盈利的；若 ROI 小于 1，则证明所投放的广告是亏损状态。所以，通过 ROI 这个计算广告盈亏的数据指标，卖家可以清楚地了解自己的盈亏情况。

2. 目标广告支出回报率

目标广告支出回报率用于衡量每组广告支出能带来多少收入，其计算公式为：

$$ROAS=\frac{总收入}{广告支出}×100\%$$
$$总收入=网站购物转化价值$$
$$广告支出=产生这些订单付出的广告费$$

接前例，该商品的 ROAS=1000÷300×100%=333%。这个指标主要是衡量 Facebook 的广告效果，一般不能直接从 ROAS 看出广告的盈亏状态，只是将其作为参考。通常情况下，ROAS 大于 2，才表示所做的广告是值得的。

首先根据 ROI 计算出每种商品的盈亏线是多少，即 ROAS 值保持多少以上才是盈利的。只要不亏损，就可以慢慢增加预算，直到 ROAS 开始下降，这样就基本能确定利润最大值是多少了。

接前例，假设该商品售出一单的广告成本只要低于 60 美元就可以盈利，即广告费用为 60 美元/单时，刚好处于盈亏线，那么 ROAS 超过 167%（=100÷60×100%）就是盈利的。所以，卖家一般会将 ROAS 看作是该商品盈亏的红线，而不是衡量标准，当然 ROAS 越高越好。

从 ROI 角度来看，因为 ROI=成交金额÷总成本×100%，所以，如果要提高 ROI，卖家通过降低成本或者提高商品价格，才能实现提高利润的目的；但如果商品价格不变，则卖家需要尽可能地控制广告成本才能实现该目的。

（二）如何提高 ROI 和 ROAS

1. 优化广告素材，提升点击率（CTR）

以 Facebook 广告为例，由于 Facebook 的优化逻辑是以用户体验为主导的，当一个帖子的评论量、点赞量、分享量很高的时候，它就会得到 Facebook 的关注。

但是如果好的素材使用率太高，用户对该类型的广告已经"审美疲劳"，后期的效果可能不太好，这就需要我们定期更新广告创意。当我们的创意吸引了用户的点击、评论之后，Facebook 就会分配更多的流量，受众就会更加精准，广告的相关度分数会更高，这样 ROI 也就更高了。

2. 了解受众和市场，提升广告成效

受众精准化之后，广告的效果会有很大的提升。因此，我们应当多了解跨境电商用户的媒体使用习惯、语言文化特点，以及用户对哪些品类的商品、哪种形式的广告感兴趣。跨境电商卖家应该学会分析用户的购物习惯以及商品的特性，这样每上架一款新品的时候，就能分析出该商品适合的人群，从而进行定向投放。

此外，我们还可以从已有的数据中获取经验。比如，商品是不是只有某个年龄段的人感兴趣，或者广告在某个领域的表现很好，卖家就可以根据数据分析结果优化广告，提升 ROI。

3. 优化投放时间和投放地域

卖家应该对具体类目进行具体分析，通过分析成交高峰期，或根据核心关键词的高转化时段，

做好分时段折扣的时间优化。比如，根据大数据分析，15 时和 19～22 时的转化率较高，那么就可以在这两个时段提高分时折扣，在其他时段降低分时折扣或直接关闭不投放。

从大部分类目来看，在投放地域方面，卖家可以从累积的地域数据和核心关键词的流量解析中分析数据，得出结论，找出高转化率、高 ROI 的地域，从而进行广告投放。

二、速卖通站内推广分析与优化

直通车是速卖通以点击计费的方式给卖家提供的一个精准引流的站内付费推广渠道。卖家可以利用直通车商品链接里添加的关键词来展现商品，获得精准的流量，进而引导买家点击和成交；同时，直通车可以为打造畅销商品提供数据支持，为上架新品提供方向，还可以在一定程度上增加店铺的商品权重，从而提升商品的排名，帮助卖家获得更多流量和曝光量。

（一）搜索和推荐

搜索引擎（Search Engine）是查找信息的最佳工具，如谷歌、百度等。输入想要查找的内容（即在搜索框里输入查询词），搜索引擎就能快速地提供结果。获取信息的方式除了搜索，还有推荐（Recommendation）。

在跨境电商中，区分搜索流量和推荐流量的方法如图 6-27 所示。

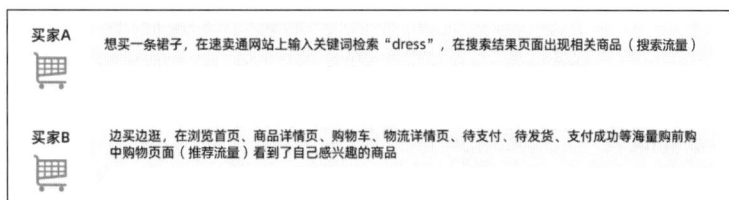

图 6-27 | 搜索流量与推荐流量

（二）速卖通站内推广

1. 站内推广效果分析

在速卖通跨境卖家中心的"站内推广"中可以查询数据效果，包括关键指标、投入指标和收益指标等，如图 6-28 所示。

图 6-28 | 站内推广数据效果

站内推广效果分析主要观察关键指标、投入指标和收益指标。关键指标有推广总净收入、支付订单数和投入产出比等；投入指标主要包括平均支付订单花费和平均点击花费；收益指标主要包括支付金额、笔单价、曝光量、点击量、点击率、点击转化率、加入购物车次数、加入收藏夹次数、下单数和下单金额等。

2. 推广管理

推广管理是店铺使用速卖通提供的各种站内推广工具时的成效管理，有计划视角和商品视角两个维度。

站内推广的目的主要是测款和助推畅销商品。比如，新店铺可以对全部商品进行推广，根据推广结果快速筛选出优势商品；新上架的同类商品可以通过"智能投"进行测款。当潜力畅销商品的点击率和转化率都比较高时，可以通过"自己投"进一步增加曝光量，提升订单量。

（1）测款阶段的推广管理。

在测款阶段，由于大多商品都是刚上架不久的新品，即使是有潜力的商品，转化率也必然不会太高，所以没必要太关注出单量和转化率。这个阶段需要重点关注3个指标：点击率、收藏率和加购率。

如果这3个指标都达到了店铺畅销商品的水平，比如点击率大于3%，收藏、加购率大于10%，那么这个新品很可能就是潜力畅销商品。

测款周期一般在3～7天，前期按每天最低预算、系统建议的最低价格出价。如果发现前一天预算没花完，则提高出价；如果预算能够花完，可以逐日提高每天的预算。测款3天后可以将数据表现差的链接移出计划。

（2）潜力畅销商品助推阶段的推广管理。

潜力畅销商品助推阶段要提高商品的订单量，能用的方法很多，如发放优惠券、降价、参与平台活动等。因此，当决定通过站内推广来助推畅销商品时，卖家需要重点关注的是直通车的ROI，即通过计算每天的花费和转化的销售额计算ROI。如果其性价比没有采用其他方式的高，卖家可以将营销预算用在其他推广方式上。在出价上同样先低后高，等每天的预算都能花完后，再递增式提高每日预算。

三、亚马逊站内推广分析与优化

（一）亚马逊付费推广策略

在亚马逊付费推广中，卖家需要精心制订推广计划，并根据商品特点和目标消费者的需求，选择合适的广告类型和投放策略。同时，卖家需要不断地监测广告投放效果，及时调整关键字出价等策略，以获得最佳的广告投放效果。

1. 利用亚马逊广告工具

亚马逊提供了多种广告工具，包括广告报告、搜索词报告、广告优化建议等，这些工具可以帮助卖家监测广告投放效果、分析消费者搜索行为、提供广告优化建议等。卖家可以使用这些工具及时调整广告投放策略，提高广告投放的ROI。

2. 利用商品关键词

在进行亚马逊付费推广时，卖家需要精选与商品相关的关键词，并在广告中使用这些关键词，以提高广告的展示率和点击率。同时，卖家也可以利用亚马逊广告工具中的"搜索词报告"，了解哪些关键词触发了广告，并根据实际情况进行关键词调整。

3. 制定广告出价策略

广告出价是决定广告展示率和点击率的关键因素。卖家需要根据商品的竞争情况和预算状况，制定合理的广告出价策略。如果竞争激烈，可以适当提高出价，以提高广告展示率；如果预算不足，则可以适当降低出价，以节省广告费用。

4. 编写优质广告标题和描述

广告标题和描述是吸引消费者点击的关键，卖家需要编写具有吸引力的标题和描述。卖家可以在标题和描述中突出商品的特点和优势，引起消费者的兴趣和注意；同时，需要注意标题和描述的长度和格式，以符合亚马逊广告的要求。

5. 定向推广

定向推广是指将广告投放给特定的受众群体。卖家可以根据商品的特点和目标消费者的需求，选择适合的广告定向策略。例如，如果卖家在销售健身器材，则可以将广告定向为年龄在 25～40 岁、喜欢健身的消费者，以吸引目标消费者的注意。

6. 分层次投放广告

卖家可以在亚马逊上创建多个广告组合，并根据不同关键词的表现，将其分配到不同的广告组合中。通过这种方式，卖家可以对广告进行分层次投放，增强广告投放效果，并根据实际情况进行调整和优化。

7. 利用亚马逊品牌注册

卖家可以通过亚马逊品牌注册服务注册自有品牌，并开启品牌专栏。品牌专栏可以显示卖家自有品牌的商品，提高品牌曝光度和销售量。

8. 进行 A/B 测试

卖家可以在亚马逊上进行 A/B 测试，即对两个或多个不同的广告策略进行对比测试，以确定哪个策略更有效。例如，卖家可以对不同的广告标题、出价等进行测试，以确定最优的广告策略。

（二）亚马逊广告数据分析与优化

亚马逊广告数据有 4 个核心变量：曝光量、点击量、广告投入产出比（Advertising Cost of Sales，ACOS）、订单转化率。这 4 个核心变量相互影响，但基于亚马逊站内推广的逻辑，曝光量是一切数据的基础，只有曝光量够了，商品才能获得足够多的点击量，有了足够多的点击量，卖家才能得到足够多的订单，订单转化率才会升高，ACOS 才更接近真实水平，这样才能以 4 个核心变量作为依据对广告进行优化。

1. 曝光量

曝光量就是商品在进行站内广告推广时被消费者看到的次数。当开启一个广告计划，卖家首先要关注的就是曝光量，而商品详情页的内容对曝光量的影响非常大，卖家一定先做好核心关键词的调研，尽量在第一次推广时就给商品设置适合的、高流量的核心关键词。

如果一种商品在推广时曝光量不高，可能是由以下两个因素导致的：一是商品详情页内容、核心关键词不精准，系统识别不到位；二是商品竞价偏低，系统给予的曝光量不够。

第一种情况下，想要提高商品曝光量，首先是检查商品详情页的内容，明确类目选择是否准确，核心关键词描述是否恰当，核心关键词覆盖的范围是否考虑周全等，将这几个要素完善优化后，正常情况下商品曝光量会有所提升。

如果各个要素都完善了，曝光量还是很低，那就可能是遇到了第二种情况，此时卖家只需要适当提高商品的广告竞价，即可获得更高的曝光量。

2. 点击量

在曝光量没有问题的情况下，卖家需要关注的第二个数据就是点击量，即消费者看到商品推广后进行点击的数量。正常情况下，点击量和曝光量之间的比例，即点击率（Click-Through Rate，CTR）应该在 0.5%左右，如果低于 0.5%，就要找出导致点击率低的原因，往往有以下两点：一是商品推广搭配的主图效果太差，难以吸引消费者点击；二是广告展示的位置相对靠后，曝光量不足。

点击量能极大地影响广告的质量分，而对同一个广告位进行竞拍时，质量分越高的广告组所需要的竞价越低。提高商品点击量的方法和曝光量的相似，一是要优化商品详情页的主图，提高图片的质量，提升呈现效果，吸引消费者点击；二是调整商品的广告竞价，使广告到能获得更多曝光量的位置进行展示。

3. ACOS

ACOS 是由一定时间段内的广告花费除以该段时间内由广告带来的销售额所得到的百分比，广告竞价、商品价格、点击量、订单量都会导致 ACOS 产生变化。在这几个影响因素中，点击量和订单量是后期产生的结果，但广告竞价和商品价格是卖家可以调整的，通过对相关数据进行分析并有针对性地进行干预，可以有效降低 ACOS 数值，具体方法有以下几种。

（1）降低竞价。

降低竞价可以在一定程度上降低 ACOS，但此举同时会相应地减少商品曝光量，所以不能当作首选之策。

（2）提高转化率。

对现有商品详情页进行优化，排除无效流量，可以相应提高商品的转化率，且没有任何负面影响。当 ACOS 过高时，可以首先设法提高转化率。

（3）调整商品价格。

正常情况下，商品的价格往往与其转化率成反比增长，因此卖家可以根据实际情况调整商品价格，最终提高转化率与销售价格的乘积。

此外，在亚马逊广告推广初期，还有以下几点需要注意。

首先，不论什么商品，建议第一天开启自动广告。自动广告模式下，系统会自动选取与商品相匹配的关键词进行推广。由于初期缺少数据来进行关键词分析，自动广告运行后获得的数据可以为卖家之后的推广策略调整提供支撑。

其次，第一天尽量将广告预算消耗完。为了保证当天获得的数据更加精准，利于之后进行数据分析，卖家第一天投放的广告预算应尽量使用完。

最后，定期做好数据监测。卖家要定期进行数据监测，分时段进行分析。不论是 3 小时、1 天还是 3 天、1 周，卖家都要准时查看数据，做好分析对比，这样才可以知道不同时间点下不同广告策略的应用效果如何。

4. 订单转化率

在广告推广初期，相比 ACOS，卖家应该优先关注订单转化率，即从消费者点击到形成订单的转化率。按照正常的运营数据，订单转化率在 15%左右较为正常，如果低于这个数值，可能有以下三个原因：一是商品详情页优化不到位，难以推动消费者下单；二是商品价格过高，超出消费者的心理预期；三是评价过少，或是负面评价过多。

卖家可以通过以下几个建议尝试提升订单转化率。

（1）继续加强商品详情页优化，可以分析竞争对手的核心词汇，找出核心词根再组合，打造适合自己的核心词汇。

（2）调整商品价格，在对店铺经营利润影响不大的情况下，适当降低商品价格，引导消费者下单。

（3）根据负面评价提出的意见进行相应的优化，减少后续带来的负面影响。

四、联盟营销数据分析与优化

（一）联盟营销效果报表

在跨境卖家中心，单击"推广"—"联盟营销"—"效果报表"选项下的"查看详情"按钮（见图 6-29），可以查看全店数据、营销品数据、商品明细数据、订单数据等。

图 6-29 | 查看效果报表

1. 联盟首页数据

在联盟首页，卖家可以在"全店数据""营销品数据"中查看流量、支付、结算等相关数据，系统还会根据选择的时间显示该时段内的相关数据和趋势图，如图 6-30 所示。在时间维度方面，支持按过去 1 天、7 天、15 天等筛选数据。

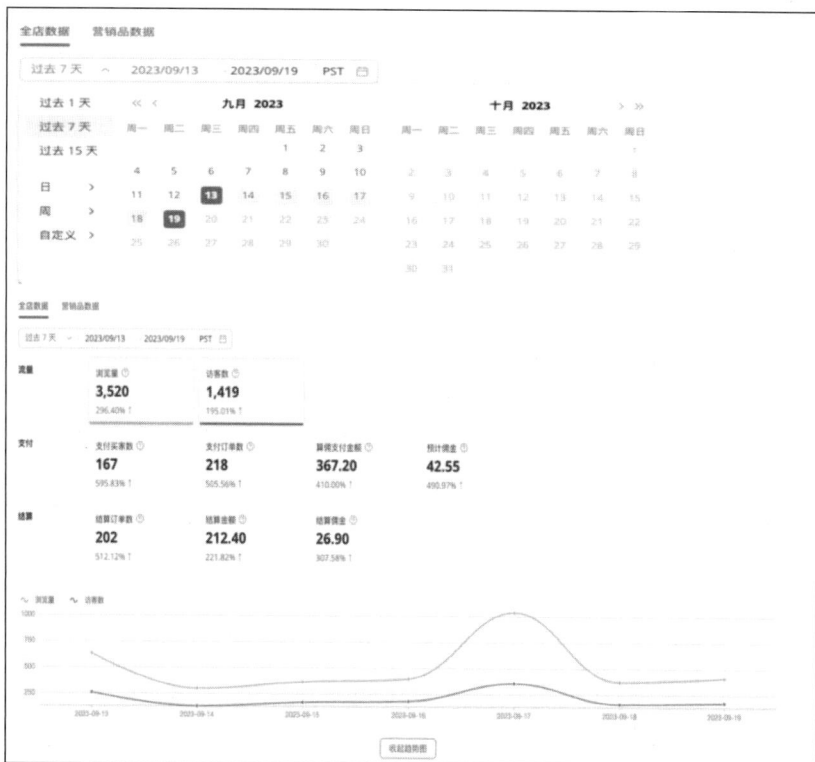

图 6-30 | 全店数据

2．推广数据报表

因为各指标的数据被汇总起来，所以卖家可以利用全店数据的报表查看整个店铺联盟营销推广的效果。卖家可以从 3 个方面直观地查看相应的数据：各指标的概览、趋势图和明细，如图 6-31 所示。卖家也可以利用营销数据的报表查看设置的爆款商品和主推商品的营销效果。

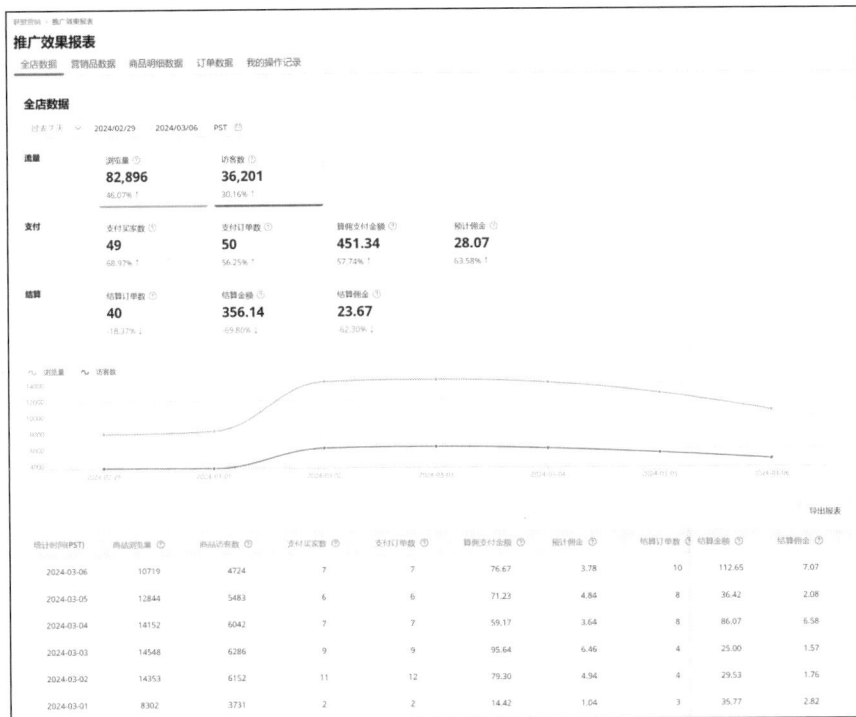

图 6-31 | 推广效果报表

（1）全店数据。

全店数据报表展示了联盟营销推广为整个店铺带来的效果，包括流量数据、支付数据、结算数据及一段时间内的趋势变化。在时间维度方面，支持按过去 7 天/15 天等查看相关数据。选择所选时间内的数据，单击"导出报表"按钮即可导出。

（2）营销品数据。

在这个模块，卖家可以了解到单品营销计划的商品在一定时间的流量、订单等详细数据，也可以了解到某款商品推广后的效果，如图 6-32 所示。但该报表仅展示重点推广的营销品的效果数据。

在这个模块，卖家还可以查看营销品排行榜，此处只统计当商品被设置为营销品时所产生的数据，与商品明细数据报表可能会有所出入。如商品 A 在 1 月 1 日至 1 月 5 日被设置为营销品，于 1 月 6 日退出，1 月 10 日又重新加入，则只统计 1 月 1 日至 1 月 5 日的数据及 1 月 10 日后的数据。单击"详细数据"选项可查看该商品的详细数据，且支持数据导出，如图 6-33 所示。

图 6-32 | 营销品数据

图 6-33 | 营销品排行榜

（3）商品明细数据。

在这个模块，卖家可以了解到自己所有的商品在过去 1 天/7 天/15 天的流量、订单情况等详细数据，也可以针对单个商品进行搜索。单击"详细数据"选项可查看该商品的详细数据，且支持数据导出，如图 6-34 所示。

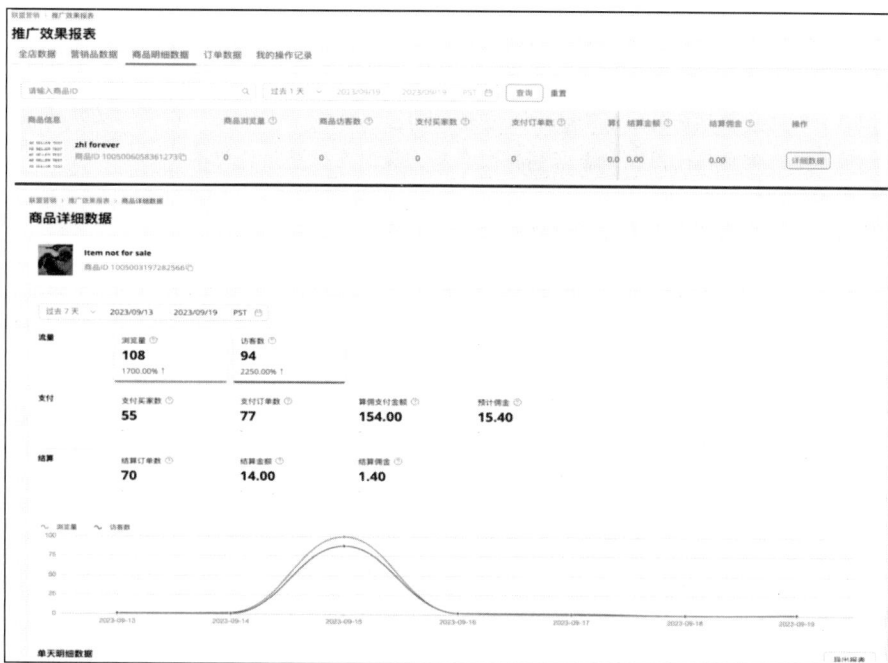

图 6-34 | 商品明细数据

（二）联盟和店铺商品架构的关系

1. 影响联盟策略的因素

影响联盟策略的因素主要有经营类目、店铺目标、运营人员等。对于经营类目，卖家应结合自己所经营的类目制订合适的联盟营销计划，切忌基础类目盲目出高价，特殊类目不敢出高价；要明确自己的开店目标，切忌毫无目的地进行推广；对于运营人员，卖家要先评估其资质，再初步确定联盟营销投入。

2. 联盟营销在店铺不同阶段的策略

店铺在每个阶段都有需要完成的任务，联盟营销也应随着店铺的发展实施不同的策略，一成不变或频繁操作都是不可取的，具体实施策略见表 6-3。

表 6-3　联盟营销在店铺不同阶段的实施策略

店铺所处阶段	联盟营销实施策略	备注
新手期	（1）加入通用计划，适当设置高于门槛的佣金，快速筛选出优势商品； （2）有好评的商品可加入营销品，快速积累订单； （3）将有差评的商品及时下架，如果有库存应尽快处理掉，退出营销计划； （4）不宜频繁操作，店铺整体联盟流量低，商品积累更重要； （5）如果直通车测款成功，可忽略（1）和（4），直接出价	新手期店铺实力比较弱，联盟此时只是辅助，不用花费过多精力研究
成长期	（1）对潜力爆款商品设置高佣金，快速积累订单及评价； （2）主推商品计划和爆款商品计划与商品架构配合使用； （3）避免推出热门同类型新品，并同样设置高佣金； （4）配合直通车推广计划，站内站外相结合	该时期需集中精力关注培养前端商品，忌眉毛胡子一把抓，莫因随意操作，使店铺数据混乱
爆发期	（1）每周总结数据，分析调整营销品计划； （2）多多参加平台活动，引爆流量； （3）警惕缺货导致的纠纷影响加入营销计划； （4）搭配优惠码使用，结合店铺搭配套餐，提高店铺整体转化率及客单价； （5）使用其他可带来流量及订单的方法	
稳定期	（1）对已"降温"的商品可缓慢降低其佣金至营销品门槛； （2）开发新品，可尝试以高佣金测款； （3）结合数据不断测试，调整联盟佣金占比； （4）控制成本及利润核算	

3. 商品架构

商品架构决定联盟计划，合适的营销计划将助力店铺架构更快形成，快速实现店铺利润最大化。卖家通常可以按引流款—爆款—中坚款—利润款的模式设计商品架构。

- 引流款：必须具备引流的潜质，而不是花高佣金带来流量。当商品的订单积累到一定量以及出好评后，就可以加入联盟计划，将其作为营销品进行推广。
- 爆款：在潜力爆款商品初期，转化率高，但流量有限，卖家要时刻关注后台数据及竞品情况，依据销量调整营销品佣金，直至发挥爆款商品的最大潜力。
- 中坚款：商品的关键词与长尾词较精准，排名靠前，订单稳定，因此其佣金策略不宜激进，而应定期调整。
- 利润款：使用优惠码加营销计划，前期积攒订单及评价，待订单稳定后，可根据商品利润率设置合适的营销品佣金。

任务实施 ↓

大促期间如何抓住站内流量，让新品升级成为潜力爆款商品，这是每个跨境电商卖家都非常关注的问题。针对店铺内新品、潜力爆款商品，卖家应该如何出价、设定关键词，然后定向投放流量呢？这里以"全店智投"为例介绍如何实施站内推广。

📖 **【步骤一】创建全店计划**

进入跨境卖家中心，单击"推广"—"站内推广"—"创建推广计划"—"创建商品推广"选项，如图6-35所示。

图6-35 | 创建路径

在新建推广计划页面，选择"全店智投"选项，设置单日预算≥50元，对"智能创意"根据自身需要决定是否开启，建议默认开启即可，如图6-36所示。

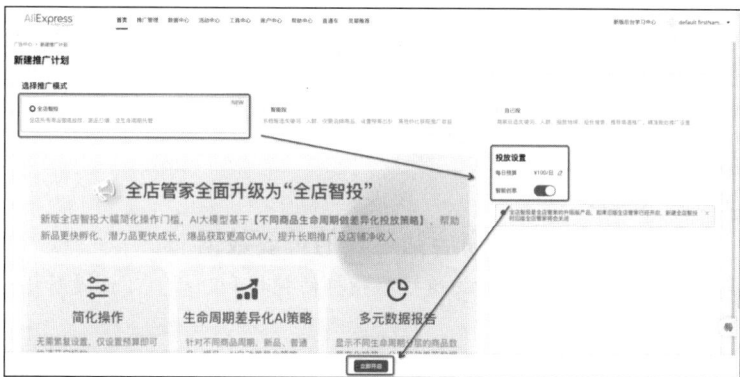

图6-36 | 创建全店智投

📖 **【步骤二】推广设置**

在推广设置中可以看到全店商品数量，单击右上角的"编辑"按钮，可以修改预算，如图6-37所示。

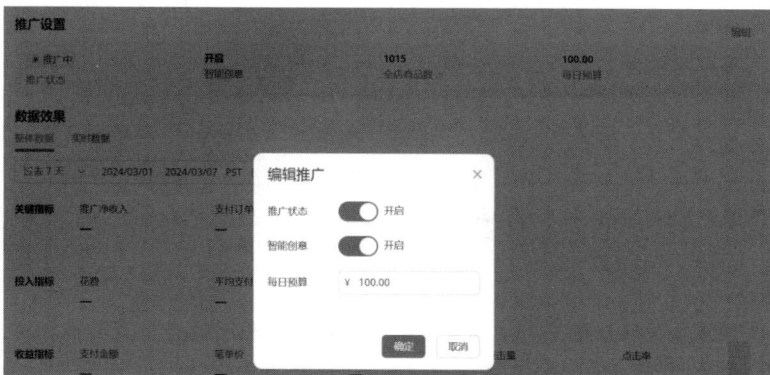

图6-37 | 编辑推广设置

📖 【步骤三】管理和分析数据

在整体数据中可以看到"全店智投"的整体效果，通常投放 7 天以上，数据更稳定可信，如图 6-38 所示。

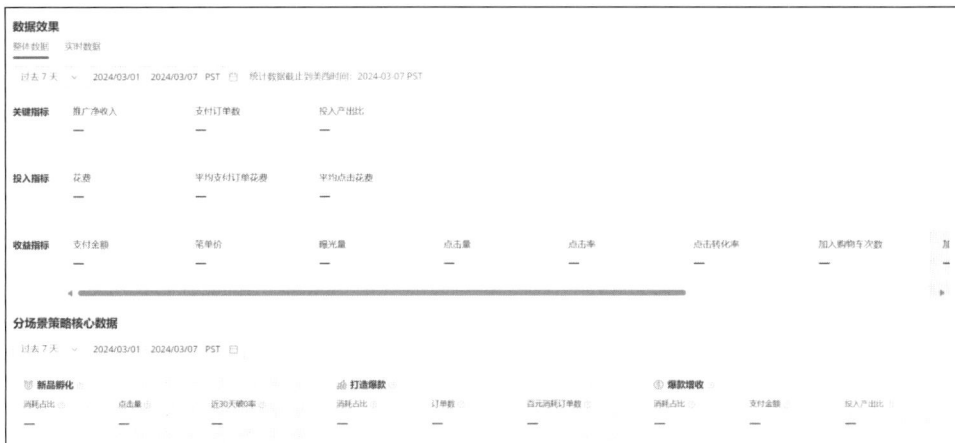

图 6-38 | 管理和分析数据

"全店智投"作为长期经营的重要智能化投放工具，前期需要一定的数据积累，同时卖家要分配部分预算用于新品的孵化，因此建议坚持连续投放 1～2 周，尽量避免暂停或频繁修改预算的操作。经过一段时间的观察和分析，可以根据分场景策略商品数量和商品数据调整相关预算。

岗位素养提升 ↓

跨境电商店铺运营的重要数据

跨境电商店铺运营的成功离不开对关键数据指标的挖掘和分析。下面是跨境电商店铺运营中必须重视的数据。

1. 流量数据

跨境电商卖家需要了解自己店铺的流量来源，通过分析不同渠道的流量质量、转化率等指标，找出最优的流量获取渠道，为店铺带来更多的有效用户。

店铺可以使用多种工具和方式收集流量数据，如 Google Analytics、Kissmetrics 等分析工具，以及其他第三方平台提供的流量数据分析服务。

2. 用户数据

用户数据是跨境电商卖家了解用户需求、喜好的最直接的途径。在入驻跨境电商平台时，跨境电商卖家通常可以从卖家后台获取这些数据。部分独立站搭建平台也向卖家提供后台数据，独立站卖家也可以通过技术手段进行用户数据挖掘。

关于用户数据的分析，跨境电商卖家可以通过分析用户的行为、兴趣等数据，更好地了解用户需求，为目标市场提供更加精准的服务和更加舒适的购物体验，提高用户的满意度。条件允许时，跨境电商卖家可以利用相应工具和技术，如用户调研、行为分析等方法，进一步深度挖掘与分析用户数据。

3. 商品数据

跨境电商卖家应当关注店铺库存、销售情况和评价等数据。通过对商品数据进行分析，卖家可以了解哪些商品受欢迎，哪些商品需要优化，从而提高销售业绩。

卖家可以使用多种数据分析工具，如 Google Analytics、Power BI、Tableau 等，对商品数据进行分析和挖掘。

4. 物流数据

跨境电商卖家需要关注物流数据，包括订单处理时间、配送时效、退货率等。通过对物流数据的分析，卖家能够及时对物流配送服务进行优化，提升用户的满意度。

5. 营销数据

跨境电商卖家需要关注各种营销活动的数据，包括广告投放效果、优惠券使用率、促销效果等。通过对营销数据的分析，卖家可以了解哪些营销活动更具效益，以便更好地策划接下来的营销策略。

6. 财务数据

跨境电商卖家需要关注财务数据，包括销售额、毛利率、净利润等。通过对财务数据的分析，卖家可以了解店铺的盈利情况，进而优化营销策略及物流配送服务，以增加利润。

整体来看，跨境电商卖家有必要运用多种数据分析工具与技术，对业务各方面所涉及的数据进行深度挖掘与分析，以更好了解用户需求，通过提升用户的购买体验增强销售效果，从而让自己的事业更上一层楼。

技能训练 ↓

一、单项选择题

1. 平均停留时长指（　　）。
   A. 访客浏览某一页面时所花费的时长总和
   B. 访客浏览某一页面时所花费的平均时长，页面的停留时长 ＝ 进入下一个页面的时间 - 进入本页面的时间
   C. 访客在网站中花费的平均时长
   D. 访客浏览多个页面时所花费的平均时长

2. 关于电子商务数据化运营的工作流程，正确的是（　　）。
   A. 确定运营目标—数据采集—搭建指标体系—数据分析—持续跟踪—运营优化
   B. 确定运营目标—数据采集—搭建指标体系—数据分析—运营优化—持续跟踪
   C. 确定运营目标—搭建指标体系—数据采集—数据分析—运营优化—持续跟踪
   D. 确定运营目标—搭建指标体系—数据采集—数据分析—持续跟踪—运营优化

二、多项选择题

1. 速卖通收集数据的途径有哪些？（　　）
   A. 生意参谋　　　　B. 卖家频道　　　　C. 谷歌搜索工具　　　D. 海外论坛

2. 爆款商品的表现形式是（　　）。
   A. 高流量　　　　　B. 高曝光量　　　　C. 高成交转化率　　　D. 高客单价

3. 运营数据分析包括（　　）。
   A. 客户数据分析　　B. 市场数据分析　　C. 销售数据分析　　　D. 供应链数据分析

4. 衡量关键词推广效果的指标包含（　　）。
   A. 展现量　　　　　B. 点击率　　　　　C. 点击转化率　　　　D. 投入产出比

三、判断题

1. 目标广告支出回报率是跨境电商运营中广告投放效果回报与总成本投入之比。（　　）
2. 亚马逊中的搜索词排名是指关键词在当前类目、筛选时间内的搜索量排名。数字越小，排名越靠前，其搜索量越大，对选品与关键词挖掘非常有参考意义。（　　）

3. 同一个搜索结果页上，同一种商品只能展示在一个位置上。例如：A 商品既自然排序靠前，又在推广位排序靠前，则哪个位置靠前，就保留哪个位置的展示，如自然排序在第 2 位，推广位排序在第 10 位，那么推广位不展示。（　　　）

4. 当推广总净收入为负数时，需要优化广告投放策略。（　　　）

四、能力训练题

某公司在速卖通上开设了一家配饰专营店，店铺在运营人员的努力下取得了不错的业绩。最近，运营人员小李发现店铺近一周的访客数整体稳中有升，但浏览量却呈下降趋势，他不知道哪里出了问题，请协助小李分析浏览量出现异常的原因。

模块七

店铺整体运营

👤 学习目标

知识目标
- ➢ 掌握跨境电商店铺整体客户行为分析的方法
- ➢ 掌握仓库动销率及优化方法
- ➢ 掌握跨境电商店铺成交分析的方法
- ➢ 掌握跨境电商店铺无线端运营的方法

技能目标
- ➢ 能根据速卖通、亚马逊等店铺后台数据分析客户行为
- ➢ 能根据店铺数据分析仓库动销率并提出优化建议
- ➢ 能够根据店铺成交数据分析提出优化建议
- ➢ 能够引入无线端流量并将其转化

素质目标
- ➢ 通过对店铺整体运营的学习，逐步增强大局观念和树立系统思维
- ➢ 通过对跨境电商店铺无线端运营的学习，逐步培养创新思维和精益求精的工匠精神

👤 思维导图

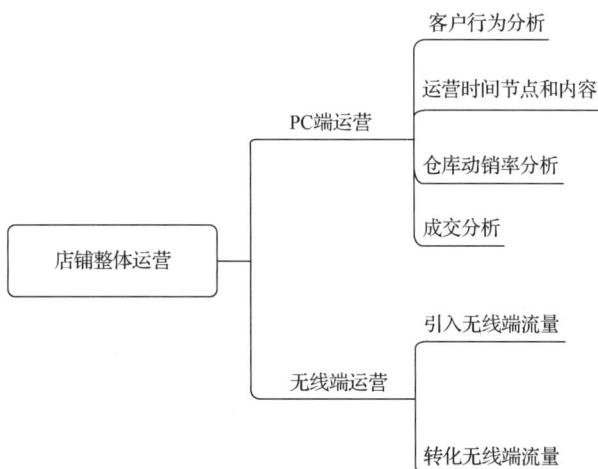

项目背景

在店铺经过了第一阶段的全面铺货后，陆谦带领团队成员给店铺的全部商品划分出流量款、利润款两大类。除了每周上新之外，店铺已经不再盲目地推广所有的商品了，而是计划尽快打造出一到两个流量款商品，推动店铺在类目层级中胜出，以获得流量和活动资源的倾斜。同时，该团队要把所有工作重心放在转化率的提高上。为了达到店铺设定的目标，团队必须要有整体运营的思维。

工作任务一　PC 端运营

知识储备 ↓

一、客户行为分析

客户行为是客户为满足自己的某种需求，选择、购买、使用、评价、处理商品或服务过程中产生的心理活动和外在行为表现。客户行为分析是对这个过程中（各模块/环节）产生的数据进行分析，进而发现客户行为的特点和规律。

通过客户行为分析，卖家可以根据分析结果预测客户需求、监测客户去向等，从而有针对性地提供满足客户需求的商品或服务，采取有效措施引领客户转化，最终达到提升店铺盈利能力的目的。

（一）客户购买路径分析与优化

"购买路径"是一个传统的购物概念，客户购物一般经历"意识—考虑—转化—评价"4 个阶段。随着电子商务和信息技术的发展，购买路径已不再是单一的线性路径了，客户可能在各个阶段之间来回移动，每个阶段都受到众多因素的影响。卖家可以优化客户的购买路径，进而提高客户购买率。

1. 意识阶段

让客户对商品产生意识的第一步，是让客户看到商品或听到商品的相关信息。根据调查，线上渠道中，30%的客户通过电商网站发现商品，这是最常见的初始意识来源，线上广告和线上评论是另外两个重要的渠道，两者的占比均为 15%；线下渠道中，22%的客户通过实体店发现商品，朋友交谈和家人交谈（口碑传播）是另外两个重要的线下渠道，两者的占比分别为 15%和 13%。客户发现商品的渠道占比如图 7-1 所示。显然，电子商务远非单纯的在线交易，在线、离线渠道都可以有效地提高客户的意识和需求，特别是两者合并使用时效果更明显。

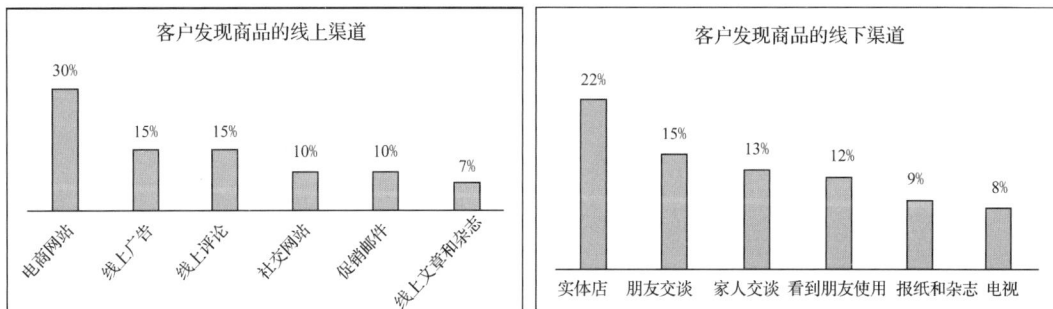

图 7-1 | 客户发现商品的渠道占比

跨境电商最薄弱的环节就是产生意识阶段，优化此阶段的核心在于识别性价比高的传播渠道并扩大投资，影响客户心智效率越高的渠道越值得加大投资。

从传播渠道的效率来讲，"种草"平台>社区论坛>社交媒体>其他。通常来说，一个平台越垂直，其承载内容的能力越强，内容的丰富度和饱和度越高，越值得被投资。

从品类上来讲，商品可分为两大类：迭代较快的品类和迭代较慢的品类。迭代较快的品类，其传播更加依赖意见领袖（Key Opinion Leader，KOL），因为迭代快意味着技术和商品的更新快，生命周期短，普通客户很难时刻紧跟潮流，KOL 的存在能够帮助客户了解最前沿的商品，他们在这个过程中同时也能影响客户。比如，苹果、华为和小米发布手机新品之前，铺天盖地的自媒体文章、测评等的热度都是在 KOL 的引领下一路飙升，同时粉丝参与其中，普通客户才由此产生了初始意识。迭代较慢的品类，其传播与交易的路径越短的渠道，越值得投资。因为迭代慢的商品在相同成本的情况下，其技术、商品质量几乎没有差异，差异主要是设计。客户基于设计的购买决策在某种程度上是非理性决策。对于非理性决策，在客户产生意识的一刹那，提供体验最好的购物渠道快速完成交易是最好的选择。因此，对于迭代慢的商品，站内营销是最优选择，可在传播的同时产生交易。

2．考虑阶段

在考虑阶段，线上渠道的重要性继续占主导地位，55%的客户会通过线上评论来研究商品，40%的客户会通过公司官网来研究商品。线下渠道也是重要的信息来源，有26%的客户表示他们在考虑阶段去过实体店，还有23%的客户表示他们与朋友或家人谈论了该商品，如图7-2所示。

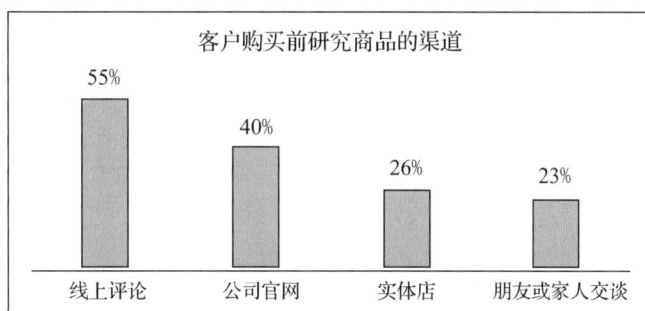

图 7-2 | 客户购买前研究商品的渠道分析

考虑是个综合过程，影响因素较多，包括价格、功能、性能、品牌声誉等。品牌声誉在某种程度上是传播和客户体验长期积累的结果。功能和性能的传播依赖 KOL 和客户自传播。因此，跨境电商卖家在本阶段的优化路径有两个：一是维护好公司官网，集"官网+社区+交易"于一身；二是与 KOL 合作，合作内容形式包括软文、短视频、长视频等。

3．转化阶段

在线购买过程的转化阶段，客户要做出两个决定：在何处、何时购买商品。前两个阶段解决曝光量和点击量的问题，但这远不能保证卖家在第三阶段取得成功。

价格仍然是客户决定在何处、何时购买的最普遍的考虑因素，尤其是在某些类目的商品中，例如电子商品。因此，拥有一个客户喜欢或信任的网站也很重要。

4．评价阶段

积极的客户体验对于建立客户忠诚度和使其重复购买至关重要。在当今社会媒体和同行评论日益受欢迎的时代，客户的声音可以对其他人的购买决策产生积极或消极的影响，越来越多的人使用社交媒体网站（例如 Facebook、WhatsApp、Instagram）来发布和查看商品反馈。对公司而言，这意味着客户生成的评论被发布在越来越超出其控制或影响范围的网站上，公司需要积极地将这些社交媒体网站整合到他们的营销和客户策略中。

（二）客户行为分析的方法

客户分析能够帮助跨境电商卖家更好地了解客户的行为习惯，发现商品在推广、拉新、客户留存、转化等方面存在的问题，有助于其发掘高质量的推广拉新渠道、发现高转化率的方法，使商品的营销更加精准、有效。日常的客户行为分析中，常用的分析方法有行为事件分析、页面点击分析、客户行为路径分析、客户健康度分析、漏斗模型分析和客户画像分析。

1. 行为事件分析

行为事件分析主要用于研究某行为事件的发生对商品的影响及影响程度，一般来说，事件通过事件跟踪来获取。对于一具体的行为，首先要对其进行定义，将人物（Who）、时间（When）、地点（Where）、交互（How）、交互内容（What）进行聚合，构成一个完整的客户行为事件。

- Who：事件的参与主体，如客户 ID、设备 ID 等。
- When：事件发生的时间。
- Where：事件发生的地点，如通过 IP 地址解析、GPS 获取。
- How：客户从事行为的方式，如使用的设备、App 版本、渠道等。
- What：客户在事件中所做行为的具体内容，如对于购买行为事件，可能包含购买商品名称、类型、数量、金额、付款方式等。

定义完成后，卖家需要针对存在的现象，找出产生这一现象的行为。如登录页面下，点击登录和跳过登录的新客户有什么行为差别。通过对客户行为事件的定义，卖家再进行多维度（如位置、事件、App 版本等）拆分，找到原因。

2. 页面点击分析

页面点击分析主要用于显示页面或页面组（即结构相同的页面，如商品详情页、官网首页等）区域中不同元素点击密度的图示，如某元素（如按钮）的点击次数、占比、哪些客户做了点击行为等。

页面点击分析主要解决 3 种问题：精准评估客户与商品交互背后的深层关系；实现商品的跳转路径分析，完成商品页面之间深层次的关系需求挖掘；与其他分析模型配合，使用全面视角探索数据价值，深度感知客户体验，实现科学决策。

页面点击分析模型主要用于对官网首页、活动页面、商品首页或详情页等与客户存在交互关系的页面分析。通用的分析形式包括可视化热力图（见图 7-3）和固定事件跟踪。

卖家可以通过客户的页面浏览次数、浏览人数、点击次数、点击人数、浏览人数、浏览时长等来判断客户的浏览喜好，也可以通过客户的浏览行为对客户进行分群，以便之后进行针对性的分析与优化。

3. 客户行为路径分析

对客户的行为路径进行分析，卖家可以发现运营中存在的问题，如转化率较低等。在发现具体问题的基础上，卖家可以结合业务场景进行相应的优化提高。

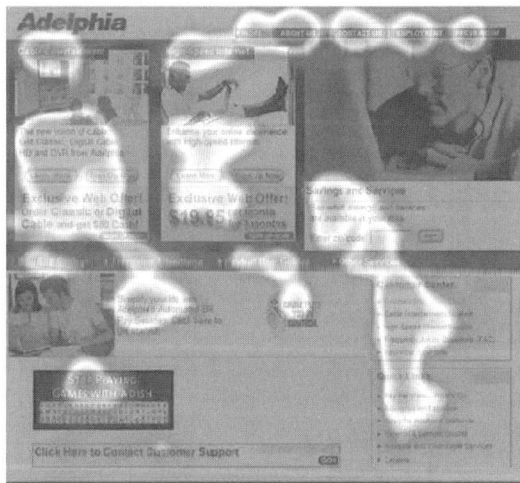

图 7-3 | 可视化热力图

4. 客户健康度分析

客户健康度是基于客户的行为数据进行综合分析得到的核心指标，用以体现商品的运营情况，为商品的发展进行预警，它包括商品基础指标、流量质量指标和商品营收指标。

客户支付金额（商品某段时间的流水）、客单价（支付有效金额÷支付客户数）、订单转化率（有效订单用户数÷访客数）都与商品的营收相关，商品营收存在以下恒等式：

$$客户支付金额=访客数×成交转化率×客单价$$

$$客户支付金额=曝光次数×点击率×订单转化率×客单价$$

5. 漏斗模型分析

漏斗模型是一套流程式的数据分析模型，能够反映客户行为状态以及从开始到最终各阶段的转化率及总体转化率情况，其最常用的两个指标为转化率和跳失率。

图 7-4 共包括 3 步注册流程，整个注册流程的总体转化率为 46.5%，即 1000 个访问了注册页的客户中，有 465 个成功完成了注册。当我们查看每一步的转化率时，发现第二步的转化率为 65.3%，明显低于第一步的 85.3% 和第三步的 83.5%，由此可推测，这一注册步骤可能存在问题。卖家可针对这一注册步骤进行优化，以提高整体的转化率。

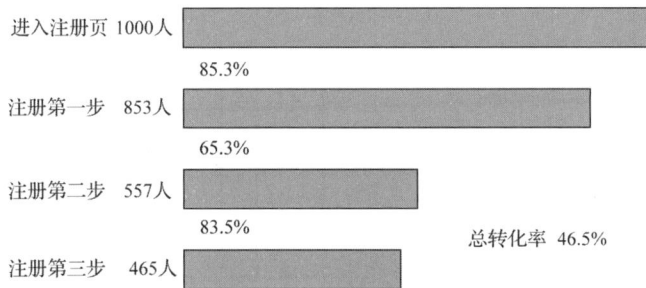

图 7-4 | 某 App 注册流程漏斗图

经典漏斗模型为 AARRR，包括 5 个阶段：获客（Acquisition）、激活（Activation）、留存（Retention）、营收（Revenue）、自传播（Referral）。

AARRR 模型是围绕增长建立的，主要关注拉新获客。而在当下，对大多数商品而言，拉新成本剧增，日活跃用户数（Daily Active User，DAU）流失率剧增，流量红利时代一去不复返。因此，以拉新获客为中心的增长模式变得没有意义，获客不再是增长的核心策略，或许可以说已经过时了。当下较为流行的是 RARRA 模型，即留存（Retention）、激活（Activation）、自传播（Referral）、营收（Revenue）、获客（Acquisition），此模型突出了客户留存的重要性，通过客户留存来关注增长。

6. 客户画像分析

客户画像是根据客户特征、网络浏览内容、网络社交活动和消费行为等信息抽象得到的一个标签化的客户模型。"标签"是用来表示客户某一维度特征的标识，可用于业务运营和数据分析。

客户画像的主要内容可包含性别、年龄、职业、位置（城市、居住区域）、兴趣爱好（购买、订阅、阅读等）、设备属性（安卓、iOS）、行为数据（浏览时长、路径、点赞、收藏、评论、活跃度）、社交方式等。不同的行业和商品对客户的特征关注点不一样，一般都具有自己的客户标签体系。

（三）店铺整体客户行为分析内容

1. 分析客户购物时间

跨境电商店铺都是面向全球客户的，不同国家或地区的购物时间是不同的。以速卖通店铺为例，一般来说，购物时间主要集中在当地时间的 10：00—11：00、15：00—17：00、21：00—23：00。

如果店铺的客户主要来自俄罗斯，因为俄罗斯莫斯科时间比北京时间晚 5 小时，所以俄罗斯客户的购物时间主要集中在北京时间的 2：00—4：00、15：00—16：00、20：00—22：00。知道了这个规律之后，店铺上新品的时间可集中在这几个时间段，因为新品上架之后平台会有流量倾斜。如果客户是其他国家或地区的，用同样的方法进行分析即可。如果客户所在国家或地区比较分散，那么可以按照客户所在国家或地区的订单比例来调整商品的上架时间。通过跨境卖家中心"生意参谋"下的"成交分析"，选择"国家/地区"可以查看客户所在国家或地区的成交分布，并且可以查看店铺在最近 30 天内哪几天的销量比较高，从而洞察客户的消费习惯，如图 7-5 所示。

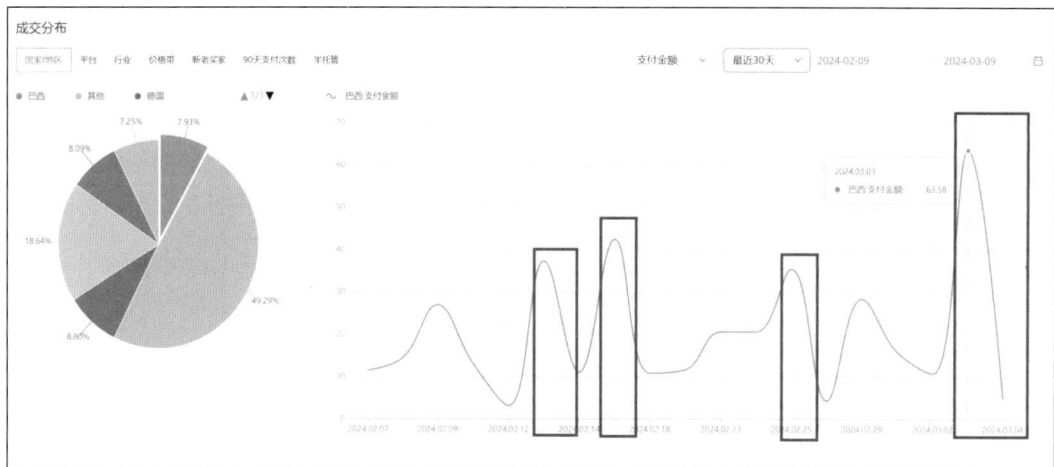

图 7-5 | 店铺销量比较高的时段分析

从图 7-5 中可发现，此店铺的客户主要在周五和周日进行购买，那么店铺上架商品的时间也可以定在这两天。

2. 分析客户购买商品的价格区间

选择"价格带"，可以查看客户购买商品的价格区间，如图 7-6 所示。卖家也可以从"数据概览"下"核心指标"中查询"客单价"，如图 7-7 所示。

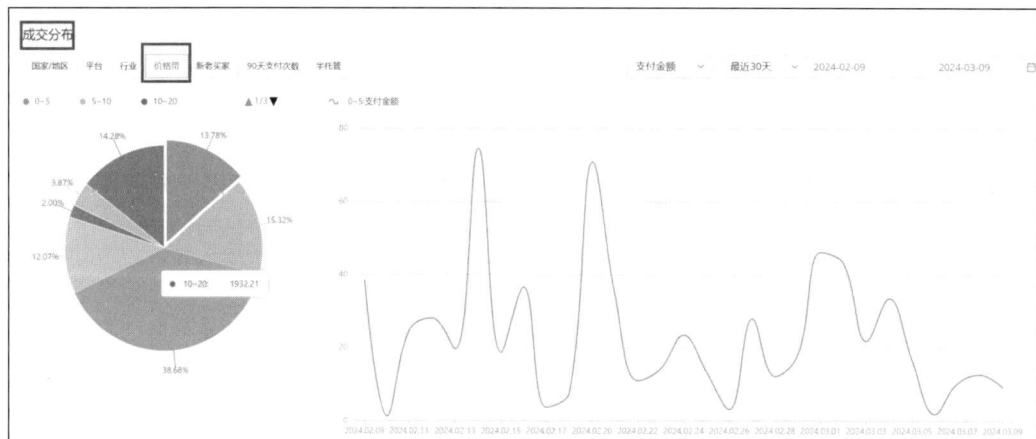

图 7-6 | 店铺客户购买价格带分析

图 7-7 | 店铺客单价

　　如果客户通常是一个订单只购买一件商品，那么就可以从客单价推算出店铺中比较受欢迎的商品价格是多少。卖家可以多上架这类价格的商品，而不是一会儿上架几百美元的商品，一会儿又上架几美元的商品，这样会导致客户群不精准，客户的黏性不够。根据"二八定律"，店铺80%的销量是由20%的老客户带来的。因此我们只要抓住了某一个客户群，就可以相对比较轻松地将店铺运营好。

3. 分析客户最关注的商品特征及影响其购买的因素

　　客户最关注的商品特征是商品的质量。再好的营销、再低的价格，如果最终商品质量没有保证，任何商业行为都是昙花一现，长久不了。

　　影响客户购买的因素主要有以下几方面。

　　（1）商品图片。

　　在一堆同质化的商品列表里，如果你的商品图片质量较高，同时还有比较新颖的创意，将大大增强对客户的吸引力。更强的吸引力意味着更高的点击率，也就意味着更多的流量。

　　（2）商品的价格。

　　分析客户的购买心理，符合客户心理价格是获得利润的重要保证。求廉和求实在客户的购买心理中占有重要地位，客户的追求商品的使用价值和经济实惠，如货比三家，哪家便宜就去哪家购买。同质化越来越严重时，对于同款商品，价格低的更有吸引力，因此对于价格低的商品，卖家下单意愿相对更强烈。

　　（3）店铺的服务水平。

　　现在是花钱买服务的时代。对于一个服务很差，给客服留言24小时都不回复，就算回复话语也是很生硬的、不友好的跨境电商店铺，客户肯定是不会再光顾的。总之，要将客户当朋友来真诚对待，认真对待。

　　（4）商品已被购买的订单数。

　　羊群效应在跨境电商中也是普遍现象。一款商品如果被很多人买过了，其他客户也更容易下单。所以对于新上架的商品，卖家可以采取设置超低折扣的方式吸引第一批客户，也可以通过其他活动来提高购买人群的基数。

　　（5）客户的反馈。

　　客户的反馈对商品的转化有至关重要的作用。新的客户是很看重老客户的反馈的。如果商品有很多差评，则新客户对它的第一印象就会不好，就算商品图片很漂亮，价格非常有优势，也很难促使他下单。

　　（6）店铺整体装修。

　　店铺的整体装修犹如一个人的形象，它对店铺转化率也非常重要。就像我们进入一家实体店，如果感觉店铺的整体装修让人很舒心，那么第一印象就会比较好，接下来的交易就是顺理成章的。如果店铺的整体感觉让人不舒服，那么客户下单的意愿就会降低。

二、运营时间节点和内容

（一）运营时间节点的选取及运用

做跨境电商，商品是关键，但利用每一个营销节点做好运营推广更是重中之重。

1. 营销活动匹配购物高峰

（1）店铺活动设置。

因为活动在开始时有搜索加权，所以卖家在设置店铺活动起止时间时，应尽量匹配客户的购物高峰时间，这样可以使店铺的销量更好。

卖家也可以将店铺活动和平台的大促活动同步进行，让平台的活动为店铺活动引流，顺势加大促销的力度。此外，卖家还可以研究主要客户的购买高峰期，以及他们所在国家或地区的节假日，设置店铺活动的起始时间。

（2）多渠道广告投放帮助触达更多的潜在客户。

卖家在 YouTube、Google 搜索、Google 探索、Gmail 和 Google 地图上投放广告，有助于提高在谷歌所有广告渠道的和广告资源上的成效，在购物季发掘新的目标客户。

2. 制定电商营销日历

电商营销日历是在营销过程中，对某段时间（如特定节假日）的运营计划、销售方案等以时间轴（日）的方式做出具体安排。

（二）节日营销

节日营销对于跨境电商卖家来说是非常重要的，因为节日能够激发人们的消费欲望，从而产生平时 2～3 倍的销售额。节日除了能够提升销量以外，还是跨境电商卖家与海外消费者建立情感联系的最佳时机之一。

1. 节日分类

对于电商运营来说，节日可以分为国际性节日、电商消费节、地方特色节日等。无论哪种节日，对于跨境电商运营人员来说都是很好的营销节点。

（1）国际性节日。

国际性节日包括儿童节、妇女节及世界睡眠日等。要注意的是，国际性节日虽然名义上是每个国家都过，但各个地方的重视程度并不相同，所以卖家还是要以目标市场的具体情况作为判断依据。

（2）电商消费节。

电商消费节一定意义上来说就是卖家让利消费者，从而引发消费者购物热潮，如黑色星期五、网络星期一、双十一、双十二、Prime Day 等。海外电商消费节每年的成交金额几乎都在上涨，所以这也是跨境电商卖家促销的最佳时机。

（3）地方特色节日（传统节日）。

地方特色节日包括欧美国家的圣诞节、感恩节、万圣节，东南亚地区的泼水节、守夏节，日本的樱花节，印度的洒红节、排灯节等。随着全球化的影响，部分节日的影响力也越来越大，比如说春节，不再局限于中国，许多国家都有相关的庆祝活动。传统节日往往伴随着一定的假期，加上习俗的传承及节日氛围的影响，人们的消费欲望也会得到释放。

2. 增强节日营销效果的方法

（1）激发消费情绪。

情绪是冲动购物的诱因，卖家要想在节日营销中获得更好的效果，就一定要让消费者的情绪产生波动。而触发情绪波动的最佳方式就是引发情感共鸣，比如说母亲节的时候，以亲情作为营销卖点，会更容易打动消费者。

（2）重视仪式感。

仪式感是消费者节日购物的重要理由之一，所以卖家可在节日来临前提醒消费者可以有哪些庆祝行为。比如说在圣诞节来临前，卖家可以在社交媒体上发布圣诞创意装饰、最希望得到的礼物等话题，提醒消费者为节日做准备。

三、仓库动销率分析

在企业经营管理过程中，很多环节的优化对盈利都会产生直接影响，比如提升人员效率、减少仓库成本、增加客单价、提高库存商品周转率等。在仓库管理中，一些数据比值不仅能反映企业经营情况，也代表着企业盈利与否，比如动销率就是一个十分重要的库存管理数据指标。

1. 动销率的概念

动销率是衡量商品销售效率的指标，它通过分析商品的销售数据，反映商品在市场上的活跃度和销售情况。动销率的计算公式为：

$$动销率 = \frac{动销品种数}{仓库总品种数} \times 100\%$$

动销品种数是指仓库所有商品种类中有销售的商品种类总数，仓库总品种数是指在仓库中一共有多少个 SKU，在计算时两个数据通常取一定时间段内的数值（如 30 天）进行计算。

例如，某仓库的商品 SKU 数量为 1000 个，10 月份有销售记录的 SKU 数量为 900 个，那么 10 月份的动销率就为（900÷1000）×100%=90%。

2. 计算动销率的意义

动销率可以体现一段时间内商品的销售情况和库存周转情况。例如：有一种牛仔裤有 20 个 SKU，有销量的 SKU 个数为 10，那么该牛仔裤的动销率为 50%；同时，也反映出该牛仔裤的 SKU 数目前是足够的。卖家可以通过动销率分析来调整动销 SKU 与不动销 SKU 所占的比例，可以增加动销 SKU 的库存。

将不同种类商品的动销率进行对比，一定程度上可以反映这些种类商品的销售情况及库存周转。例如：假设一个店铺所有牛仔裤的 SKU 个数为 100，动销 SKU 个数为 60，那么该店铺里所有牛仔裤的动销率为 60%。该店铺里所有连衣裙的 SKU 个数为 160，动销 SKU 个数为 60，那么店铺里所有连衣裙的动销率为 37.5%。卖家在一定程度上可以认为连衣裙的 SKU 足够，动销率不高，因此可以考虑增加牛仔裤的 SKU 个数。

四、成交分析

众所周知，经营店铺的最终目的就是成交额不断上涨，所以每天大量涌进的订单能无声地告诉我们一些不容忽视的信息，这些信息又透露给我们一些店铺经营的制胜之道。

（一）店铺排名

通过店铺排名（见图 7-8），我们可以清楚地知道自己的店铺目前所处的行业位置。不同的行业位置具有不同的波动特征，关注点也不同。

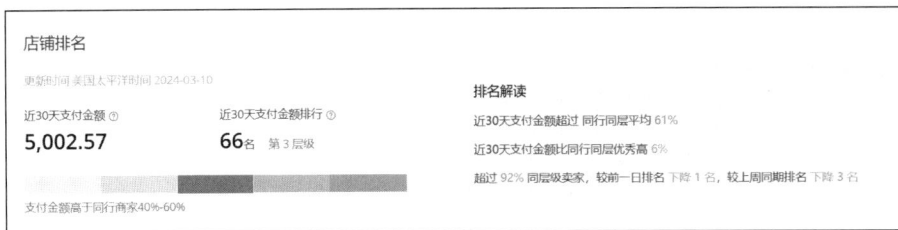

图 7-8 | 店铺排名

按照近 30 天支付金额（美元），我们可以将卖家划分为以下类型。

◆ 0～1000（不含 1000）美元：新卖家。
◆ 1000～5000（不含 5000）美元：中小卖家。
◆ 5000～50 000（不含 50 000）美元：腰部卖家。
◆ 50 000 美元及以上：头部卖家。

新卖家和中小卖家因为刚开店不久，商品数量较少，应重点关注热销商品的打造。

腰部卖家和头部卖家在维护好自己已有热销商品的前提下，要加快速度打造新的市场热销商品，以防止店铺已有热销商品逐步进入衰退期后，没有新的商品为自己店铺的交易额提供稳定的支撑。

（二）成交概况和波动分析

对于卖家而言，最重要的是要看到商品成交。如果以成交结果为导向，我们首先要知道成交结果的表现形式，通过查看"成交分布"（见图 7-9）可了解。如果中间出现波动，我们就要分析波动的原因，并且定位到波动发生的具体维度，如国家/地区、行业、价格带等，从而分析相关店铺的运营及调整。成交分析可以从成交概况和波动分析两方面进行。

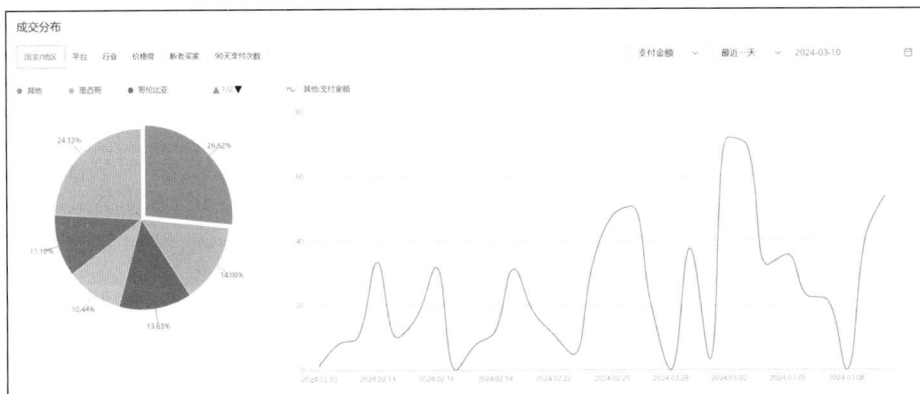

图 7-9 | 店铺成交分布

1. 成交概况

从"支付金额=访客数×支付转化率×客单价"这个公式我们可以发现，要想提升支付金额，可以考虑增加访客数、提升转化率或是提高客单价。运营策略是放在提升访客数上，还是放在提升支付转化率或者客单价上，需要根据每个店铺的自身情况决定。

提升访客数，简而言之就是引流。我们可以通过多种方式进行引流，如利用直通车、海外社交媒体或者联盟营销等。提升转化率一般可以通过老客户营销和给新客户发放优惠券等方式来实现。提高客单价通常可以通过关联营销及设置对应的优惠券等方式进行。

2. 波动分析

在有一定订单量（如最近 30 天支付订单 30 笔以上）的基础上，才需要做波动分析，因为在数据较少的情况下进行分析，结果的可靠性不高。当波动超过一定范围时，如当某个值波动超过10%，才需要分析波动原因。但是整体波动在10%以内，并不代表没有异常，这需要根据卖家店铺的实际情况判断，例如整体波动为3%，但某个国家/地区的波动为15%，则建议分析该国家/地区的具体波动情况。

波动分析的思路一般可以从以下方面进行。

（1）在有波动的前提下，分析是店铺自身的原因造成的还是整个行业引起的。如果方向错误，很容易导致错误的分析结果，从而使我们无法进行相关的运营策略调整。

（2）如果是店铺的原因，可以通过成交公式找到流量、转化率和客单价等因素的原因。

（3）通过维度拆解，找到国家或地区、平台、商品等主要原因，一般以找到商品为最终目的，也可直接通过商品维度切分找到具体原因。

（4）单维度拆解分析，通过成交公式，找到该维度下流量的具体情况，然后寻找问题。

任务实施 ↓

店铺精细化运营需要各种数据分析做支撑，运营人员既要关注店铺数据，又要关注单品数据。店铺数据要关注的第一层维度有曝光量、访客数和浏览量，第二层维度有成交额和转化率。而单品数据要关注的第一层维度是曝光量、访客数和订单数，第二层维度也是成交额和转化率。

1. 速卖通店铺成交分析

在店铺成立初期，运营人员要关注商品动销率及新品占比，到了上升期要关注品类结构的变化趋势及商品分层调整，尤其是流量及其转化情况，及时发现潜力畅销商品，及时补充库存。到了高峰期，运营人员需要关注结构稳定性及售罄率，在衰退期则要关注售罄率和折扣率。

陆谦带领团队成员每天关注商品是否有出单，商品曝光量是否上升，以及转化率和加购情况，是否需要调整价格，等等。

📖 【步骤一】查看流量

登录速卖通跨境卖家中心，单击"生意参谋"—"成交分析"—"核心指标"选项，先从"流量"中的"访客数"开始查看，如图7-10所示。

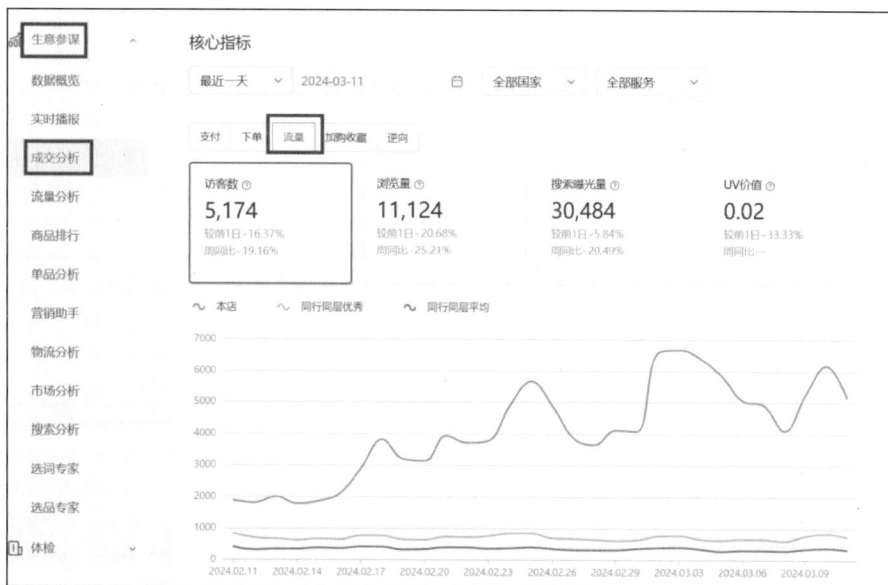

图 7-10 | 查看访客数

通过对访客数、浏览量、搜索曝光量和 UV 价值等数据的分析，商品与流量的关系存在如图 7-11 所示的几种可能性。

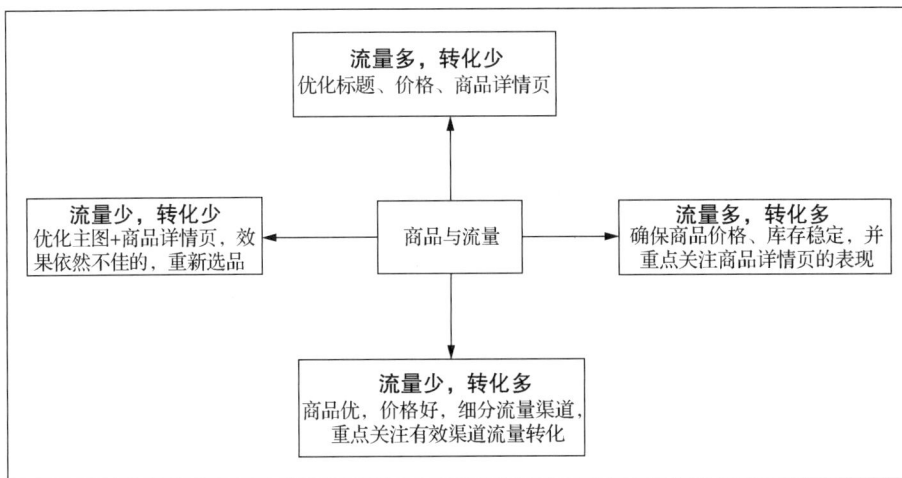

图 7-11 | 商品与流量的关系

📖 **【步骤二】分析平均停留时长和跳失率**

单击"生意参谋"—"流量分析"—"店铺核心指标"选项，查看店铺的跳失率和平均停留时长，如图 7-12 所示。如果平均停留时间短、跳失率高，说明目前商品的主图和详情页无法吸引买家停留，卖家需要做好商品页面的优化。

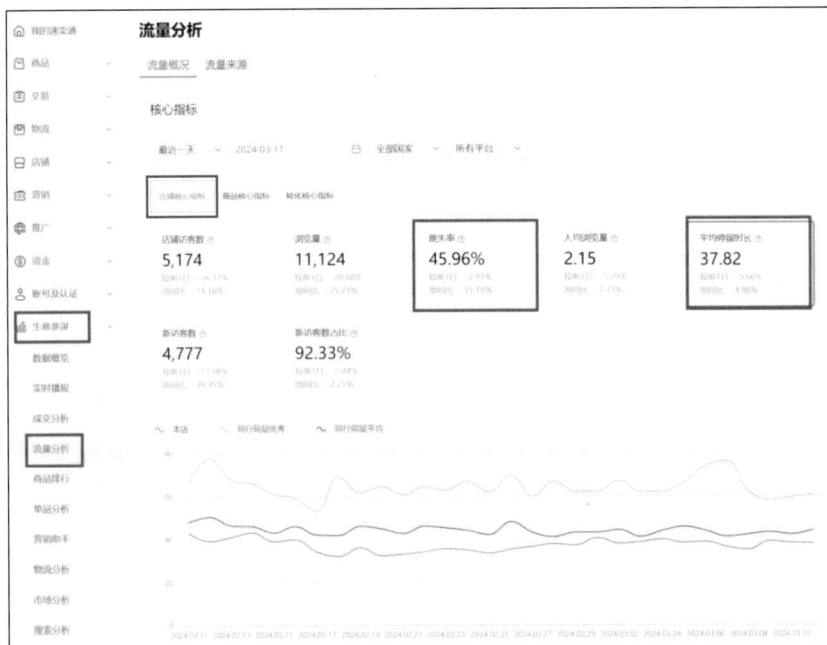

图 7-12 | 分析平均停留时长和跳失率

📖 **【步骤三】查看收藏加购情况**

单击"生意参谋"—"成交分析"—"核心指标"—"加购收藏"选项，查看商品加购人数、加购件数和收藏人数等情况，如图 7-13 所示。

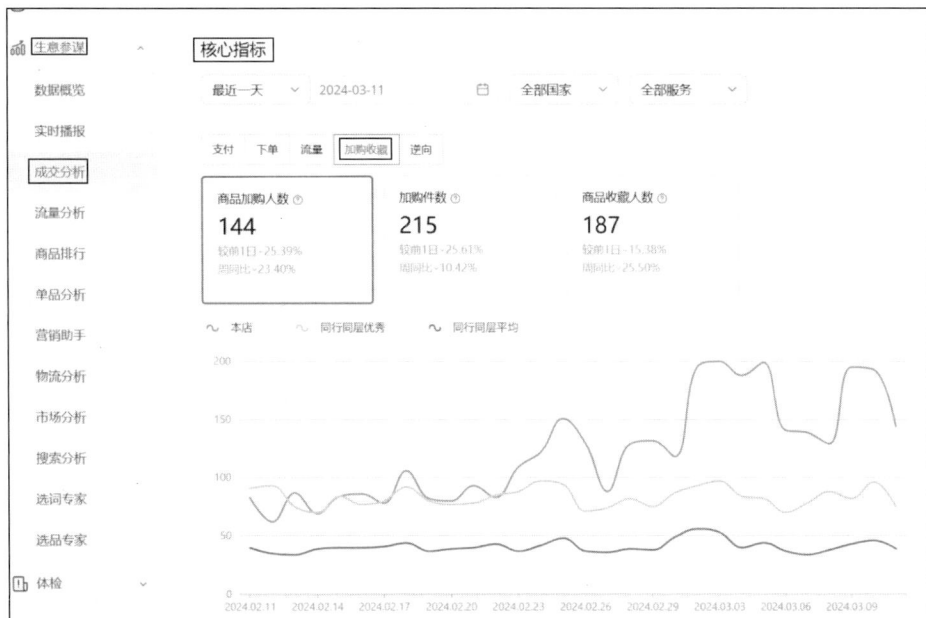

图 7-13 | 查看加购收藏情况

如果店铺加购收藏多，但转化率不高，则可以从以下 3 个方面进行优化。

① 卖点不突出：卖家需要深挖商品卖点，并进行营销推广。

② 商品前台数据不佳：可能是销量不高、无评价或评价不好等原因造成的，卖家需要优化这几方面。

③ 转化周期长：如果店铺商品的客单价较高，转化周期会相对较长，卖家不用太担心。

📖 【步骤四】商品详情和单品分析

通过单击"生意参谋"—"单品分析"选项选中所要分析的单品，从不同购物端分析商品的流量、加购收藏、支付等数据，如图 7-14 所示。

图 7-14 | 商品详情和单品分析

卖家可以结合单品的销售额、流量来源、关键词、服务、价格、SKU 等，进行全方位的数据分析。通过"服务"栏，卖家也可以查看商品服务的一些异常情况，如图 7-15 所示。

图 7-15 | 查看商品服务情况

2. 亚马逊销售数据分析

运营团队每天需要通过数据来诊断店铺的情况。店铺销量的数据分析可以帮助我们找到店铺内的优质商品；也可以用销量数据跟踪商品推广效果，分析商品成长性。亚马逊后台有很多数据分析工具，其对数据的分析非常有针对性，且准确率较高。

📖 **【步骤一】运用品牌分析工具，查看店铺运营情况**

利用品牌分析工具可以查看多个维度的数据，查看路径为单击"卖家中心"—"品牌"—"品牌分析"选项，如图 7-16 所示。

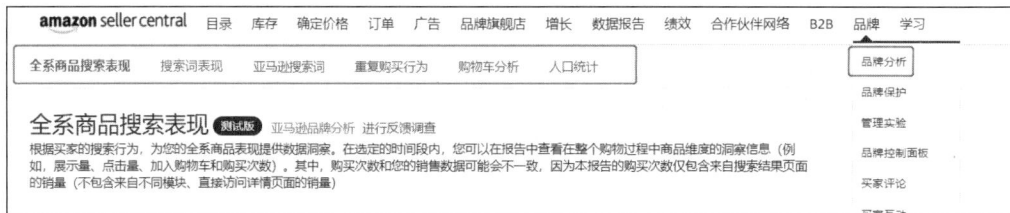

图 7-16 | 品牌工具使用路径

（1）查看全系商品搜索表现。

以 ASIN 维度查看每周、每月、每个季度的数据。这个模块展示的是店铺备案的品牌下所有 ASIN 的数据，即我们的品牌如果授权了 B 店铺，那么该品牌在 B 店铺的销售数据我们也能看到。我们可以看到总展示量、加购次数、购买次数及转化率，如图 7-17 所示。

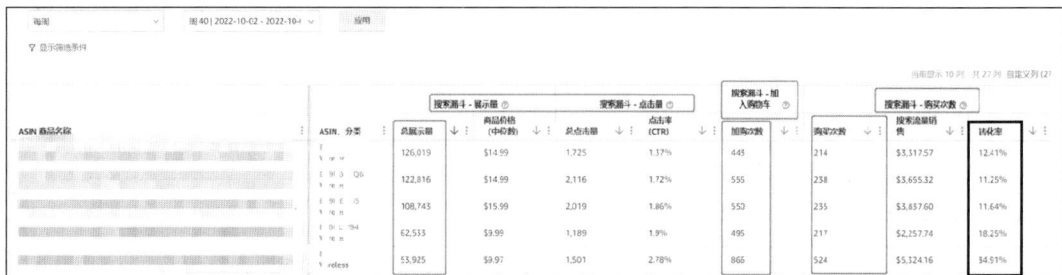

图 7-17 | 全系商品搜索表现

（2）查看搜索词表现。

以搜索词为维度查看品牌和 ASIN 视图下各个搜索词的表现情况，可以看到各个搜索词的展示量、点击率，以及品牌或者 ASIN 的品牌占有率。

我们还可以非常清晰地看到各个搜索词产生的加购总数、加购率、购买次数、品牌数量及品牌占有率，如图 7-18 所示。

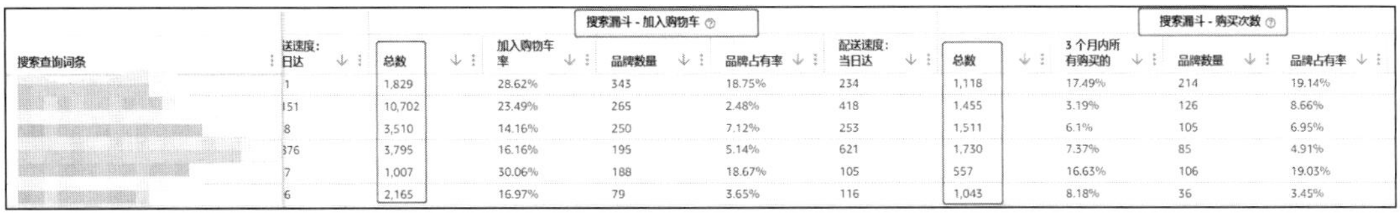

搜索查询词条	送速度：日达	总数	加入购物车率	品牌数量	品牌占有率	配送速度：当日达	总数	3 个月内所有购买的	品牌数量	品牌占有率
		搜索漏斗 - 加入购物车					搜索漏斗 - 购买次数			
	1	1,829	28.62%	343	18.75%	234	1,118	17.49%	214	19.14%
	151	10,702	23.49%	265	2.48%	418	1,455	3.19%	126	8.66%
	8	3,510	14.16%	250	7.12%	253	1,511	6.1%	105	6.95%
	376	3,795	16.16%	195	5.14%	621	1,730	7.37%	85	4.91%
	7	1,007	30.06%	188	18.67%	105	557	16.63%	106	19.03%
	6	2,165	16.97%	79	3.65%	116	1,043	8.18%	36	3.45%

图 7–18 | 查看搜索词的加购总数、购买次数等

假如某个搜索词产生的购买次数很多，但是品牌占有率很低，可以考虑有针对性地去做这个搜索词的精准投放。根据搜索词的点击率，结合购买率，可以知道哪些搜索词的点击购买转化比较好，如果这个词的流量又很大，就可以重点做这个词的投放，通过广告和站外渠道将其自然位推上来。

通过 ASIN 视图，我们可以针对某个 ASIN 具体分析其下所有搜索词的展示量、点击量等，如图 7-19 所示。

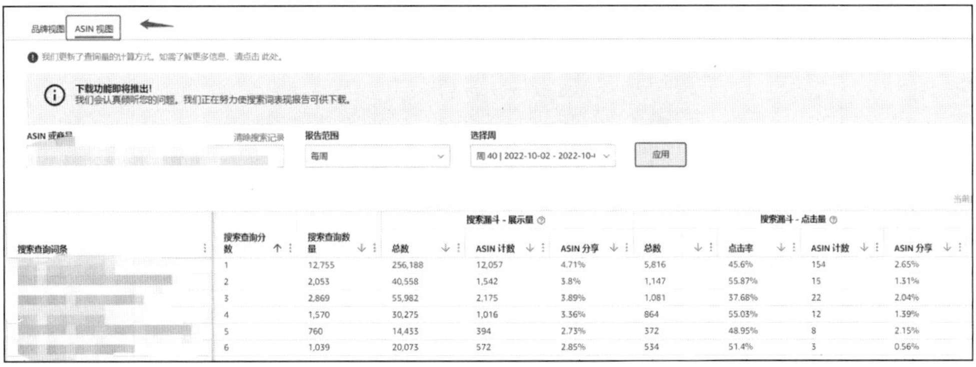

搜索查询词条	搜索查询分数	搜索查询数量	总数	ASIN 计数	ASIN 分享	总数	点击率	ASIN 计数	ASIN 分享
			搜索漏斗 - 展示量			搜索漏斗 - 点击量			
	1	12,755	256,188	12,057	4.71%	5,816	45.6%	154	2.65%
	2	2,053	40,558	1,542	3.8%	1,147	55.87%	15	1.31%
	3	2,869	55,982	2,175	3.89%	1,081	37.68%	22	2.04%
	4	1,570	30,275	1,016	3.36%	864	55.03%	12	1.39%
	5	760	14,433	394	2.73%	372	48.95%	8	2.15%
	6	1,039	20,073	572	2.85%	534	51.4%	3	0.56%

图 7–19 | 搜索词表现的 ASIN 视图下的数据分析

（3）查看亚马逊搜索词。

利用品牌分析工具，可以拓词、查看竞品及自己的 ASIN 的搜索情况。比如，搜索“coffee cup”会出现跟这个搜索词相关的词及排名情况，我们据此可以判断这个细分市场的情况。如果搜索频率排名很靠后，说明这个细分市场比较小。

（4）查看重复购买行为。

通过品牌分析工具，可以查看商品复购情况，如图 7-20 所示。对于复购率高的商品，我们需要考虑做老客户营销，所以在广告投放的时候可以考虑使用本品购买再营销功能。投放的周期，可以根据工具展示的周、月、季度去判断，哪个周期范围的复购率高就投放哪个周期。

（5）查看购物车分析。

利用品牌分析工具，可以查看客户会将我们的商品跟哪些商品一起加购，所以我们在做商品关联或者投放的时候就可以增加这些 ASIN 的投放。

（6）查看人口统计情况。

利用品牌分析工具，可以了解商品的购买人群情况，如其年龄、家庭收入、教育、性别、婚姻状况等，如图 7-21 所示。根据该工具的分析结果，我们需要结合自己的商品去判断商品是否需要做调整。

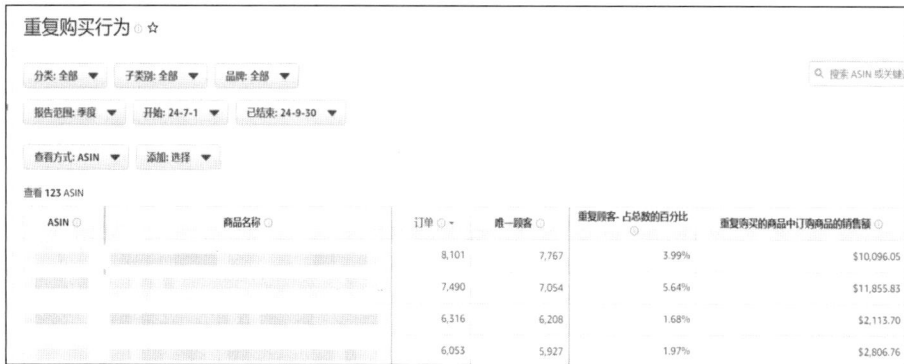

图 7-20 | 查看复购情况

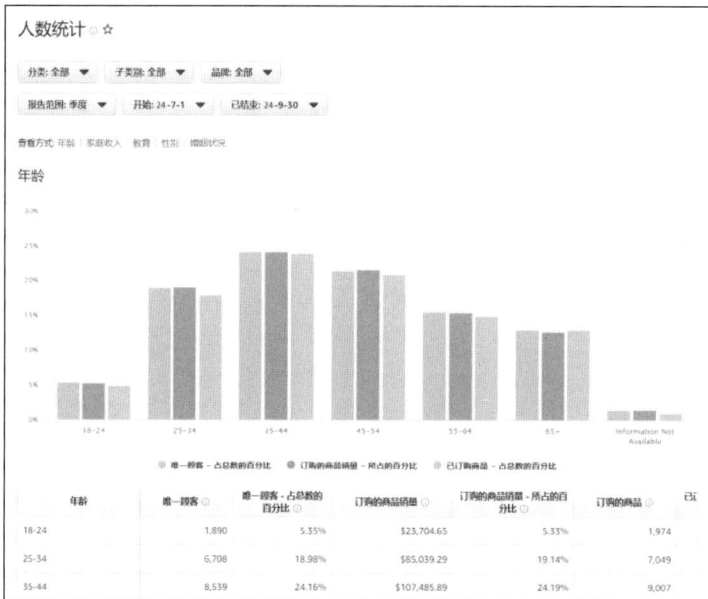

图 7-21 | 人口统计情况

📖 【步骤二】运用商机探测器，进行细分市场分析

商机探测器可以进一步分析细分市场商品的情况，即找到商品的细分市场并针对其进行分析，能够形成一份细分市场对应的竞品报告，如竞品在此细分市场的点击份额、占比，搜索词的搜索量、点击份额、占比，以及这些搜索词点击量排在前 3 名的竞品，等等。

通过单击"卖家中心"—"增长"—"商机探测器"选项即可查看，如图 7-22 所示。

图 7-22 | 商机探测器查看路径

（1）输入商品主关键词。

我们以“pillow”为例，输入主关键词后，出来的结果是以细分市场来划分的，如图 7-23 所示。pillow 这个品类下有很多细分，如 body pillow、boppy billow、neck pillow、todder pillow 等，后面还有相应的数据分析。从这份数据中，我们可以很清楚地看到 neck pillow 的搜索量最多，且在过去 360 天和最近 90 天的搜索量增长都很多，平均售出的商品数量也是最多的。

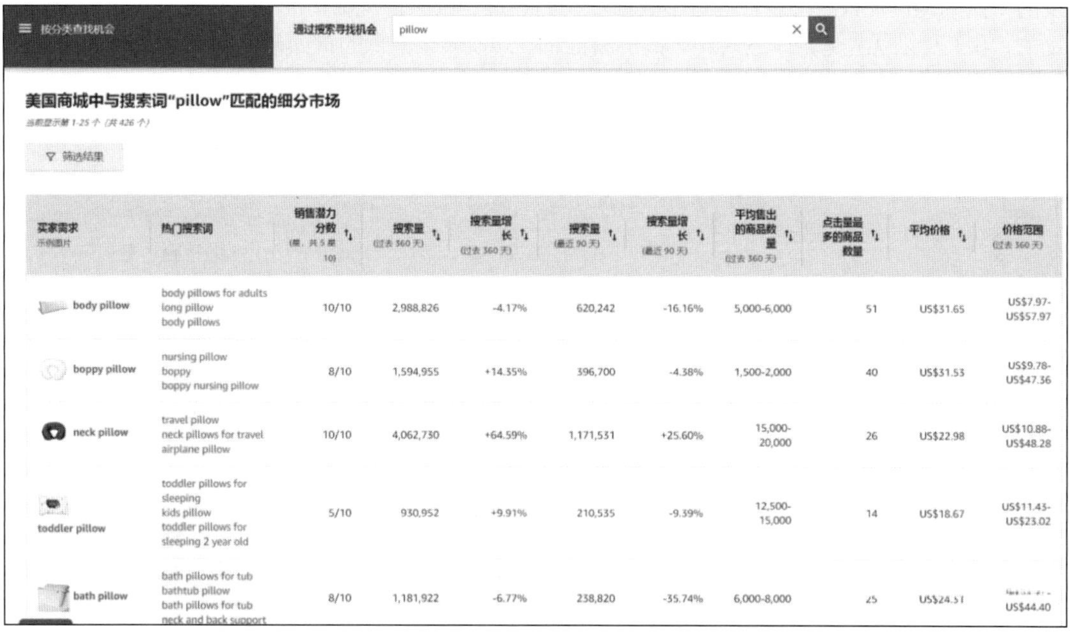

买家需求 示例图片	热门搜索词	销售潜力分数（最，共 5 星 10）	搜索量（过去 360 天）	搜索量增长（过去 360 天）	搜索量（最近 90 天）	搜索量增长（最近 90 天）	平均售出的商品数量（过去 360 天）	点击量最多的商品数量	平均价格	价格范围（过去 360 天）
body pillow	body pillows for adults long pillow body pillows	10/10	2,988,826	-4.17%	620,242	-16.16%	5,000-6,000	51	US$31.65	US$7.97-US$57.97
boppy pillow	nursing pillow boppy boppy nursing pillow	8/10	1,594,955	+14.35%	396,700	-4.38%	1,500-2,000	40	US$31.53	US$9.78-US$47.36
neck pillow	travel pillow neck pillows for travel airplane pillow	10/10	4,062,730	+64.59%	1,171,531	+25.60%	15,000-20,000	26	US$22.98	US$10.88-US$48.28
toddler pillow	toddler pillows for sleeping kids pillow toddler pillows for sleeping 2 year old	5/10	930,952	+9.91%	210,535	-9.39%	12,500-15,000	14	US$18.67	US$11.43-US$23.02
bath pillow	bath pillows for tub bathtub pillow bath pillows for tub neck and back support	8/10	1,181,922	-6.77%	238,820	-35.74%	6,000-8,000	25	US$24.51	[illegible]-US$44.40

图 7–23 | pillow 细分市场分析

（2）neck pillow 的数据演示。

图 7-24 展示的是 neck pillow 的竞品情况，第一个竞品的点击份额高达 16.9%，评分也有 4.5 星。再看下面的 BCOZZY 和 MLVOC，虽然点击份额不高，但是平均 BSR 排名第一，说明这两种商品的点击转化比较高。

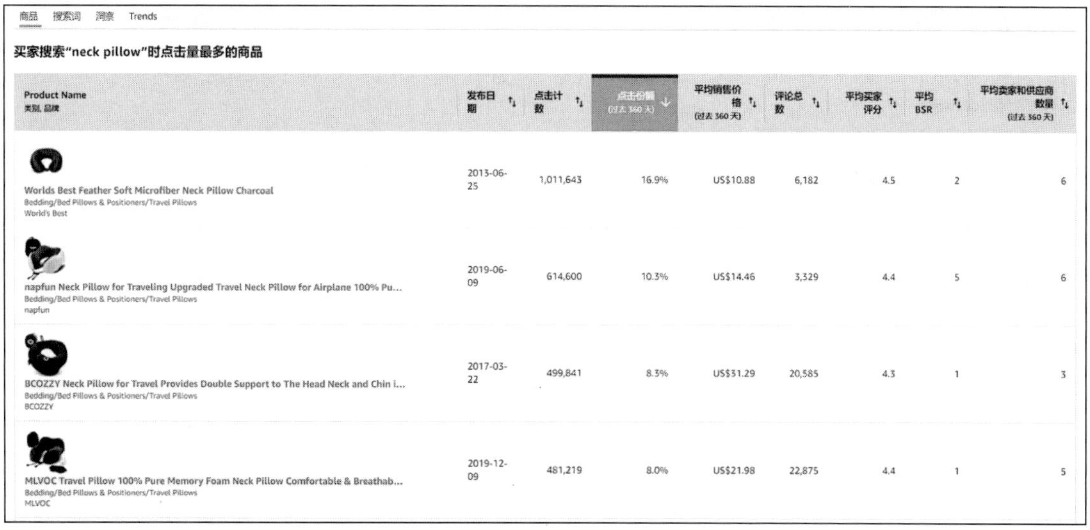

Product Name 类别, 品牌	发布日期	点击计数	点击份额（过去 360 天）	平均销售价格（过去 360 天）	评论总数	平均买家评分	平均 BSR	平均卖家和供应商数量（过去 360 天）
Worlds Best Feather Soft Microfiber Neck Pillow Charcoal Bedding/Bed Pillows & Positioners/Travel Pillows World's Best	2013-06-25	1,011,643	16.9%	US$10.88	6,182	4.5	2	6
napfun Neck Pillow for Traveling Upgraded Travel Neck Pillow for Airplane 100% Pu... Bedding/Bed Pillows & Positioners/Travel Pillows napfun	2019-06-09	614,600	10.3%	US$14.46	3,329	4.4	5	6
BCOZZY Neck Pillow for Travel Provides Double Support to The Head Neck and Chin i... Bedding/Bed Pillows & Positioners/Travel Pillows BCOZZY	2017-03-22	499,841	8.3%	US$31.29	20,585	4.3	1	3
MLVOC Travel Pillow 100% Pure Memory Foam Neck Pillow Comfortable & Breathab... Bedding/Bed Pillows & Positioners/Travel Pillows MLVOC	2019-12-09	481,219	8.0%	US$21.98	22,875	4.4	1	5

图 7–24 | neck pillow 竞品分析

（3）利用搜索词分析 neck pillow。

利用搜索词分析，我们能看到搜索量、搜索量环比增长、点击份额、搜索转化率、点击次数最多的 3 件商品，如图 7-25 所示。点击份额最多的是 neck pillow，这个词在这个细分类目下也是比较大的词，所以点击份额最多。再看搜索转化率，最好的是 neck pillows for travel，有 12.6%，其次是 travel neck pillow 和 airplane pillow。这些关键词就是我们的目标关键词，比从各种网站搜罗的海量关键词要精准得多，且这个数据对我们埋词、做广告及做精准关键词推首页是非常有帮助的，我们可以优先考虑一些转化率高的精准词。其他转化率低的词如果广告 CPC 低，也是个不错的选择。

商品　搜索词　洞察　Trends

此细分市场中的搜索词

搜索词	搜索量（过去 360 天）	搜索量增长（环比）	搜索量增长（同比）	点击份额（过去 360 天）	搜索转化率（过去 360 天）	点击次数最多的 3 件商品
neck pillow	1,143,624	+22.3%	+39.0%	28.0%	7.5%	
travel pillow	886,844	+63.9%	+94.8%	26.4%	7.8%	
neck pillows for travel	404,711	+48.7%	+2,390.1%	14.3%	12.6%	
neck pillows for pain relief sleeping	225,112	-22.8%	-14.4%	3.3%	4.9%	
airplane pillow	177,426	+67.8%	+178.3%	6.5%	11.0%	
cervical pillow	170,813	-4.2%	-16.3%	3.2%	3.9%	
cervical pillow for neck pain	125,357	+21.8%	+122.8%	1.4%	4.9%	
travel neck pillow	120,525	+61.1%	+79.8%	4.5%	12.0%	
neck pillows for sleeping	117,945	-13.6%	+201.2%	1.2%	4.2%	

图 7-25 | 利用搜索词分析 neck pillow

（4）洞察分析 neck pillow 数据。

图 7-26 展示了点击量排名前 80%的商品数据。从中可以看出，排名前 5 的商品点击份额占了接近 50%，而且从 360 天前到 90 天前再到今天（截至截图时）是在递增的，说明这个细分类目的头部卖家的地位越来越稳固，且呈现上升趋势。排名前 20 的商品点击份额占 86.4%，如果想要提高销量，商品必须挤进前 20。

商品　搜索词　洞察　Trends

关于此细分市场的见解

下表中的所有指标仅包括买家在特定细分市场中输入任意搜索词后累计获得 80% 点击量的热门商品。

		今天	90 天前	360 天前
商品（点击量排名前 80%）	商品数量	26	32	52
	使用商品推广的商品的百分比（过去 360 天）	93.94%	96.88%	94.23%
	Prime 商品的百分比（过去 360 天）	100.00%	100.00%	98.08%
	排名前 5 位的商品点击份额（过去 360 天）	47.1%	46.9%	37.0%
	排名前 20 位的商品点击份额（过去 360 天）	86.4%	85.7%	73.2%
	平均畅销书排名	9	7	110
	平均评论数	11,302	-	-

图 7-26 | 洞察分析搜索词 neck pillow

（5）Trends（趋势）。

neck pillow 这个细分市场和其他细分类目关键词（如 body pillow、boppy billow、ntodder pillow 等）可能会有包含关系。可以将其与其他细分类目的数据进行对比分析，从中发现商机，如图 7-27 所示。

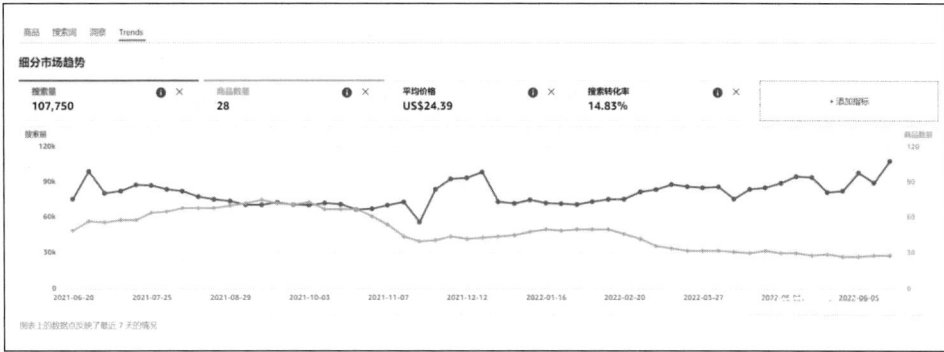

图 7-27 | neck pillow 细分市场趋势

【步骤三】利用其他工具，分析店铺运营情况

安装插件"卖家精灵"，卖家可以清晰地看到 ASIN 的所有流量词，包含竞品的流量词及该流量词的总购买量和点击率，同时能查看 ASIN 更多的关联流量。

（1）流量分析。

① 了解竞品 ASIN 的流量结构，可从"搜索流量词占比"和"关联流量占比"入手，如图 7-28 所示。

图 7-28 | 了解竞品 ASIN 的流量结构

② 了解商品在 SP 广告词、视频广告词方面的投放情况，如图 7-29 所示。

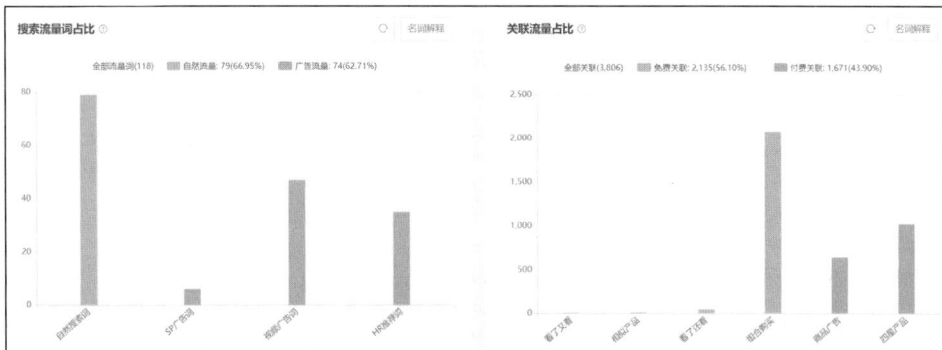

图 7-29 | 了解广告投入情况

③ 导出数据。我们可以看到竞品 ASIN 的关键词流量占比、自然排名和广告排名情况等，如图 7-30 所示。勾选需要查看的指标，导出数据。

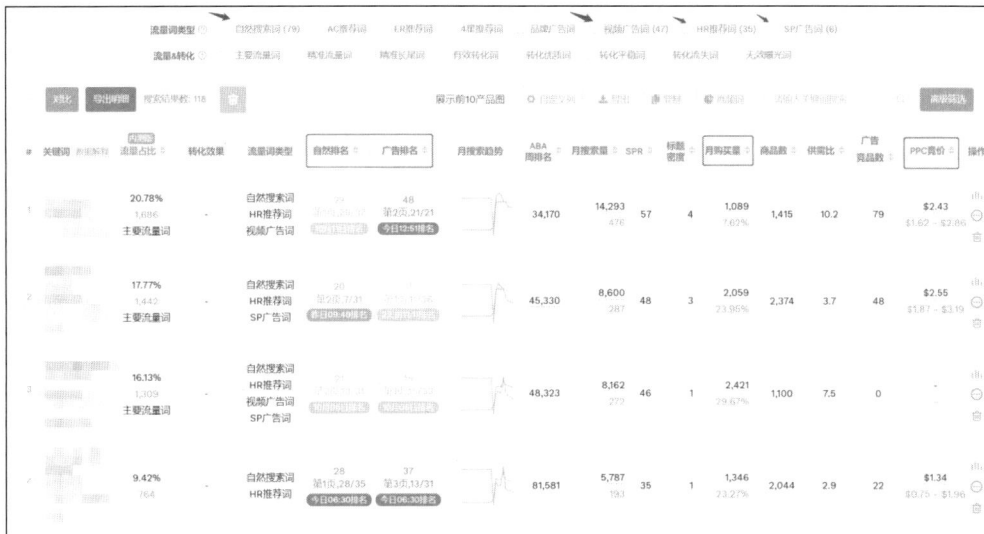

图 7-30 | 查看竞品 ASIN 的相关信息

（2）竞品分析。

我们可以查询单个 ASIN 的销量趋势等数据，如图 7-31 所示。

图 7-31 | 竞品分析

① 单击"销量趋势"选项，查看 ASIN 的月销量数据及走势（见图 7-32），以及近一个月的日销量走势，如图 7-33 所示。

图 7-32 | 查看月销量走势

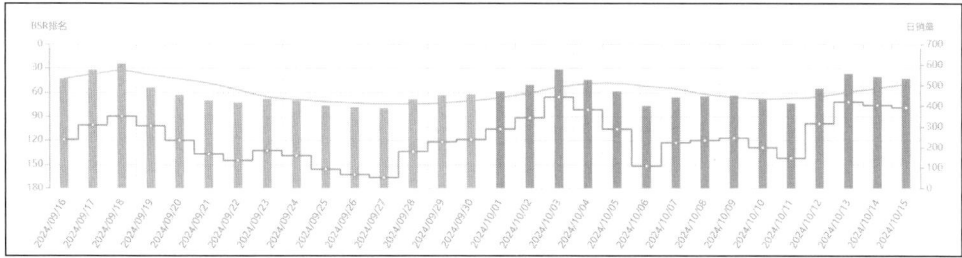

图 7-33 | 查看日销量走势

② 查看历史趋势。单击"历史趋势"选项（见图 7-34）可以查看价格、排位、评分的趋势，查看这个商品的销量是否处于上升期，有没有评分激增或者骤减，判断是否拆分、合并评论或者申请让亚马逊删除评论。

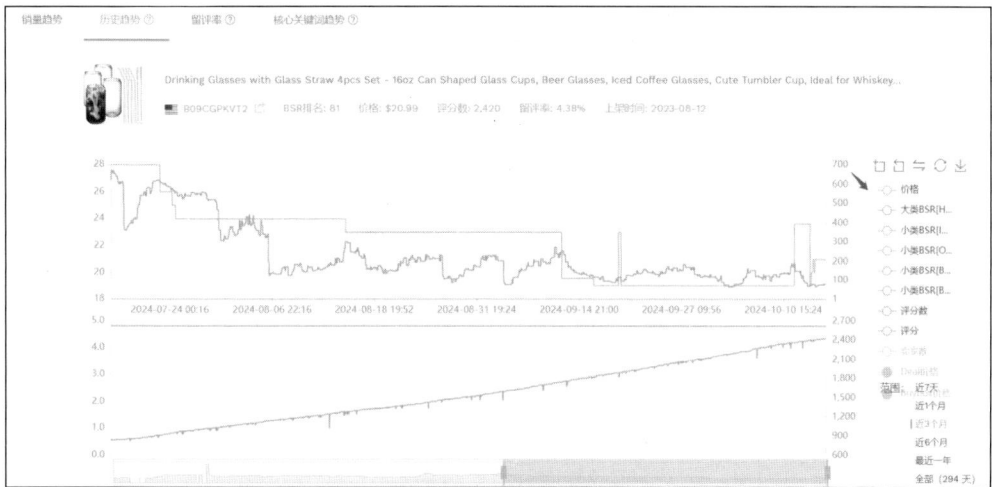

图 7-34 | 查看历史趋势

③ 查看留评率。单击"留评率"选项，可以查看留评率情况，如图 7-35 所示。

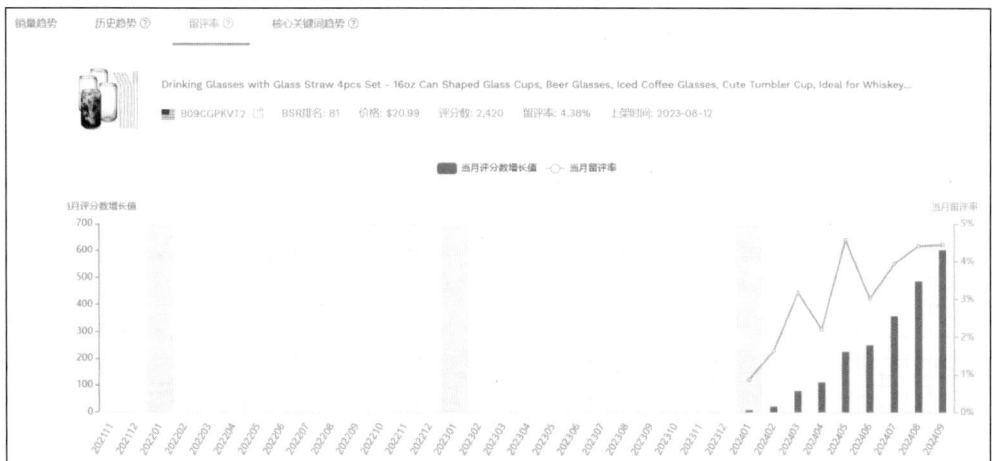

图 7-35 | 查看留评率

④ 查看核心关键词趋势。单击"核心关键词趋势"选项，可以看到 ASIN 核心关键词的搜索量趋势，如图 7-36 所示。

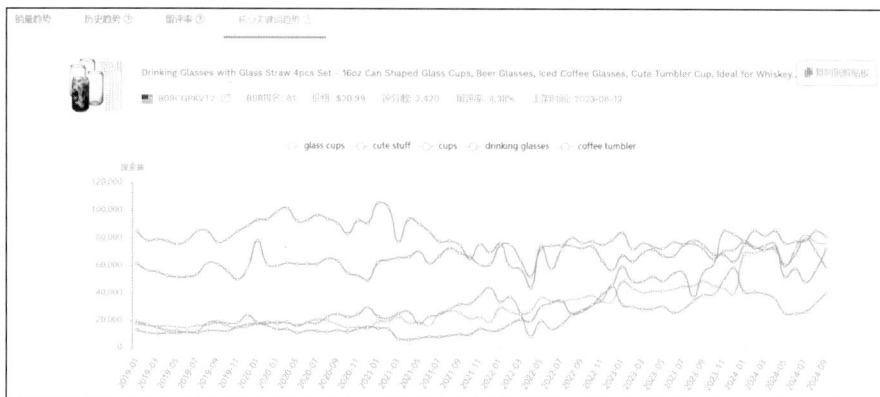

图 7-36 | 查看核心关键词趋势

（3）评论分析。

亚马逊的评论分析是针对单个 ASIN 的。在商品详情页面单击"评论分析"和"评论下载"，如图 7-37 所示，根据需要选择是否翻译标题和内容及是否只下载前 1000 条评论。

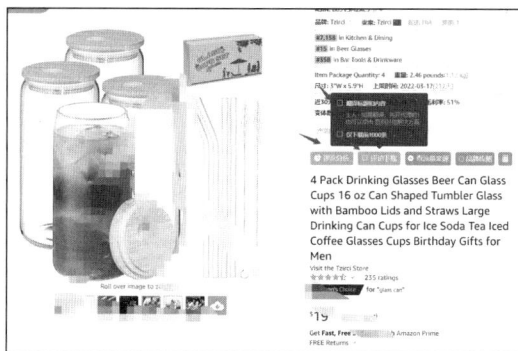

图 7-37 | 评论下载

查看评论分析中的数据，有"评论星级统计"、"评论类型统计"和"评论标签"，如图 7-38 所示。

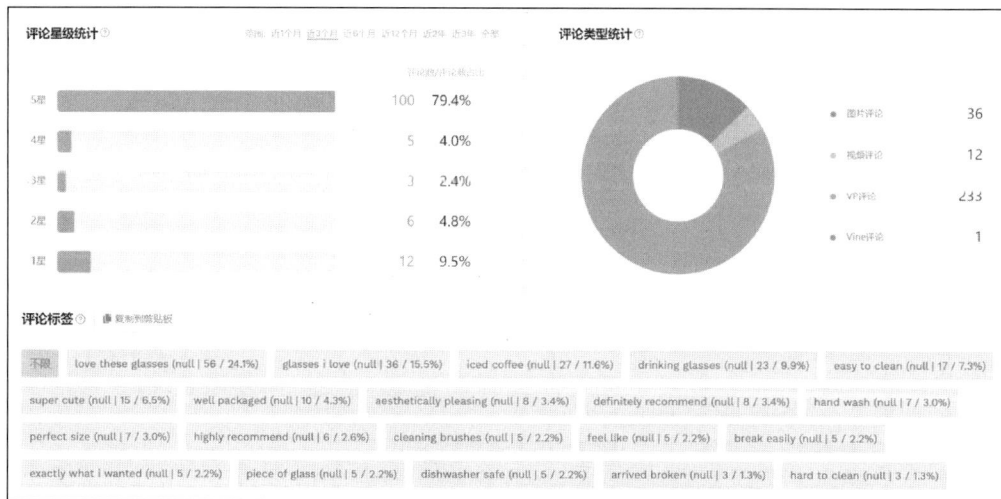

图 7-38 | 评论星级统计、评论类型统计和评论标签

工作任务二　无线端运营

知识储备 ↓

一、引入无线端流量

（一）无线端店铺的特点

无线端店铺具有场景多样化、时间碎片化，客户随时随地可以浏览，也随时可能被打断等特点，所以无线端店铺的内容需要简单快捷，方便客户快速获取信息。

无线端的竞争相对于 PC 端来说较平和，因为屏幕、流量等限制了内容的展现。客户在 PC 端可以打开多个浏览器窗口对商品进行比较，但是在无线端是无法这样操作的，而且由于流量等因素的限制，客户也不会过多浏览，竞争自然相对 PC 端更平和。

客户在无线端关注、收藏的店铺，可随时推送消息、与客户互动。当然，商家也要把握好度，避免消息推送过多打扰到客户，造成反向效果。

（二）无线端店铺的框架

无线端店铺的首页一般有自定义模块和商品推荐模块。自定义模块主要包括店招、条幅型广告、优惠券等卖家可以自定义设置的内容；商品推荐模块主要是不同的商品推荐方式，比如上新的商品、卖得好的爆款商品等。

（1）自定义模块。

自定义模块要充分发挥无线端店铺的优势，把握商品至上、图片为王的秘诀。因此，自定义模块首先要做的是考虑选择哪些商品、哪些图片用于首页；其次是文字要简洁清晰。在无线端，有一两条卖点或者促销信息，保证清晰简洁明了即可。文字的大小也要注意，英文与数字最小尺寸是 24 像素。

手机端店铺的首页通常以新品推荐和畅销商品引荐为主。条幅型广告内容通常是新品推荐、畅销商品等。

无线端做优惠券活动时，建议简单直接，不要出现让用户猜测商家活动的情况，重点信息应突出，让用户很容易知道优惠券的面额及使用门槛。

（2）商品陈列模块。

◆　商品陈列模块第一区：重点展示新品。无线端用户对上新商品和畅销商品最感兴趣。在全年的活动中，季节性营销效果最好，季节性营销强调的是应季商品。

◆　商品陈列模块第二区：以畅销商品为主，商家需要通过数据分析，将全店最受用户喜爱的商品放在首屏第一个位置。无线端的用户不仅关注爆款商品，也关注新品。

◆　商品陈列模块第三区：促销商品。促销商品吸引人的点在于它的价格，它会给用户一种"不买可惜"的感觉；当然商品品质也是保证回头客与好评率的必要条件。

◆　商品陈列模块第四区：特供商品，无线端的特供款是专门针对部分有黏性的用户设定的，比如，为老会员或者关注店铺的用户推出独有商品，这种商品是具有独特设计风格或者劲爆价格的商品。

（三）无线端流量的引入

以速卖通店铺为例，无线端流量可以分为站外流量、PC 端到无线端的流量、无线端本身的流量等。

1．站外流量

社交媒体（SNS）用户60%以上是通过无线端访问，因此商家做好SNS推广对无线端流量的引入帮助很大。

2．PC端到无线端的流量

PC端到无线端的流量主要是通过让用户通过扫码、收藏店铺和商品、加购物车等方式将其引入无线端店铺。因此，在日常工作中，商家要引导用户收藏店铺。

3．无线端自身流量

无线端自身流量可以从无线端搜索中的手机专享价和无线端营销活动中获得。

二、转化无线端流量

在跨境电商中，无线端的权重已经越来越高，无线端流量的竞争也越来越大，想要获得更多流量提升转化，就必须抢占无线端市场。

（一）无线端与PC端推广的不同

1．点击率相距甚远

一般跨境电商店铺无线端的点击率都会比PC端高好几倍，有些商品类目更是相差十几倍。

2．访客时间零碎但是总体较长

相对于PC端，无线端的顾客在线浏览时间虽然会更加零碎，但是总体时间更长。很多顾客会在闲暇时间利用移动设备逛网上商城。

3．关键词优化不同

在关键词的优化设置上，PC端和无线端并不完全相同，也许某个关键词在PC端可以获得很好的效果，而在无线端则不一定很好。跨境电商卖家必须找到无线端关键词的找词渠道，并找到适合推广的关键词。

（二）无线端商品详情页的设计思路

（1）无线端浏览的连贯性不如PC端，且顾客停留时间短，所以商品详情页必须简单直接，无线端商品详情页设计中的前3屏必须包含商品卖点和重要信息，不能有烦琐的其他关联信息。

所有商品重点信息不能超过3屏，在前3屏一定要展示完毕。

（2）遵循FAB营销法则。FAB是Feature（特性）、Advantage（优势）、Benefit（益处）的首字母缩写。商品详情页应按照FAB营销法则依次展示商品有哪些特点，这些特点给商品带来了怎样的优势，这种优势会给顾客带来什么好处。

（3）模特展示图要少而精，无线端不能像PC端一样重复很多正侧面模特图，或是各种颜色分类的模特图。PC端可以将页面做得很长，而无线端页面要做到精简、精选。

（4）商品实拍展示图要实拍细节图，并精选细节图。无线端最佳的图片像素规范为宽度为480～640像素，高度不大于960像素。当需要在图片上添加文字时，英文或数字需大于等于24像素；文字太多时，建议使用纯文本编辑。

（5）品牌背书或者公司简介可以帮助减少顾客对商品的疑虑，增加商品的可信度。

（6）商品详情页的第一屏为商品特性和优势，遵循FAB的前两项"F"和"A"；第2屏为商品细节展示，第3屏为商品属性信息和尺码说明，这两屏用商品细节及参数等信息减少顾客购买顾虑；第4～6屏为商品模特图片和实物图片，仍遵循FAB营销法则。

（三）无线端的运营技巧

1. 提高无线端流量的转化

无线端商品详情页主要包含图片、标题、描述、评价等，这些对无线端流量的转化是至关重要的。

（1）商品的主图要清晰，可使用多张图片，注意细节和控制拼图，第一时间抓住顾户眼球。

（2）商品标题要抓住顾客的关注点。

（3）引导顾客写一些正面的评价及晒单。

2. 运营粉丝做私域流量

顾客通过订阅卖家账号，获取卖家店铺和服务的信息，卖家和粉丝之间能够围绕账号产生互动。无线端粉丝运营的路径如图 7-39 所示。

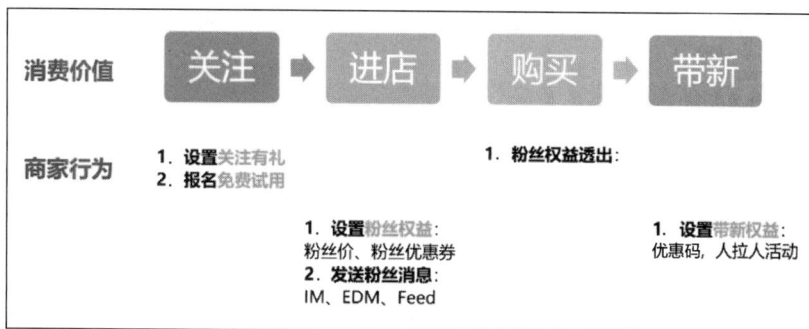

图 7-39 | 无线端粉丝运营路径

3. 增加店铺粉丝

（1）"增粉"运营。

设置关注店铺有礼活动、报名参加试用活动、店铺互动游戏、粉丝专享优惠券、买家人拉人、直播引导加关注、畅销商品"涨粉"等活动。

（2）内容"吸粉"。

首先通过顾客心智打造，引导顾客关注，比如通过店铺装修、详情页增加关注店铺的引导等内容，在快递包裹中放置关注店铺的引导图等。

其次是通过内容策划"拉粉"。可以是内容专题策划，比如固定每周二发布新品，每周三发布折扣等。

此外还可以设置活动"拉粉"。通过设置粉丝价、粉丝券、互动活动、粉丝周等活动增强粉丝的黏性。

（3）社交"涨粉"。

绑定 Facebook 等社交账号，注重站外账号运营，通过社交媒体的运营增加店铺的粉丝。

4. 利用"Q&A"（问答），提高店铺转化率

（1）无线端"Q&A"规则。

◆　未购买的顾客可以提问，但无法回答；

◆　已购买的顾客可以回答；

◆　卖家无法回复，只能查看；

◆　回答的数量越多，问题排序越靠前。

（2）"Q&A"玩法。

◆　查看顾客提的所有问题，整理"Q&A"内容，针对问题类型进行整理回复，放到详情页

里做 FAB 模块。

◆ 与老顾客形成互动，鼓励老顾客回复热门问题，并将其问题置顶。

任务实施 ↓

现在，跨境电商卖家越来越重视无线端的优化，让自己的店铺和商品页面在无线端更好地展现将有助于无线端转化率的提升。那么，如何检验优化的效果呢？我们可以在 PC 端查看速卖通店铺的商品页面在无线端的展现效果。

📖 【步骤一】打开 PC 端商品详情页地址

下载并安装 Chrome 浏览器，打开一个速卖通商品详情页的地址，如图 7-40 所示。

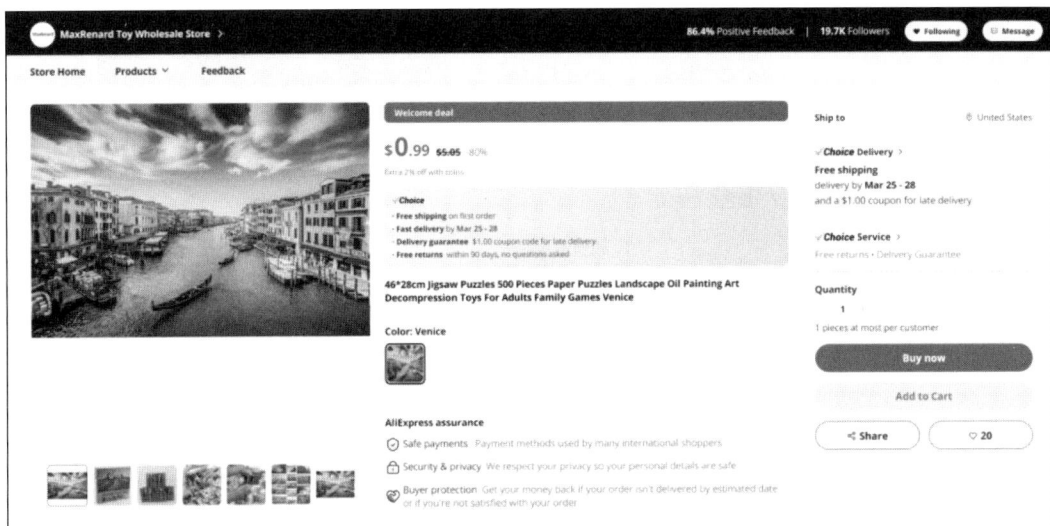

图 7-40 | 在 Chrome 浏览器打开商品详情页

📖 【步骤二】打开商品详情页代码

在商品页面单击鼠标右键，从弹出的快捷菜单中选择"检查"命令，如图 7-41 所示。

图 7-41 | 选择"检查"命令

📖 【步骤三】选择 App 显示

此时，页面上会出现一些代码，单击左上角 PC/App 展示的图标，见图 7-42 中的方框标注。

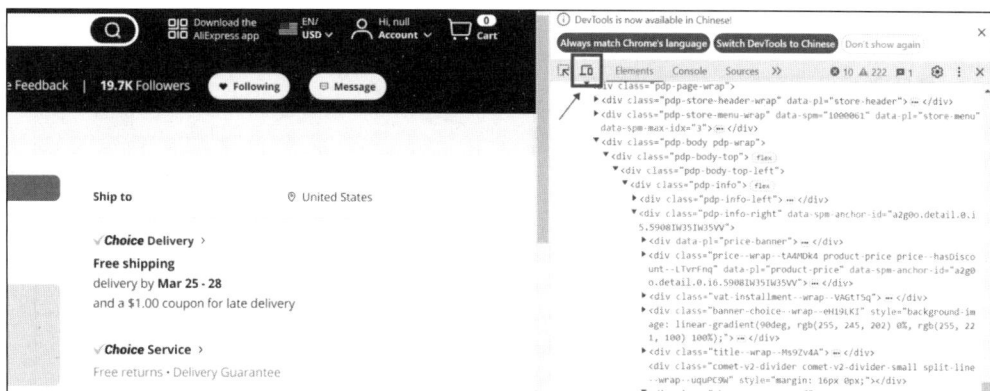

图 7-42 | 选择 PC/App 展示

📖　【步骤四】设置设备

单击右上角"设置"图标（见图 7-43 的方框标注），选择需要展示的设备型号（见图 7-44），如果选择 iPhone14 ProMax，则该页面就模拟在 iPhone14 ProMax 上展示的效果。

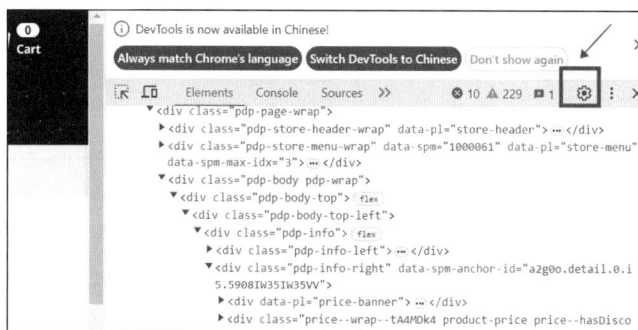

图 7-43 | 进入"设置"页面

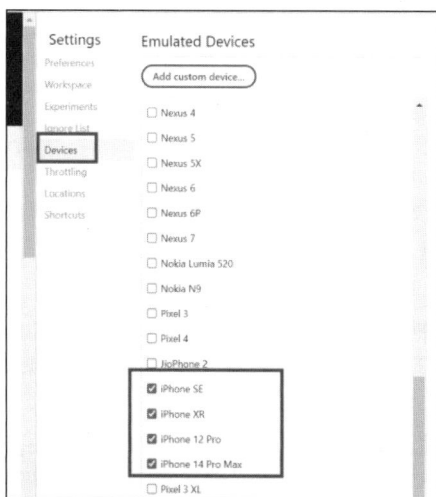

图 7-44 | 选择设备型号

📖　【步骤五】查看模拟效果

选好设备之后再刷新页面，就能查看模拟效果了（见图 7-45）。我们还可以通过鼠标操作来模拟手机的各种操作，查看具体的商品描述。

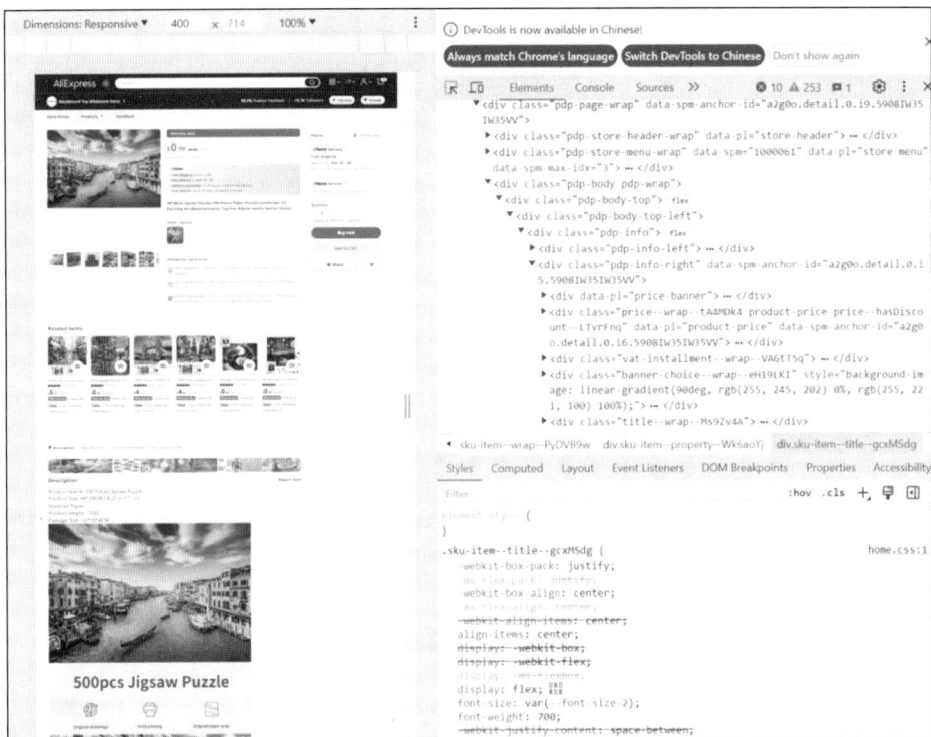

图 7-45 | 查看模拟效果

岗位素养提升 ↓

AI 技术在电商中的创新应用

随着 AI 技术的快速发展，电商行业正在经历一场深刻的数字化革命。AI 在电商领域的创新应用不仅提升了平台的运营效率，还极大地优化了用户的购物体验。以下是几个 AI 技术在电商中的创新应用方向。

1. 个性化推荐系统

个性化推荐是电商平台利用 AI 提升用户体验的关键应用。通过分析用户的历史购买数据、浏览行为、社交互动及其他行为数据，AI 能够精准预测用户的兴趣，提供量身定制的商品推荐。

- 协同过滤与深度学习结合：传统的协同过滤基于用户相似度来推荐商品，而深度学习则能够处理更复杂的非结构化数据（如图片、视频等），为用户提供更精准的推荐。例如，AI 可以分析用户浏览的商品图片，推荐视觉相似的商品。

- 多模态推荐：AI 可以通过分析用户的搜索关键词、社交媒体活动甚至语音命令，为用户提供更加全方位的个性化推荐。

- 实时动态推荐：利用实时数据分析，AI 可以即时调整推荐内容。例如，当用户在浏览某一类商品时，系统可以实时更新推荐，推送相关性更强的商品，提高购买转化率。

2. 智能客服与虚拟助手

AI 驱动的智能客服和虚拟购物助手正在取代传统的人工客服，为用户提供全天候、即时响应的服务。这些 AI 系统能够有效解答常见问题、推荐商品、处理订单问题等。

- 自然语言处理（NLP）：AI 能够理解用户通过文字或语音提交的查询，并作出智能回应。随着 NLP 技术的进步，AI 可以更好地理解复杂的用户需求，提供更加准确和个性化的服务。

- 自动化问题处理：通过 AI 系统，电商平台可以实现自动化的售后服务，例如自动处理退货请求、发货查询等，减少人工成本，同时提升服务效率。
- 虚拟购物助手：虚拟助手不仅能帮助用户找到心仪商品，还可以通过对话式交互为用户提供搭配建议、促销信息等，提升用户购物体验。

3. 智能定价与动态定价

利用 AI 技术可以实时分析市场数据、竞争对手价格、库存状况等多个因素，通过智能定价和动态定价提升商家的利润和竞争力。

- 动态定价模型：基于市场供需关系、消费者行为分析、竞争对手价格等因素，利用 AI 技术可以在不同的时间段内调整商品价格，从而实现更精准的定价策略。例如，在需求高峰期，系统自动提高价格；而在库存过剩或需求低迷时，系统自动降低价格，促使销量。
- 价格优化：AI 可以对大量历史数据进行分析，预测不同价格点对销量和利润的影响，帮助商家制定最优定价策略。

4. 库存管理与供应链优化

AI 还可以在库存管理和供应链优化中发挥重要作用，提升电商平台的运营效率。

- 需求预测：利用 AI 技术，可以基于历史销售数据、市场趋势、季节性变化，甚至天气等外部因素，预测未来的商品需求，帮助商家合理安排库存，减少库存积压和缺货现象。
- 智能仓储与物流规划：利用 AI 技术，可以优化仓库内的商品摆放、拣货效率，甚至通过机器人自动化处理订单；同时，还可以在物流过程中进行动态路线规划，减少配送时间和成本，提高整体供应链的效率。

5. 智能广告与精准营销

AI 还能够提高广告投放和营销策略的效果，帮助商家实现精准营销和客户细分。

- 广告个性化投放：通过分析用户的行为数据，AI 能够为不同用户群体投放个性化的广告，提高广告的点击率和转化率。例如，AI 可以识别出用户感兴趣的商品类别，并在其浏览过程中展示相关广告。
- 行为分析与客户细分：AI 可以将用户按照行为、购买习惯、消费能力等进行智能细分，从而为不同类型的客户制定个性化的营销策略。例如，对高价值客户提供独家优惠，而对潜力客户推出激励措施。
- 营销自动化：AI 可以在用户特定行为触发后自动执行营销任务，比如当用户将商品加入购物车但未购买时，AI 可以自动发送优惠券或提醒信息，促使用户完成购买。

6. 虚拟试衣与增强现实（AR）购物体验

AI 与增强现实（AR）技术结合，创造出了一种全新的虚拟试衣或虚拟试用体验，使得用户能够在线上体验到线下购物的感觉。

- 虚拟试衣间：AI 可以通过 AR 技术将用户的照片与虚拟衣物、配饰进行合成，展示其穿戴效果，帮助用户做出更明智的购买决策。
- 虚拟试妆与家居设计：AI 同样可以应用于化妆品和家居商品的虚拟试用，用户可以通过虚拟化妆、虚拟家居布置等方式进行尝试，减少不适合商品的购买，提升用户满意度。

7. 图像识别与视觉搜索

图像识别技术在电商中的应用使得视觉搜索成为可能，极大提升了用户的购物便捷性。

- 图像搜索：用户只需上传一张商品图片，AI 就可以识别出图片中的商品，并为用户推荐相似或相同的商品。这种技术尤其适用于服装、家具、电子商品等领域，帮助用户快速找到想要的商品。
- 自动标签与商品分类：AI 还可以通过图像识别自动为商品打上标签，并将商品进行智能分类，从而提高商品搜索效率和精确度。

8. 反欺诈与安全性提升

AI技术在反欺诈和安全性方面的应用能够帮助电商平台减少欺诈行为和提升交易的安全性。

- 行为识别与监控：AI可以分析用户的交易行为，识别异常活动，如异常支付、账号登录等，自动触发警报或采取措施，防止欺诈事件的发生。
- 智能支付验证：AI通过分析支付数据，结合生物识别技术（如人脸识别、指纹识别等），为用户提供更加安全和便捷的支付体验。

结语

AI技术正在全面革新电商行业，从提升用户体验到优化供应链管理，从精准营销到智能定价，AI为电商平台提供了巨大的发展潜力。随着技术的不断进步，未来AI在电商领域的应用将会更加广泛和深入，进一步推动电商行业向智能化、个性化和高效化发展。

技能训练 ↓

一、单项选择题

1. 商品搜索指数是用户搜索相关商品关键词热度的数据化体现，它从侧面反映了用户对商品的（　　）。

    A. 关注度和兴趣度　　B. 购买能力　　　　C. 购买频次　　　　D. 忠诚度

2. 商品交易指数越高，代表（　　）越高。

    A. 支付人数　　　　　B. 支付件数　　　　C. 支付金额　　　　D. 客单价

3. （　　）直接代表了用户的搜索意图，用于分析用户行为动机、确定推广关键词、设定登录页内容等。

    A. 品牌词　　　　　　B. 核心词　　　　　C. 长尾词　　　　　D. 搜索词

4. 某一时期内，客户总数为500人，其中80人重复购买（不考虑重复购买了几次），交易金额为35 280美元，则复购率为（　　）。

    A. 16%　　　　　　　B. 1.4%　　　　　　C. 88.2%　　　　　D. 84%

二、多项选择题

1. 商品的生命周期一般分为（　　）。

    A. 投入期　　　　　　B. 成长期　　　　　C. 饱和期　　　　　D. 衰退期

2. 商品需求分析是商品数据分析的内容之一，关于该内容下列说法正确的是（　　）。

    A. 根据研究目的，确定典型用户特征的分析内容

    B. 根据典型用户特征分析结果，收集用户对商品需求的偏好

    C. 通过整理分析需求偏好，提出商品开发的价格区间、功能卖点、商品创新、包装等建议

    D. 通过商品的不断升级和迭代，使用户形成对商品及品牌持久的黏性

三、判断题

1. 商品搜索指数的数值指的是用户实际的搜索次数。（　　）

2. 商品交易指数之间的差值不代表实际支付金额的差值，仅代表高低。（　　）

3. SKU是指商品的销售属性集合，假如一款商品有S、M、L这3个规格，则对应3个SKU。（　　）

4. 销售单价与销售额成正比，因此为了提升销售额，卖家可以尽可能地提高商品单价。（　　）

四、能力训练题

图7-46展示了速卖通店铺搜索词"500 -piece puzzle"的搜索人气趋势，图7-47展示了其搜索指数趋势。请根据两张趋势图分析这款商品的后续运营思路。

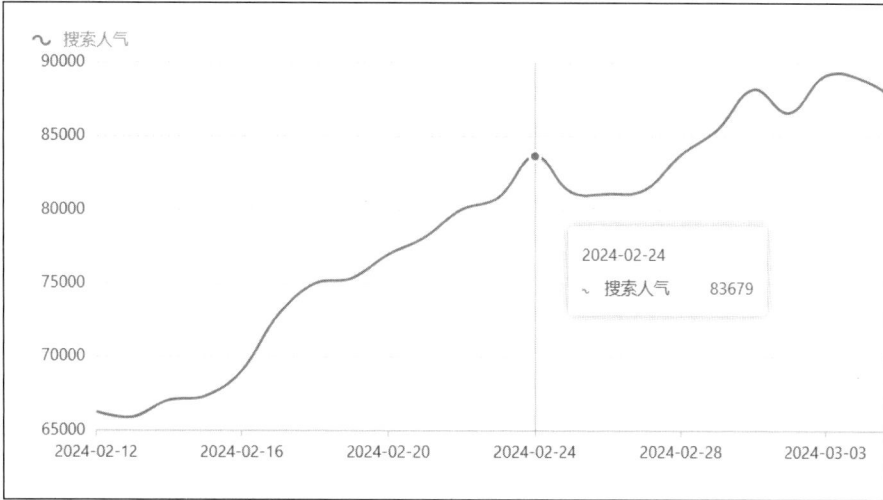

图 7-46 | 搜索词 "500 –piece puzzle" 的搜索人气趋势

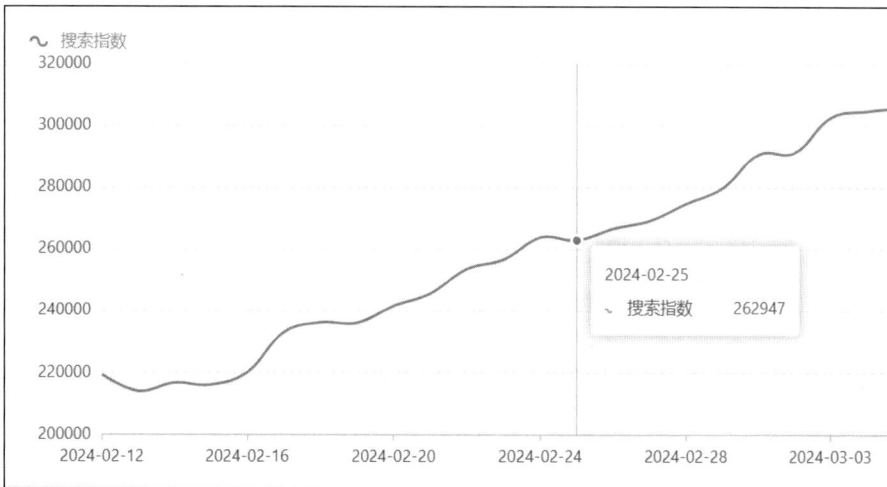

图 7-47 | 搜索词 "500 –piece puzzle" 的搜索指数趋势

模块八
店铺财务管理

学习目标

知识目标

➢ 掌握跨境电商支付账户的设置方法
➢ 掌握跨境电商店铺成本与利润的核算方法
➢ 掌握跨境电商财务体系的构建方法与途径
➢ 掌握跨境电商店铺财务监控与财务决算的方法

技能目标

➢ 能根据店铺的实际需求设置跨境电商支付账户
➢ 能根据店铺的实际情况进行成本和利润管理
➢ 能够根据店铺实际情况采取有效的成本控制措施
➢ 能根据店铺日常进行跨境电商财务数据的记录、管理与监控

素质目标

➢ 通过对跨境电商支付账户设置的学习，逐步形成风险意识和防范意识
➢ 通过对跨境电商成本与利润管理的学习，逐步养成创新思维和精益求精的精神
➢ 通过对跨境电商财务体系建设的学习，养成系统思维和整体管理意识

思维导图

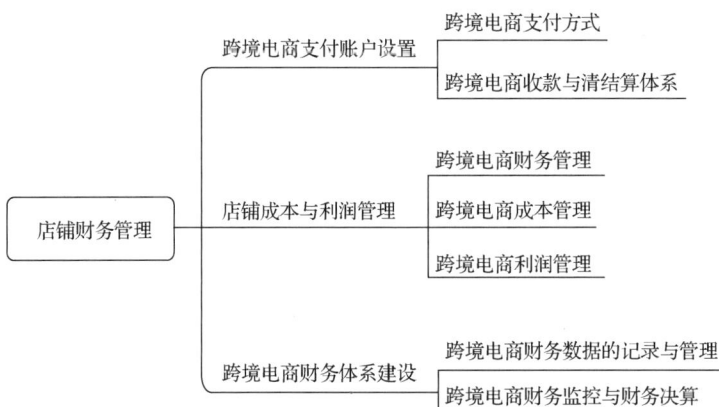

项目背景

店铺运营到一定阶段后，店铺负责人陆谦逐渐意识到财务管理的重要性，于是他从财务管理的基础职能开始了解，关注店铺的资金往来、成本费用支出、税务核算、预算等方面，以期从中发掘机会。

工作任务一　跨境电商支付账户设置

知识储备 ↓

一、跨境电商支付方式

由于关境不同、币种不同，跨境电商支付需要通过一定的结算工具和支付系统来实现不同关境间的资金流动和转换，涉及个人、企业、银行、汇款公司以及第三方支付平台等多个主体，形成了多渠道并存的支付模式。

（一）国际信用卡支付

国际信用卡支付通常指国际信用卡在线支付，目前国际信用卡支付是支付网关（Payment Gateway）对支付网关模式（类似于网银支付）。支付网关是银行金融网络系统和互联网之间的接口。境外买家在线消费时，点击购物车下订单，然后点击付款，进入支付网关界面，在线填写支付信用卡的相关信息，系统验证通过后即可付款。这种支付方式方便快捷，符合境外买家的消费习惯。常见的国际信用卡有 Visa 卡、MasterCard（万事达卡）等。

买家开通国际信用卡支付的费用主要包括开户费、年费。各大跨境电商平台和第三方支付平台都支持国际信用卡支付，其支付资金可以直接进入卖家账户，一般适用于 1000 美元以下的小额交易。

（二）PayPal 和国际支付宝支付

1. PayPal

PayPal 是目前世界上最安全的第三方支付工具之一。卖家使用 PayPal 第一次收款时需要手动接收，30 天后不接收则自动退回买家账户，后续收款直接进账，无须手动操作。PayPal 的发货地址以买家的 PayPal 地址为准。买家付款后，卖家在交易信息的"详细信息"界面可以看到买家地址，以这个地址为"唯一依据"作为发货地址。新账户收款是即时到账的，但是提现需要等待买家确认收货，如买家一直不确认，系统则在 21 天后自动确认收货。新账户在累积收款 10 笔、累积使用 60 天、累积收款 250 美元之后，收款可以即时提现，无须买家确认收货。

若卖家使用 PayPal，则要向其付费，费用包括：2.9%～3.9%的手续费、每笔 0.3 美元的银行系统占用费、每笔 0.5%的跨境费、每笔 35 美元的提现费。

2. 国际支付宝

国际支付宝（Secure Payment）是由阿里巴巴与支付宝联合开发的一种第三方支付担保服务平台。如果卖家已经拥有了国内支付宝账号，则无须再另外申请国际支付宝账户；只要卖家是全球速卖通的用户，就可以直接登录"My Alibaba"后台（中国供应商会员）或"我的速卖通"后台

（普通会员）管理自己的收款账户，绑定国内的支付宝账户即可。

卖家使用国际支付宝的费用主要包括：5%的交易手续费（须包含在商品价格中）、每笔15美元的美元提现费（人民币提现无手续费）。

（三）其他常用支付方式

除了PayPal和国际支付宝，还有一些收款方式也是跨境电商卖家经常使用的。

1. 传统银行转账和电汇

（1）Skrill。

Skrill是世界上第一家被政府官方所认可的电子银行，在欧洲非常流行。Skrill用电子邮箱地址注册账户，卖家可以直接把美元、欧元转账到境内的外币存折或卡上。账户激活方式简便，不需要绑定信用卡，仅凭有效身份证件（身份证、护照、驾照等）便可以完成认证。激活账户可以直接申请支票，如不激活，也可以正常收付款。该银行对付款方收取1%的手续费（最高0.5欧元），收款方免手续费，提现时每笔收取1.8欧元的费用。

（2）SOFORT Banking。

SOFORT Banking是欧洲的一种在线银行转账支付方式，支持德国、奥地利、比利时等16个国家或地区的银行转账支付。SOFORT Banking属于在线网银支付方式，无须注册账户，无拒付，操作流程简单，无保证金，交易费用便宜，不超过3%；2～3天到账，交易币种为欧元，交易限额为5000欧元每笔。不过，它的接入条件较为严苛，境内卖家可通过第三方PayPal、Payssion（派付通）等接入。

（3）TT。

TT（Telegraphic Transfer）即电汇，是传统的B2B支付方式，适用于较大金额的交易支付。TT手续简便，中间程序少，无起点金额限制，灵活方便，是一种使用极为广泛的结算方式。TT的费用主要包含1‰的手续费和按汇款笔数计算的电信费。由于买卖双方都要支付手续费，与其他支付方式相比，TT在费用上并不占优势。TT分为前TT（先付款后发货）和后TT（先发货后付款），在实际交易中，前TT使用较多，买家承担风险较大。

2. 境外本地支付平台

（1）QIWI Wallet。

QIWI Wallet是俄罗斯最大的第三方支付工具，其付款选项适合整个东欧和一些中亚国家及地区，它类似于中国的支付宝，支持美元、卢布、欧元、哈萨克斯坦坚戈4个币种的付款。买家可以通过QIWI Wallet支付购买商品的费用，由于QIWI Wallet拥有较完善的风险保障机制，不会发生买家撤款，因此买家使用QIWI Wallet付款的订单没有24小时的审核期限制，支付成功后卖家可立刻发货。申请QIWI Wallet账户必须使用俄罗斯的手机号码进行注册，不支持中国手机号码注册。QIWI钱包和手机号码绑定，手机号就是钱包号码，利用手机号就可以进行转账。

（2）Payoneer。

Payoneer支持全球210个国家和地区的当地银行转账；可在全球任何接受万事达卡的刷卡机（POS）刷卡；支持在线购物和ATM取当地货币；Payoneer和万事达卡组织的保护系统能确保账户的高度安全性；账户内资金以美元存放；小额转款（2～7个工作日到账）只需自己在Payoneer后台操作，单笔转账金额最低为500美元、最高为9500美元（每日转账上限），每月10次上限。但是Payoneer的收款币种目前只支持美元和欧元，且手续费较高。

此外，还有中东地区的CashU、东南亚地区的MOLPay、巴西的Boleto、印度的Paytm等各个国家或地区当地的第三方支付平台。每个国家或地区因环境、文化差异等因素，用户的支付习惯也不尽相同。这些境外本地支付在每个国家或地区都有一定的市场份额，它们不仅可以帮助当地人更好地在线购物，也逐渐被全球卖家作为跨境收款的途径和方式。由此催生了 PingPong、Payssion、汇付天下等一站式跨境收款企业，为境内卖家节省了收款成本。

3. 快汇公司和离岸账户

（1）西联汇款（Western Union）和速汇金（MoneyGram）都是卖家常用的快汇公司。使用西联汇款和速汇金，收款人无须支付费用。汇款人根据汇款金额阶梯式支付手续费，汇款金额较低时，手续费也较低。速汇金的手续费要略低于西联汇款。但是，使用西联汇款和速汇金，汇款人需到线下网点操作，相比其他线上支付方式较为不便。买家需要在发货前汇款，所以第一次交易的客户往往不会选择这种付款方式。

（2）万里汇（World First）是亚马逊官方战略合作伙伴，2010 年进入中国，提供国际电商平台收款及结汇服务，为跨境电商卖家提供美元、欧元、英镑、日元、加元和澳元收款服务。万里汇无注册手续费、年费及入账费用，为客户提供具有竞争力的汇率和 24 小时的中文客服服务。万里汇需要收取的费用主要是转账手续费，例如从美元账户转 1000 美元以下的金额，每笔手续费30 美元，转 1000 美元及以上的金额，免收手续费。

（3）离岸账户，也叫 OSA 账户，指存款人在境外开设的银行账户。离岸账户只针对公司开户，不支持个人开户。使用离岸账户收款的费用主要包括开户费和账户维护费用。

二、跨境电商收款与清结算体系

（一）跨境电商收款体系解析

1. 收单与收款

一笔出口跨境电商的支付交易完整的流程包含了下单—支付—清算—结算—收款—结汇等环节，如图 8-1 所示。

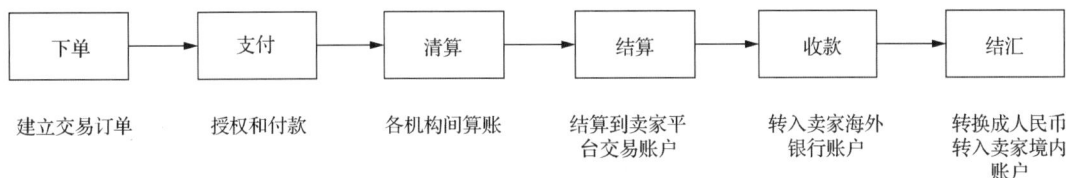

下单	支付	清算	结算	收款	结汇
建立交易订单	授权和付款	各机构间算账	结算到卖家平台交易账户	转入卖家海外银行账户	转换成人民币转入卖家境内账户

图 8-1 | 出口跨境电商支付交易环节

对于一笔出口电商交易来说，下单、支付、清算、结算就是我们所说的收单的整体流程。如果是境内商家，收单的流程结束之后，实际上钱款就已经结算到了商家的收单机构虚拟账户或者直接结算到了商家国内银行账户，这种情况下整个流程自然就结束了，因为卖家已经落袋为安了。

但是对于跨境支付来说，由于商家是在境外电商平台完成交易，这时候境外电商平台会将外币结算给商家在平台开设的虚拟账户（商家也可以绑定一个境外银行账户，亚马逊会打款到境外银行账户）。这时候对于商家来说就有一定困难：一是境内商家在境外银行开户很困难（境外银行往往要求很高），二是即使能够开设账户，钱到了境外账户后如果结汇回境内还有很多程序。如果钱没有回到境内账户，商家就无法支付境内产生的各项成本（如员工工资、供应商货款、物流成本等）。这个时候就需要跨境收款机构来帮助商家解决此类问题。所以在跨境电商交易中，收款是收单后的一个步骤。

2. 跨境收款结汇的分类

按照收付款的对象，我们可以将跨境收款的场景划分为 4 大类：B2B、B2C、C2B 和 C2C，如图 8-2 所示，其中 B 代表企业，C 代表个人。

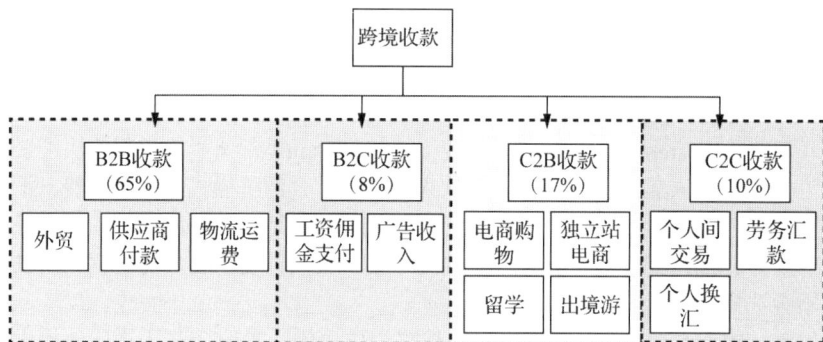

图 8-2 | 跨境收款分类

由于 B2B 仍然在跨境电商各业态中占据主导地位，所以在跨境收款领域，B2B 收款份额占比也是最大的，达到 65%。其次就是 C2B 收款，这个类目里包含了电商平台的交易收款和独立站电商收款，是电商交易收款的主力部分。此外收款还有 B2C 场景，这一类企业需要付款给个人的场景往往是工资佣金发放，比如跨境直播平台给主播发工资，或者是个人广告收入发放，比如 YouTube 给博主发放收益等场景。C2C 收款则主要是个人之间的汇款或者将境外收入汇回境内等场景。由于跨境收款服务往往是以百分比收取手续费等费用，因此，跨境收款份额占比越大，利润就越多。

电商收款按照电商平台的不同还可分为这几种类型：境外电商平台（主要是指亚马逊、eBay、TikTok、Shopee、阿里国际站等大型境外平台）、开发者平台（主要指 App Store 和 Google Play 等，虚拟商品居多）、独立站（即商家自己建的交易网站）及建站工具（即支持商家建立独立站的 SAAS 工具软件）。

商家在电商平台开店并销售商品或者服务，在平台后台绑定收款的银行账户，收款后通过支付机构收汇结汇至境内（当然也有的商家款项不回到境内）。对于一个电商平台的商家来说，实际上商家收款后结汇有 3 种选择（以亚马逊为例），如图 8-3 所示。

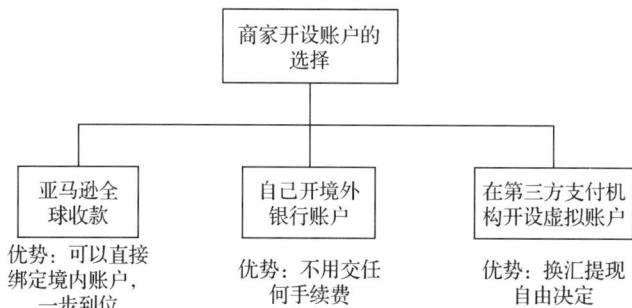

图 8-3 | 跨境电商商家收款后收结汇的 3 种选择

（1）亚马逊全球收款。

亚马逊全球收款实际上是亚马逊同境内持牌支付机构（一般有跨境人民币牌照和外汇牌照）合作为商家提供的结汇到境内的服务。它的本质也是通过第三方机构，只是亚马逊在前端进行了包装，给予了官方的权威信用保证。这种方式的优点就是流程简单，并可以将不同站点店铺的资金合并在一起提现到境内，服务开通后商家只要绑定境内账户就可以收到款项，缺点是手续费一般会比第三方支付机构高一些。

（2）自己开境外银行账户。

如果商家没有资金回到境内的需要，又有自己在境外银行开户的能力，那么这一种选择是最好的。其优势就是不用给亚马逊或者第三方支付机构缴纳手续费，缺点是能力门槛要求较高。

（3）在第三方支付机构开设虚拟账户。

商家同第三方支付机构合作，通过第三方支付机构开出境外银行的虚拟账户，然后将虚拟账户绑定在电商后台，收款后商家登录第三方支付机构提供的商家后台，自主换汇然后提现到境内银行卡，由第三方支付机构负责国际收支申报。这种方式的优势是换汇和提现的时间可以自己定，相比官方服务来说费率一般更优惠，外汇兑换更自由。

3. 第三方机构的电商收款流程

通过第三方机构进行电商收款的整体流程如图8-4所示。

注册登录 → 实名认证 → 申请开通虚拟收款账户 → 去电商平台绑定虚拟账户 → 在支付机构后台添加境内账户 → 款项入账收到后台通知 → 发起换汇和提现 → 境内账户收到款项

图 8-4 | 第三方机构的电商收款流程图

需要注意的是，有些商家还会选择将钱付给自己的供应商。这种情况下，需要额外提交供应商信息及合作的相关资料，例如合同、发票、采购协议等。

（二）跨境支付中的清结算体系

在跨境支付中，所有的资金转移行为都可以看作是支付。在这个转移过程中，买方的支付行为和卖方的结算过程是必不可少的，当涉及不同的支付工具时，就增加了清算环节。所以，一笔支付交易实际上是由支付、清算、结算3部分构成的，如图8-5所示。

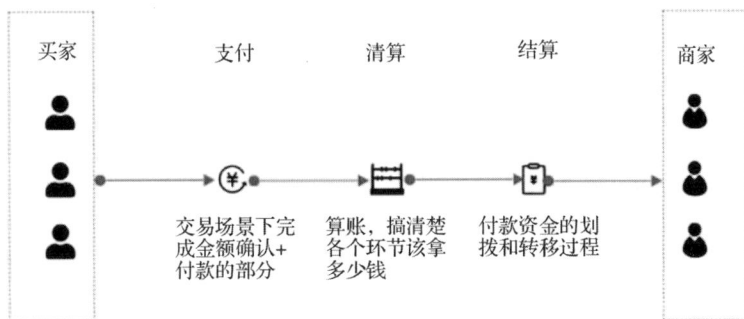

图 8-5 | 跨境电商支付的3个环节

1. 清算

从图8-5中我们可以看出，清算实际上就是一个算账的过程，是一个发生在资金转移之前的预处理过程，也是信息流中的一个处理过程。整个清算过程会逐笔对借贷、笔数、金额等进行轧差汇总，从而算清楚各方应该拿多少钱、支付多少手续费、获得多少利润等。

实际上清算体系还分为两层：机构间清算和机构对客户的清算。只要是付款和收款账户属于不同银行，一般都会涉及机构间的清算。如果涉及跨境的清算，还需要用Swift（环球银行金融电信协会）在中间行、代理行等之间进行清算指令的传递。这些清算的信息流实际上支撑了后面的资金结算动作。

2. 结算

结算是指交易账户间完成资金划拨的过程，也就是钱从一个账户到另一个账户的过程。跨行资金在转移前要有清算机构的核算确认。比如在我国，中国人民银行大小额系统完成清算轧差以后，资金在不同银行之间按照差额进行备付金账户余额调整的过程就是结算的过程。

而在跨境支付中，不同币种的账户不能互通，不能直接在境内体系中直接调整余额完成结算。

所以还会有换汇过程，资金会在多个本地结算网络中进行多次转移才能完成整个结算过程。

3. 清算、结算模式

（1）清算模式。

在跨境支付的各国（地区）清算体系中，清算模式大致可分为两类：双边清算模式和中心化清算模式。

在双边清算模式中，金融机构相互在对方机构开设清算账户，比较典型的就是境外的各种清算所。在中心化清算模式中，所有金融机构都要在央行开设清算账户，比较典型的就是中国人民银行清算总中心和银联、网联。一般来说，银联和网联主要处理有交易背景的交易，中国人民银行清算总中心主要处理非消费类的相关交易。

（2）结算模式。

结算模式也分两种：集中开户和对开账户。

集中开户就是大型的商业银行和支付机构都到中国人民银行开备付金账户，企业和个人再去商业银行开户。而对开账户则是两家金融机构相互在对方那里开结算账户。一般来说，两家银行或者支付机构只要在对方机构开有账户，就可以开展业务往来。

任务实施 ↓

在数字化时代，电子支付已经成为我们日常生活中必不可少的一部分。作为全球最大的在线支付平台之一，PayPal 的使用越来越广泛。PayPal 支持使用美元、欧元、日元、加元等 20 多种货币。它的功能类似于国内的支付宝，是一个用于交易付款的第三方平台。PayPal 在欧美普及率很高，是不少境外消费者首选的支付方式。PayPal 即时支付、及时到账的优点受到不少跨境卖家的青睐。于是，陆谦也给公司注册了 PayPal 账户。

📖 **【步骤一】打开 PayPal 官网**

打开 PayPal 的官网注册页面，如图 8-6 所示。

📖 **【步骤二】选择账户类型**

选择账户类型（见图 8-7）。该账户分为个人账户和企业账户两种类型，卖家选择企业账户。

图 8-6 | PayPal 注册页面

图 8-7 | 选择账户类型

📖 **【步骤三】设置用户信息**

填写注册邮箱等信息，如图 8-8 所示。邮箱就是以后的 PayPal 支付账号，建议使用企业邮箱或者国际性邮箱（Gmail/Outlook 等）进行注册。

📖 【步骤四】完善注册信息

完善注册信息，如图 8-9 所示。按照提示填写好地址信息后，单击"同意并创建账户"按钮即可。

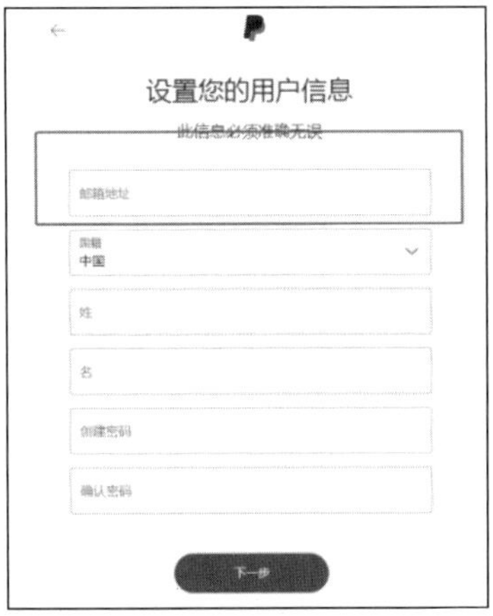

图 8-8 | 设置用户信息

图 8-9 | 完善注册信息

📖 【步骤五】选择企业类型并完善企业信息

按照公司的实际情况，选择对应的企业类型，完善企业所有的相关信息。

📖 【步骤六】完善个人信息

完善个人信息，单击"提交"按钮。确认注册信息无误后，可以单击"证明并提交"按钮。跳转到注册完成页面后，就可以选择去邮箱激活账号及设置密码。单击邮箱账号链接，激活账户。完成以上步骤，PayPal 账户就设置完成了。

工作任务二　店铺成本与利润管理

知识储备 ↓

一、跨境电商财务管理

跨境电商公司要想避免高风险、低效率的状况发生，让运营人员懂财务、财务人员懂业务是非常重要的。一个企业能做到贯穿式的业财融合和精细化财务管理，可以大大减少风险发生的可能性，提升企业的运营效益。

（一）跨境电商业务的财税问题

1. 跨境电商业务常见的财税问题

跨境电商公司从财税角度来看主要存在以下问题。

（1）业务风险。

跨境电商公司财税角度的业务风险主要就是合规问题。合规问题处理不好将会带来严重的税务风险。常见的合规问题主要表现在公司财产和股东财产分不清，往来款、各种报销、分红理不清；报关不合规，使得资金流和货物流的操作变得不合规；资金回流直接进入企业所有者私人账户；财务核算确认收入、成本、费用原则不统一；"两套账"以及长期"零申报"不合理等。

（2）业务效率。

跨境电商业务效率问题主要是指流程混乱，结果导向不明确导致效率低下。例如：公司内部的管理都是通过运营者"一事一议"来解决问题，缺乏必要的规章制度和流程规范；公司发展到一定规模后，多条业务线和多个平台混在一起运营，没有明确的业绩考核指标；运营过程中缺少有效的数据反馈，无法为经营决策提供相关信息。

（3）业务效益。

公司所有的业务行为都是为了追求效益最大化。公司出现投入、产出不对等的情况，原因可能是公司没有很好的激励措施，骨干成员没有动力继续拓展业务，甚至跳槽离开公司，直接影响公司的发展；进货、销量、库存等没有建立自动化管理，无法清晰核算成本、毛利，公司收益情况不透明；发现多个市场机会时，无法评估哪个更值得投入，以及投入多少；对政策不了解，导致错失政府补贴、税收优惠等。

2. 跨境电商业务财税问题的解决

要解决上述跨境电商业务财税问题，合规和优化至关重要。

合规和优化是为了帮助公司减少运营成本，使产出的价值覆盖投入的成本。要做到合规和优化，跨境电商公司需要做到贯穿式的业财融合和精细化的财务管理。

（1）贯穿式的业财融合。

所谓业财融合，主要包括两个方面：一是财务人员能够准确记录业务，即核算准确；二是财务反哺业务，为业务发展提供支持。

财务人员最基本的职责是正确核算业务数据，如果核算的数据有问题，那么使用财务数据做的预算、分析也都会出问题。这就需要财务人员参与到商品设计、品牌合作、市场营销、供应链协同、客户服务的业务全过程并开展财务管理工作。

◆ 对收入全过程，包括已下单、已发货、物流未妥投等不同状态形成的预收账款、应收账款、坏账的管理与跟进；

◆ 对促销活动的优惠码、折扣率的核定与转化是否有明确标准，以及季节、节日影响的因素分析；

◆ 对商品的成本、汇率、运费、耗材等因素的综合毛利率评估；

◆ 对品牌合作、市场营销和客户服务阶段的费用及成本有所统筹；

◆ 选择物流渠道时，综合评估物流时效与运费报价。

（2）精细化的财务管理。

从公司规范化和合规化管理来看，具备一定规模的公司，其财务管理必然由粗放型转为精细化运营，既严格控制成本，又满足财务风险管理前置的需求。

目前跨境电商行业出现两种常见态势：一种是公司抢占了细分赛道的市场份额，业绩大幅增长；另一种是公司已经度过快速成长阶段，进入平稳期，公司收入增长变缓，外生型成长逐渐向内生型成长转变。不论是前者还是后者，都更期望通过大量的数据来支持一些商业决策和商业判断。

因此，在业财融合的基础上，精细化的财务管理应以增加公司价值为核心，以全面预算、绩效考核、资源配置与流程优化、内控评估与风险监控为手段，保证公司有一个长期稳定的利润来源。

（二）跨境电商业财融合

跨境电商公司的财务人员须具备以下职业素养。

1. 懂项目

要能计算出项目的盈利、现金流，了解不同阶段需要的资源配置，以及可能出现的风险。

2. 懂平台

要了解平台的各种运营策略和规则限制，能规避跨境电商业务自然存在的法律风险和税务合规问题，比如亚马逊、eBay、速卖通等平台的佣金规则不同，平台自带的数据报表理解也不同，运营人员都需要了解。

3. 懂商品

要能了解商品的特性、生产工艺以及市场行情。比如商品有什么特性、是外部采购还是委托工厂加工更合理，加工过程中的先后顺序如何，市场的饱和程度如何，定价区间在哪里，等等，对于这些财务人员都要有所了解。

4. 懂会计

要掌握会计核算，比如哪个时点确认收入，如何评估收入与应收预收账款，如何根据电商的实际情况记录进销库存与成本，等等。

5. 懂分析

要建立评价分析体系，从理性的视角参与到业务全流程中。对业务人员而言，他们很容易站在自己或者所在业务单元的视角看业务发展，很少关心公司的效益，从而导致业务无序发展。但是，如果有财务人员从财务视角参与，就可以避免让公司业务无序发展。

6. 懂绩效

要知道如何设计组织绩效能最大限度地调动人员积极性。跨境电商的店铺活动、平台活动或站内推广等经常是临时性的，做完就结束，明确如何设计这些项目以更好地衡量绩效尤为重要。

二、跨境电商成本管理

在跨境电商成本费用管理中，供应链和物流两个环节的管理最为重要，其中采购支出及物流支出是成本中最主要的两项开支。

（一）供应链环节的成本管理

跨境电商供应链环节主要关注商品管理、采购订单管理和供应商管理 3 个方面。

1. 商品管理

商品管理主要是跟进采购成本和商品的重量与体积。跟踪采购成本是为了精准核算订单成本率及毛利数据，关注商品的重量及体积（即长、宽、高）是为了精准核算不同渠道的头程运费及当地派送费用。

只有精确核算采购成本才能准确算出商品毛利。为了精确核算采购成本，可以采用采购移动加权平均法来核算成本，其公式如下：

$$采购移动加权平均价 = \frac{累计入库金额 - 累计出库金额}{累计入库数量 - 累计出库数量}$$

如果公司有比较完善的 ERP 系统，采购成本数据可以很快采集。如果没有 ERP 系统，也可以使用表格计算（见图 8-10），具体方法如下。

（1）跟踪采购到货情况，登记表格；

（2）根据采购到货入库的数据，即实际数量及单价等来登记各商品不同批次的入库情况（注意要按实际入库情况进行登记）；

（3）根据物流发货记录，登记各商品的出库时间、数量；

（4）复制采购到货入库数据信息和物流发货出库信息到同一张表；

（5）按时间先后顺序、先入库后出库顺序排序，得到各商品出入库信息表；

（6）入库单价直接按采购单价计算；

（7）出库单价按采购移动加权平均法计算。

月	日	凭证	摘要	商品名	入库数量	出库数量	单价	入库总额	出库总额	数量余额	金额余额
1月	3	1	入库	商品1	500.00		1.00	500.00		500.00	500.00
1月	3	5	出库	商品1		20.00	1.00		20.00	480.00	480.00
1月	5	4	入库	商品1	500.00		1.50	750.00		980.00	1,230.00
1月	30	7	入库	商品1	100.00		1.80	180.00		1,080.00	1,410.00
1月	30	7	出库	商品1		50.00	1.31		65.28	1,030.00	1,344.72
2月	3	1	入库	商品1	100.00		1.00	100.00		1,130.00	1,444.72
2月	3	4	出库	商品1		10.00	1.28		12.79	1,120.00	1,431.94
2月	5	4	入库	商品1	100.00		1.00	100.00		1,220.00	1,531.94
2月	30	7	入库	商品1	100.00		1.00	100.00		1,320.00	1,631.94
2月	30	7	出库	商品1		50.00	1.24		61.82	1,270.00	1,570.12
3月	3	1	入库	商品1	800.00		2.00	1,600.00		2,070.00	3,170.12
3月	5	4	入库	商品1	1,000.00		1.00	1,000.00		3,070.00	4,170.12
3月	6	6	出库	商品1		20.00	1.36		27.17	3,050.00	4,142.95
3月	30	7	入库	商品1	200.00		2.00	400.00		3,250.00	4,542.95
4月	3	1	入库	商品1	100.00		1.00	100.00		3,350.00	4,642.95
4月	3	1	入库	商品1	100.00		1.00	100.00		3,450.00	4,742.95
4月	6	5	出库	商品1		50.00	1.37		68.74	3,400.00	4,674.22
4月	30	7	入库	商品1	100.00		2.00	200.00		3,500.00	4,874.22
4月	30	7	出库	商品1		20.00	1.39		27.85	4,000.00	4,000.36
总计					3,700.00	220.00	16.30	5,130.00	3,586.00	5,000.00	4,000.36

图 8-10 | 使用表格计算采购成本

2. 采购订单管理

采购订单管理可以帮助企业规范采购流程，确保采购过程合法合规。采购订单管理可以提高采购效率，减少采购成本。通过对采购订单的管理和控制，企业可以及时了解采购情况，避免采购重复、超量等问题，从而降低采购成本。通过对采购订单的管理和控制，企业可以及时了解供应商的服务质量，及时对供应商进行评估和反馈，从而提高供应商的服务质量。

采购订单管理中的财务管理有两个要点：一是审核采购单价，控制商品成本合理；二是钱货转化监控，提高资产周转率。

采购订单管理的流程包括采购订单的制定、审核、执行、跟踪和结算等环节。

（1）采购订单的生成。

在生成采购订单时，企业需要考虑采购的物品、数量、价格、交货时间等因素，并根据实际情况制订采购计划。

（2）采购订单的审核。

在审核采购订单时，企业需要对采购订单的合法性、合规性、准确性等进行审核。

采购订单审核流程为销售审核—财务审核—总经理审核—出纳付款。销售审核环节要重点审核采购商品的规格与数量。财务审核的重点在于单价审核。出纳付款环节一般采用预付款形式。

（3）采购订单的执行。

采购订单的执行是采购订单管理的核心环节。在执行采购订单时，企业需要严格按照采购计划的需求，选择合适的供应商，以合理的价格完成采购工作。

（4）采购订单的跟踪。

在跟踪采购订单时，企业需要及时了解采购情况，发现和解决采购过程中的问题，确保采购过程顺利进行。

（5）采购订单的结算。

采购订单的结算是采购订单管理的最后一步。在结算采购订单时，企业需要对采购订单的价格、数量、质量等进行核对，及时结算采购订单，规避采购过程中的资金风险。

3. 供应商管理

供应商管理包含以下流程。

（1）供应商分类。

针对具体的采购项目，跨境电商企业要对现有的供应商进行分类。首先要"摸家底"，了解供应商是否具备柔性供应的能力，即对其在交货准时率、信用等方面进行考察，将供应商分为战略型伙伴、观察对象和淘汰对象。分类的结果如果是供应商太多，则需要整合；如果是供应商太少，则需要开发新的供应商。

（2）供应商评估。

对现有的供应商进行财务分析，判断其是否具有财务能力；对供应商进行绩效分析，评估供应商的历史绩效和按时完成订单率；对供应商的质量、生产、物料管理体系进行评估，以此来判断供应商的价值和潜力。

（3）供应商选择。

在评估的基础上，选择合适的供应商。多维度考察供应商，确定是长期合作还是短期合作。与关键的供应商要建立长期的、良好的合作关系。

（4）供应商绩效管理。

对供应商的绩效管理，也就是统计、管理供应商是否能够完成 KPI 指标。其中，成本、质量、品次、供货时效等方面要通过数据来分析。

（5）供应商集成。

将优选供应商集成到商品设计研发、生产和日常运营中，以便进一步降低成本，提升效率。在商品设计未开发阶段，让关键供应商参与设计。在量产阶段，双方采用准时制（Just in Time，JIT）生产方式和供应商管理库存（Vendor Managed Inventory，VMI）模式，确保商品流、信息流和资金流畅通。

（二）物流环节的成本管理

跨境电商物流成本包括运输费用、各项税费、包装材料费用、仓储费用等。这些成本对于跨境电商卖家来说是不可避免的，但合理计算和控制这些成本对于提升卖家的利润和竞争力具有重要影响。

1. 跨境电商物流成本

（1）运输费用。

快递费用：根据商品重量、体积和目的地等，快递公司通常会提供不同的价格方案。卖家可以与快递公司协商获得更优惠的价格，或通过集中采购和洽谈合同获得批量折扣。

海运费用：海运费用通常根据货物的体积、重量和航线等进行计算。卖家可以通过与海运公司洽谈合同、优化货物包装和集装箱利用率等方式降低海运成本。

（2）各项税费。

关税：根据商品的分类、产地和申报价值等，进口国（地区）可能会征收关税。卖家可以通过了解目标市场的关税政策、使用合适的原产地证明和申报准确的货值等方式降低关税。

税费：除关税外，一些国家（地区）还对跨境电商业务征收增值税、消费税或其他税费。卖家应了解目标市场的税费政策，并咨询专业税务机构或律师以确保合规性并降低税费成本。

（3）包装材料费用。

适当选择包装材料和包装方式可以减少商品的损坏和浪费，同时降低包装材料费用。卖家可以采用轻量、环保的包装材料，并优化包装设计以减少材料使用量。

批量采购和与供应商洽谈合同可以获得更优惠的包装材料价格，这些方式也能降低相应费用。

（4）仓储费用。

仓储费用通常根据存储的货物数量、体积和存放时间计算。卖家可以选择合适的仓储方式，如自有仓库、第三方仓库或云仓库，根据实际需求灵活调整仓储容量，避免库存积压。

卖家要合理规划仓储布局和优化库存管理，以提高仓储效率和减少操作成本。

2. 控制跨境电商物流成本的措施

（1）建立供应商优化体系。

跨境电商企业要想建立一个良好的供应商优化体系，就要把供应商管理环节纳入企业战略合作的范畴。在选择管理和供应商方面，跨境电商企业要学会摒弃传统的成本管理思路，从多个维度去考虑问题，构建多维供应商管理体系。跨境电商企业可通过批量订货，积极洽谈，同时采取互利的措施督促其提升运输的质量，改进运输方案，建立长期稳定的战略合作关系来实现物流成本的控制。

（2）应用战略成本管理工具。

战略成本管理是一种更加科学与全面的思想，它的理论已经比较成熟，在竞争激烈的企业中应用尤其广泛，战略成本管理对环境、价值链等因素都进行了分析，它有效地打破了传统成本管理只分析会计数据的局限，它能在完善企业成本管理的同时强化企业的竞争优势，帮助企业突破竞争重围，更加科学有效地控制企业的物流成本，有利于企业的长期发展。

（3）与物流平台建立合作关系。

跨境电商企业可以和物流平台达成战略合作，这样有利于促进物流平台主动完善自身的基础设施，使物流平台在运输信息更新方面更加及时、全面，使运输过程也更加透明，减少丢货、货损、延误等情况，最终使得跨境电商企业的物流成本降低。同时，这种方式也使物流平台收获了稳定的客户，是能够使双方互利双赢的一种战略合作。

三、跨境电商利润管理

跨境电商企业在进行商品开发的时候，需要计算并分析利润。这里说的利润主要指的是该商品的销售利润，简单地讲，就是商品销售收入扣除生产成本（采购成本）、跨境电商平台的销售费用后的余额。

1. 合理定价

通过市场调研和竞争分析，合理定价能在确保商品具有竞争力的同时实现盈利。跨境电商企业应考虑采购成本、运输费用、关税和税率等因素，制定具有吸引力的价格，并留出足够的利润空间。

2. 采购成本控制

采购成本是影响跨境电商企业盈利的重要因素之一。与供应商的合作谈判、批量采购以及优化供应链管理能降低采购成本，提高利润率。

3. 物流成本控制

物流成本是跨境电商企业盈利模式的重要组成部分。良好的物流服务质量及合理的费用水平将为跨境电商企业带来稳定的物流服务费收入。因此，企业需要与可靠的物流伙伴合作，确保物流服务的高效运作。

企业可通过合理选择物流方式、优化仓储和配送管理来降低物流成本，提高运输效率；同时，应合理制定免运费门槛、运费折扣等，以提升客户满意度和忠诚度。

4. 汇率收益

汇率收益是指跨境电商企业由于汇率变动而获得的收益。有效管理汇率风险和灵活运用外汇工具可以提高跨境电商企业的汇率收益水平。

5. 增值服务与附加销售

除了商品销售，跨境电商企业还可以通过提供增值服务和附加销售来增加收入。例如，提供定制化服务、售后服务升级、商品包装升级等，在为客户提供良好购物体验的同时，还可以获得额外的收益。

任务实施 ↓

由于核算利润时涉及的费用项目非常多，再加上数据量大，卖家想要精准核算利润还是很困难的。

陆谦为了更好地掌握亚马逊店铺的利润情况，计划通过最简单的方法对店铺利润进行核算。

📖 **【步骤一】查看付款**

登录亚马逊卖家后台，单击"数据报告"选项，再选择"付款"选项，如图 8-11 所示。

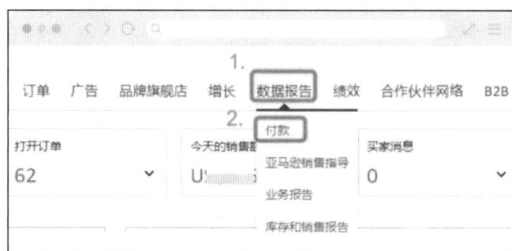

图 8-11 | 查看付款

📖 **【步骤二】生成报告**

选择"日期范围报告"设置日期，再单击"生成报告"按钮，如图 8-12 所示。

图 8-12 | 生成报告

📖 **【步骤三】选择报告类型**

如果要查看所有交易明细，就选择"交易"报告类型，再选择想要下载的报告日期范围，单击"生成"按钮即可，如图 8-13 所示。

图 8-13 | 选择报告类型

如果要查看某一月的数据汇总，就选择"汇总"报告类型，再选择想要下载的报告日期范围，单击"生成"按钮，如图 8-14 所示。系统提示生成报告之后，就可以单击"下载"按钮下载报告了，如图 8-15 所示。

图 8-14 | 查看数据汇总

图 8-15 | 下载报告

通过路径“数据报告”—“付款”—“日期范围报告”—“生成报告”—“汇总”，得到的是PDF格式的月度汇总数据。

通过路径“数据报告”—“付款”—“日期范围报告”—“生成报告”—“明细”，得到的是CSV格式的月度交易明细数据（用Excel可以打开）。

📖 【步骤四】交易明细表核对

（1）打开下载好的交易明细数据表，通过函数公式或者数据透视表，按照C列“type”和F列“description”进行归类汇总，如图8-16所示。

	A	B	C	D	E	F	G	H	I	J	K
1	Includes Amazon Marketplace, Fulfillment by Amazon (FBA), and Amazon Webstore transactions										
2	All amounts in USD, unless specified										
3	Definitions:										
4	Sales tax collected: Includes sales tax collected from buyers for product sales, shipping, and gift wrap.										
5	Selling fees: Includes variable closing fees and referral fees.										
6	Other transaction fees: Includes shipping chargebacks, shipping holdbacks, per-item fees and sales tax collection fees.										
7	Other: Includes non-order transaction amounts. For more details, see the "Type" and "Description" columns for each order ID.										
8	date/time	settleme	type	order id	sku	description	quantity	marketplac	fulfillme	order city	order sta
9	Jun 1, 2022 12:09:37		Order	884-5587496-89674 8	333NCLH5		1	amazon.com	Amazon	INDIANAPOLI	IN
10	Jun 1, 2022 12:10:06		Order	88 -605 869-4780994	CON2B5T2		1	amazon.com	Amazon	Dallas	TX
11	Jun 1, 2022 12:19:49		Order	888-9 59868- 409858	CON547T2		1	amazon.com	Amazon	MCKINNEY	TX
12	Jun 1, 2022 12:25:16		Adjustment	88 -5490850-089 888	CON2B5T2	FBA Inventor	1				
13	Jun 1, 2022 12:31:07		Order	884-9499 68-6 8688	CON2B5T2		2	amazon.com	Amazon	BRIARWOOD	NY
14	Jun 1, 2022 12:35:30		Order	889-0878400-8996978	333NCLH5		1	amazon.com	Amazon	San Jose	California
15	Jun 1, 2022 12:37:47		Adjustment	888-5969867-90 46 5	CUP-white-01	FBA Inventor	1				
16	Jun 1, 2022 12:47:01		Order	889-68 6008-8998485	333NCLH5		1	amazon.com	Amazon	SNOQUALMIE	WA
17	Jun 1, 2022 12:52:34		Order	884-8004970-5555448	CON257T1		1	amazon.com	Amazon	BRUCETON MI	WV
18	Jun 1, 2022 1:18:17		Order	884-550859 -06 8659	333NCLH5		1	amazon.com	Amazon	OLIVE BRANC	MS
19	Jun 1, 2022 1:23:28		Order	889- 4949 8-8995497	333NCLH5		1	amazon.com	Amazon	LAS VEGAS	NV
20	Jun 1, 2022 1:23:32		Order	88 -987789 -08 69 6	333NCLH5		1	amazon.com	Amazon	LAS VEGAS	NV
21	Jun 1, 2022 1:41:39		Order	88 -4559684-98 6905	CUP-colorful-01		1	amazon.com	Amazon	MILFORD	CT
22	Jun 1, 2022 1:44:43		Order	888-6 44559-5 89966	CON547T2		1	amazon.com	Amazon	GOSHEN	NY
23	Jun 1, 2022 1:48:48		Order	884-6458900-0 7089	333NCLH5		1	amazon.com	Amazon	WINTERSVILL	OH
24	Jun 1, 2022 2:19:58		Order	888-9650594-95950 8	CON777T1		1	amazon.com	Amazon	San Gabriel	CA
25	Jun 1, 2022 2:24:31		Order	88 -7907 5 -9997008	333NCLH5		1	amazon.com	Amazon	HUNTERSVILL	NC
26	Jun 1, 2022 2:26:33		Order	889-8888845-5608089	333NCLH5		1	amazon.com	Amazon	CLYDE HILL	WA
27	Jun 1, 2022 3:20:42		Order	888-995 670-80986 4	CON120T2		1	amazon.com	Amazon	Payson	AZ
28	Jun 1, 2022 3:20:42		Order	888-995 670-80986 4	CON257T1		1	amazon.com	Amazon	Payson	AZ
29	Jun 1, 2022 3:23:21		Order	88 -7774570-697 859	CUP-colorful-01		1	amazon.com	Amazon	MODESTO	CA
30	Jun 1, 2022 3:30:08		Order	888-8680459-6 0966	CON221T2		1	amazon.com	Amazon	NOVI	MI
31	Jun 1, 2022 3:35:30		Order	884- 50887-994 480	333NCLH5		1	amazon.com	Amazon	Mesa	Az
32	Jun 1, 2022 3:56:07		Order	88 -8808087-6 97008	333NCLH5		1	amazon.com	Amazon	BURKE	[illegible]
33	Jun 1, 2022 3:57:34		Order	889-97 9805-8 65056	333NCLH5		1	amazon.com	[illegible]	[illegible]	[illegible]
34	Jun 1, 2022 4:17:33 AM PST			0bc5a968-a8c9-4907-a5da-d07ab9e78 4b		Save 5% on C	10	Amazon.com	[illegible]	[illegible]	[illegible]
35	Jun 1, 2022 4:31:07		Order	88 -9867680-8459900	333NCLH5		1	amazon.com	Amazon	AURORA	CO

图8–16 | 归类汇总

（2）按照平台行为归类，统计出如图8-17所示的汇总金额。

交易明细表汇总（不含B2B）												
	产品收入	代收销售税	运费收入	代收运费税	包装收入	代收包装税	销售折扣	代收销售折扣税	市场预扣税	平台成交费	FBA处理费	其他交易费用	其他
平台行为	product sales	product sales tax	shipping credits	shipping credits tax	gift wrap credits	giftwrap credits tax	promotional rebates	promotional rebates tax	marketplace withheld tax	selling fees	fba fees	other transaction fees	other
商品销售	150,738.05	8,975.42	3,825.60	40.51	59.90	2.21	-5,775.52	-	-9,017.68	-22,107.11	-35,850.71	-	-
销售退款	-6,283.53	-379.83	-49.15	-0.82	-10.11	-0.74	260.34	-	381.37	729.55	33.13	-	13.04
销售活动折让	-	-	-	-	-	-	-	-	-	-	-	-1,117.35	-
FBA费用-仓储费	-	-	-	-	-	-	-	-	-	-	-	-	-647.63
FBA费用调整-仓内丢失补偿	-	-	-	-	-	-	-	-	-	-	-	-	15.34
FBA费用调整-仓内损坏补偿	-	-	-	-	-	-	-	-	-	-	-	-	188.48
FBA费用调整-常规事项	-	-	-	-	-	-	-	-	-	-	-	-	-43.76
FBA费用调整-进仓丢失补偿	-	-	-	-	-	-	-	-	-	-	-	-	301.34
FBA费用调整-客服事项	-	-	-	-	-	-	-	-	-	-	-	-	191.35
FBA费用调整-退货事项	-	-	-	-	-	-	-	-	-	-	-	-	1,652.14
FBA移除费-退货费	-	-	-	-	-	-	-	-	-	-	-	-	-5.85
FBA移除费-运输费	-	-	-	-	-	-	-	-	-	-	-	-	-5.29
平台服务费-广告费	-	-	-	-	-	-	-	-	-	-	-	-2,907.26	-
平台服务费-国际货运税费	-	-	-	-	-	-	-	-	-	-	-	-	-152.54
平台服务费-国际运输费	-	-	-	-	-	-	-	-	-	-	-	-	-1,161.13
平台服务费-国际运输费调整	-	-	-	-	-	-	-	-	-	-	-	-	473.07
平台服务费-秒杀费	-	-	-	-	-	-	-	-	-	-	[illegible]	[illegible]	[illegible]
平台服务费-月租费	-	-	-	-	-	-	-	-	-	-	-	-	[illegible]322.14
平台提现	-	-	-	-	-	-	-	-	-	-	-	-	[illegible]016.06
总计	144,454.52	8,595.59	3,776.45	39.69	49.79	1.47	-5,515.18	-	-8,636.31	-21,377.56	-35,817.58	-4,137.11	-55,219.64

图8–17 | 按平台行为归类汇总金额

（3）将交易明细数据表与汇总PDF文档中的收入、费用、税金等项目进行核对（如发现小额差异，可以就该问题咨询客服，建议以月结单为准（见图8-18），因为实际回款是按照明细核算的，汇总PDF文档仅作为参考）。

月结单

Display name:		US			
Legal name:					
Questions? Get Help Online					
Account activity from Feb 1, 2020 00:00 PS				All amounts in USD, unless specified	
Summaries	Can include Amazon Marketplace, Fulfillment by Amazon (FBA), and Amazon Webstore transactions				
				Totals	
Income	Net sales, credits, and refunds			145,127.27	
Expenses	Net fees, including Amazon service fees, selling fees, FBA fees, shipping, and taxes			-62,897.52	
Sales Tax	Net taxes collected on product sales and services			0.44	
Transfers	Net deposits and withdrawals			-56,016.06	
Income		**145,127.27**	**Expenses**		**-62,897.52**
	Debits	Credits		Debits	Credits
Product sales (non-FBA)	-	-	Seller fulfilled selling fees	-	
Product sale refunds (non-FBA)	-		FBA selling fees	-22,107.11	
FBA product sales		150,738.05	Selling fee refunds		900.68
FBA product sale refunds	-6,270.49		FBA transaction fees	-35,850.71	
FBA inventory credit		2,348.65	FBA transaction fee refunds		33.13
FBA liquidation proceeds		-	Other transaction fees	-	
Shipping credits		3,825.60	Other transaction fee refunds		-
Shipping credit refunds	-49.15		FBA inventory and inbound services fees	-1,499.37	
Gift wrap credits		59.90	Shipping label purchases	-	
Gift wrap credit refunds	-10.11		Shipping label refunds		-
Promotional rebates	-5,775.52		Carrier shipping label adjustments		-
Promotional rebate refunds		260.34	Service fees	-1,251.99	
A-to-z Guarantee claims	-		Refund administration fees	-171.13	
Chargebacks	-		Adjustments	-43.76	
Amazon Shipping Reimbursement		-	Cost of Advertising	-2,907.26	
SAFE-T reimbursement		-	Refund for Advertiser		-
			Liquidations brokerage fee	-	
subtotals	-12,105.27	157,232.54	subtotals	-63,831.33	933.81
Transfers		**-56,016.06**	**Sales Tax**		**0.44**
	Debits	Credits		Debits	Credits
Transfers to bank account	-56,016.06		Sales, shipping, and gift wrap tax collected	0	9,018.14
Failed transfers to bank account	-	-	Sales tax refunds	-381.39	-
Charges to credit card	-	-	Amazon Obligated Tax Withheld		-
subtotals	-56,016.06	-	subtotals	-9,017.70	9,018.14
Information in this statement does not constitute accounting, tax, legal, or other professional advice					

图 8-18 | 月结单

在汇总（见图 8-19）中，收入-费用-税金=回款。一个周期（通常为 14 天）的回款金额（可以在交易明细数据表中统计订单数量）减去商品采购成本和到库成本后，按 SKU 核算各项费用，这就是运营板块的毛利润。

月结算汇总单与交易明细表对照

月结单模块	项目	金额	对应交易明细表模块	金额	项目内容	对应会计科目	备注
Income	FBA product sales	150,738.05	order-product sales	150,738.05	销售订单-商品销售收入	主营业务收入、应收账款	直接对应
	FBA product sales refund	-6,270.49	Refund-product sales	-6,283.53	销售退款-商品销售收入		几项加总
			Refund-other	13.04	销售退款-其他费用		
	FBA inventory credit	2,348.65	Adjustments-FBA Inventory Reimbursement-Customer Return	1,652.14	FBA费用调整-退货事项	销售费用-平台费用-FBA库存管理费	FBA对卖家的赔偿，这里是正数部分的几项加总
			Adjustments-FBA Inventory Reimbursement - Customer Service Issue	191.35	FBA费用调整-客服事项		
			Adjustments-FBA Inventory Reimbursement - Damaged:Warehouse	188.48	FBA费用调整-仓内损坏补偿		
			Adjustments-FBA Inventory Reimbursement - Lost:Inbound	301.34	FBA费用调整-进仓丢失补偿		
			Adjustments-FBA Inventory Reimbursement - Lost:Warehouse	15.34	FBA费用调整-仓内丢失补偿		
	shipping credits	3,825.60	order-shipping credits	3,825.60	运费收入-商品销售	主营业务收入、应收账款	直接对应
	shipping credits refund	-49.15	Refund-shipping credits	-49.15	销售退款（运费收入）		
	gift wrap credits	59.90	order-gift wrap credits	59.90	包装收入-商品销售		
	gift wrap credits refunds	-10.11	Refund-gift wrap credits	-10.11	销售退款（包装收入）		
	Promotional rebates	-5,775.52	order-promotional rebates	-5,775.52	销售折扣		
	Promotional rebate refunds	260.34	Refund-promotional rebates	260.34	销售退款-销售折扣		
Expense	FBA selling fees	-22,107.11	order-selling fees	-22,107.11	销售订单-成交费	销售费用-平台费用-平台成交费	
	Selling fee refunds	900.68	Refund-selling fees	729.55	销售退款-成交费		退回的成交费原金额，减去收取的退货管理费（成交费不退的部分）
	Refund administration fees	-171.13					
	FBA transaction fees	-35,850.71	order-fba fees	-35,850.71	FBA处理费-商品销售	销售费用-平台费用-FBA订单处理费	直接对应
	FBA transaction fees refund	33.13	Refund-fba fees	33.13	销售退款（FBA处理费）		直接对应
	FBA inventory and inbound services fees	-1,499.37	FBA Inventory Fee-（FBA Removal Order: Disposal Fee）	-5.29	FBA费用-FBA移除费	销售费用-平台费用-FBA库存管理费	几项加总
			FBA Inventory Fee-（FBA Inventory Storage Fee）	-647.63	&FBA费用-仓储费&	销售费用-平台费用-FBA仓储费	
			FBA Inventory Fee-（FBA Removal Order: Return Fee）	-5.85	&FBA费用-FBA移除费-退货费	销售费用-平台费用-FBA库存管理费	
			Service Fee-FBA International Freight Duties and Taxes Charge	-152.54	&平台服务费-国际货运税费	销售费用-平台费用-其他平台费	
			Service Fee-FBA International Freight Shipping Charge	-1,161.13	&平台服务费-国际运输费		
			Service Fee-FBA International Freight Shipping Charge Adjustments	473.07	&平台服务费-国际货运费调整		
	Service fees	-1,251.99	Service Fee-SellerPayments_Report_Fee_Subscription	-22.14	平台服务费-月租费		
			空白-销售折扣	-1,117.35	&销售折扣	销售费用-平台费用-平台推广费	
			Lightning Deal Fee-秒杀	-112.50	平台服务费-秒杀费		
	Adjustments	-43.76	Adjustments-FBA Inventory Reimbursement - General Adjustment	-43.76	FBA费用调整-常规事项（负数部分）	销售费用-平台费用-FBA库存管理费	直接对应
	Cost of Advertising	-2,907.26	Service Fee-Cost of Advertising	-2,907.26	平台服务费-广告费	销售费用-平台费用-平台推广费	直接对应
Sales Tax	Sales,shipping,and gift wrap tax collected	9,018.14	order-product sales tax	8,975.42	订单-代收销售税&	应收账款、应交税费	几项加总
			order-shipping credits tax	40.51	&订单-代收运费税		
			order-giftwrap credits tax	2.21	&订单代收-包装税		
	Sales tax refunds	-381.39	Refund-product sales tax	-379.83	销售退款-代收销售税		几项加总-[illegible]
			Refund-shipping credits tax	-0.82	销售退款-代收运费税		
			Refund-giftwrap credits tax	-0.74	销售退款-代收包装税		
	Amazon Obligated Tax Withheld	-8,636.31	Refund-marketplace withheld tax	381.37	销售退款-市场预扣税		[illegible]
			order-marketplace withheld tax	-9,017.68	销售订单-市场预扣税		
Transfers	Transfers to bank account	-56,016.06	Transfers-other	-56,016.06	平台提现	其他货币资金、应收账款	直接对应

图 8-19 | 月结算汇总单与交易明细表对照

工作任务三　跨境电商财务体系建设

知识储备

跨境电商店铺由于订单琐碎、买家位于不同的国家或地区，很难精准核算成本和利润，但建立跨境电商财务体系可以做到很好地管理资金，精准控制成本，从而使卖家可以利用有限的资金投入形成最大的产出，促进运营效益的提升。要做到这些，卖家需要对跨境电商运营全流程进行精准的财务数据记录。

一、跨境电商财务数据的记录与管理

要做好跨境电商财务数据的记录与管理，需要厘清所售商品或提供服务的各项预算成本、费用，还要对业务的盈利水平进行合理预估，进而对业务的人力、资金、时间投入进行考量，建立对跨境电商业务全流程的财务数据监控体系，保证每项费用的支出都能精准记录，每项成本的发生都能准确统计。

（一）跨境电商财务预算

分析经营环境及企业自身情况并做好财务预算，对每个经营环节进行预测，是非常有必要的，所有制定的预算方案最终都是为了实现目标利润。

1. 预算公式

在开展跨境电商业务之前，无论是在商品开发、市场调研还是在营销方案上，跨境电商卖家都要做大量的准备工作，而销售行为的预算工作是前期准备中最重要的环节。跨境电商卖家由于其商品的多样性与买家所在国家或地区的多样性，在进行预算时容易出现失真的情况，而尽量准确地做预算是跨境电商卖家运营成功的第一步。

下面是销售预算需要用到的几个基本公式：

$$毛利润=销售额-采购成本-国际运费-平台成交费$$

$$毛利润率=毛利润÷销售额×100\%$$

$$净利润=毛利润-推广营销费用-售后服务费用与成本-行政管理费用-公司财务费用-$$
$$公司税务支出-其他费用$$

$$净利润率=净利润÷销售额×100\%$$

2. 财务预算模板

为了准确做好预算，卖家可以通过预算计划为每一个环节设立目标及分配资源。例如，计划亚马逊店铺的销售目标为 1 000 万元，那么我们需要在什么阶段开发多少款商品，配置多少资金，谁来开发，谁来销售？此时通过财务预算分析就可以明确阶段性的库存、人员、资金等规划。为此我们通过制作财务预算模板（见图 8-20），就可以一目了然。

月份	1月	2月	3月	4月	5月	6月	7月	8月	9月	10月	11月	12月	合计	占比
含税销售额	660.00	550.00	530.00	560.00	650.00	630.00	770.00	760.00	680.00	780.00	1210.00	1070.00	8760.00	100.00%
不含税销售额	581.84	488.78	468.64	495.17	554.89	591.42	674.62	678.64	611.97	691.84	1064.22	961.02	7763.04	88.62%
退款	30.90	25.10	24.70	25.90	29.10	30.50	35.50	34.50		54.50	44.50		394.20	4.50%
平台费用	162.80	133.10	130.10	136.80	153.90	162.10	188.10	156.90	159.19	185.19	291.49	244.09	2103.75	24.02%
销售成本	164.80	137.20	132.40	139.80	157.20	167.00	192.00	194.00		301.00	265.00		2181.40	24.90%
物流费用	77.00	67.50	62.50	67.00	75.50	82.50	92.50	80.50	91.00	101.00	151.50	152.50	1101.00	12.57%
运营成本	48.10	41.70	38.90	41.60	46.90	51.50	57.50	49.70	55.40	61.90	93.60	92.00	678.30	7.74%
1. 广告费	35.10	29.90	28.30	30.10	33.90	36.50	41.50	35.50	38.50	43.50	66.50	62.50	481.80	5.50%
2. 社媒关联费	9.30	8.60	7.60	8.30	9.40	10.60	11.60	10.40	12.70	13.70	20.00	22.80	144.80	1.65%
3. 其他费用	3.70	3.20	3.00	3.20	3.60	3.90	4.40	3.80	4.20	4.70	7.10	6.90	51.70	0.59%
预缴税款	78.16	61.22	61.63	64.83	75.11	78.88	95.38	71.36	86.81	88.16	145.78	108.98	997.22	11.38%
预缴税后毛利	98.24	84.18	80.04	84.07	92.29	98.32	109.02	100.04	107.88	115.24	172.13	162.93	1304.38	14.89%
毛利率	14.89%	15.31%	15.10%	15.00%	14.68%	15.39%	15.39%	15.00%						0.00%
实缴税款	23.45	18.37	18.41	19.45	22.53	23.57	28.61	21.41	20.41	26.45	43.73	32.69	299.08	3.41%
实缴税后毛利	152.95	127.04	122.99	129.45	144.87	153.04	180.00	150.00	176.96	277.17			2002.27	22.86%
（财务）毛利率	27.76%	24.20%	24.34%	24.24%	24.11%	27.34%	27.50%	27.31%	26.70%	26.92%	27.15%	26.10%	27.17%	
批量销货	3.11	2.54	2.48	2.61	2.94	3.10	3.60	3.00	3.55	5.60	4.70		40.28	0.46%
公办费用	6.00	6.00	6.00	6.00	6.00	6.00	6.00	6.00	6.00	6.00	6.00	6.00	72.00	0.82%
1. 固定费用	3.50	3.50	3.50	3.50	3.50	3.50	3.50	3.50	3.50	3.50	3.50	3.50	42.00	0.48%
2. 日常费用	2.00	2.00	2.00	2.00	2.00	2.00	2.00	2.00	2.00	2.00	2.00	2.00	24.00	0.27%
3. 其他费用	0.50	0.50	0.50	0.50	0.50	0.50	0.50	0.50	0.50	0.50	0.50	0.50	6.00	0.07%
人力成本	36.00	36.00	36.00	36.00	36.00	36.00	36.00	36.00	36.00	36.00	36.00	36.00	432.00	4.93%
1. 现有业务人力成本	28.00	28.00	28.00	28.00	28.00	28.00	28.00	28.00	28.00	28.00	28.00	28.00	336.00	3.84%
2. 项目销售人力成本	8.00	8.00	8.00	8.00	8.00	8.00	8.00	8.00	8.00	8.00	8.00	8.00	96.00	1.10%
营业外收入													0.00	0.00%
财务费用	2.00	2.00	2.00	2.00	2.00	2.00	2.00	2.00	2.00	2.00	2.00	2.00	24.00	0.27%
国内税费	1.00	1.00	1.00	1.00	1.00	1.00	1.00	1.00	1.00	1.00	1.00	1.00	12.00	0.14%
净利	104.84	79.50	75.51	81.84	96.93	50.22	60.42	52.04	59.83	66.69	121.53	113.23	962.59	10.99%
净利率	15.89%	14.45%	14.25%	14.61%	15.39%	7.50%	7.85%	8.01%	8.80%	8.55%	10.04%	10.58%	10.99%	0.00%
员工人数	42.00	42.00	42.00	45.00	45.00	45.00	45.00	45.00	45.00	45.00	45.00	45.00	531.00	
人均产值	2.50	1.89	1.80	1.82	2.15	1.12	1.34	1.16	1.33	4.48	2.70	2.52	1.81	
税款实缴差异利润	54.71	42.86	42.95	45.38	52.55	55.01	66.77	49.95	47.62	61.71	102.04	76.29		

图 8-20 | 财务预算模板

每个费用模板都会有对应的费用占比，这样卖家可以很清晰地知道哪些费用的比例失常，分析出哪个部门或人员的操作出了问题，有利于进行企业优化管理。例如，亚马逊一般商品广告费占比不超过 5%，若出现超过 5%的情况，企业就会要求营销部停止投放 ACOS（用来衡量用户在亚马逊市场的广告投放表现的关键指标，指在广告上的支出占广告销售额的比例）表现不佳的广告，相应人员分析找出原因，提高运营技巧，同时控制总预算，预防阶段性利润被侵蚀掉。又如，人员数量的规划方面，在预算人工成本占比板块，结合销售目标值、人工成本费用占比及目前人员需求，得出人工成本占企业支出的比例不超过 5%，如果超出 5%，须考虑其中的原因，是有些人员被用作人才储备了，还是人均产值没有提升，找出原因以做好人员优化；如果占比低，可以考虑扩招以复制现有运营模式或发展新业务。

可见，做好了财务预算，卖家就可以通过数据很清晰地了解店铺的盈利能力，并将目标细分到个人，即每个人都清楚自己的目标和工作职责。

3. 制作预算表格的步骤

首先要计算前阶段各项数据成本、费用占比，其次是计算公司现有资产情况，包括库存及资金情况，然后结合公司战略配合销售部门做好全年销售预算目标，最后根据预算目标与相关部门沟通，确定各项成本及费用，得出最终预算表。

（二）跨境电商商品销售的预算方法

1. 实时动态更新成本的变化情况

商品的采购成本不是一成不变的。对于生产型卖家而言，当一件商品生产得越来越多时，开发这个商品时的开模费用与边际成本（每增加一件商品所产生的新成本）会被逐渐摊平，成本越来越低；对于采购其他工厂商品的卖家而言，商品卖得越多，与供应商的议价能力会随之增强，进货价格必然也会降低。

因此，在进行预算时，卖家需要实时关注成本的变化。一方面要统计每次采购价格的调整；另一方面，当一件商品被逐渐打造成畅销商品时，要及时与供应商沟通，降低进货成本，获取更多的利润与竞争空间。

2. 关注运费的变化，使预算运费合理

由于跨境电商买家处于不同国家或地区，这造成运费成本相差很大，预算运费（商品售出前），特别是估算包邮的运费就成为难题。

为了解决这个问题，卖家在预算过程中可以采用计算"月度平均重量运费"的方法作为计算运费的标准，即通过统计上一月度某一物流方式的总运费、总重量、总件数（这 3 个数据可以从物流公司获取），经过简单处理，计算出每千克商品的平均运费值，再用这个值作为计算下一月度的运费预算的参考。

由于这种数据在短期内的稳定性及商品结构与买家所在地分布的相对固定性，因此计算"月度平均重量运费"才有其合理性。使用该方式进行运费的预算，并不能保证每笔订单的利润水平都与预算时的情况一致，但从整月的情况来看，商品在整月销售后的实际利润率一般非常接近预算值。

此外，这种运费的预估方式也要结合每月的定期回查与更新。例如卖家可以每月重新计算上个月的"月度平均重量运费"，检查是否与上个月的预算费用一致；同时将每个月新计算出来的"月度平均重量运费"更新到下个月的商品预算表格中，方便业务人员和销售人员使用。

3. 在预算过程中遵循"适当手紧"的操作原则

预算的目的是对未来的销售工作进行前景预估与风险评估，并指导店铺销售、囤货。因此，在预算阶段，为了良好地控制预估的风险，应遵循"适当手紧"的操作原则。对于一些收入相

关数据，如销售额、返点、资金回转时间等，应采取适当谨慎的态度，为可能的风险做准备；对于一些支出相关数据，如成本、各项费用，要尽量放宽估计的额度，为可能的额外支出预留空间。

4. 所有数据都要汇总到专用的商品销售利润预算表中

为方便业务人员和销售人员快速、准确地计算所有商品的成本、费用、利润情况，及时地调整营销与定价策略，可以设计一张简单的商品销售利润预算表，如图 8-21 所示。

	A	B	C	D	E	F	G	H	I	J	K	L
1	品名	SKU编码	件数	单价	订单金额	进价	成交额	重量	运费	毛利润	利润率	汇率
2	商品甲	A001	1	$11.00	$11.00	¥17.00	¥3.47	0.2	¥22.90	¥25.94	37.42%	6.3
3	商品乙	A002	1	$6.5	$6.5	¥6.50	¥2.05	0.239	¥25.81	¥6.60	16.11%	6.3
4	商品丙	A003	2	$7.5	$15.00	¥15.00	¥4.73	0.199	¥37.65	¥22.12	23.41%	6.3

图 8-21 | 商品销售利润预算表

（1）品名、SKU 编码（卖家仓储编码）、件数、单价（美元）、进价（元）、重量（kg）都属于"变量"，每次对一件新商品进行预算时都要单独填写。

（2）实际操作中，建议一周更新一次汇率，以每周固定某日的中国银行现汇买入价为准。"运费"也是稳定性变量，计算公式为：运费=件数×重量×74.5 元/kg+8 元。这个用作预算的"月度平均重量运费"（74.5 元/kg+8 元）是相对固定的，一般每月更新一次。

（3）其余几列均是使用公式自动计算的，也就是我们需要的"预算结果"，下面分别做出解释。
- ◆ 订单金额=件数×单价（即 E2=C2×D2）。
- ◆ 成交额=订单金额×手续费（5%）×汇率（即 G2=E2×0.05×L2）。
- ◆ 毛利润=订单金额×汇率-进价×件数-成交额-运费（即 J2=E2×L2-F2×C2-G2-I2）。
- ◆ 利润率=毛利润/订单金额×美元汇率［即 K2=J2/（E2×L2）］。

这样一张简单的预算表可以帮助跨境电商卖家很方便地实现以下操作：第一，销售人员在开发、维护每件商品的时候，仅需输入进价与包装后的重量，即可快速、准确地计算出商品的预算成本、费用与利润；第二，当运费折扣、汇率等重要因素发生变化时，可以借助 Excel 的公式套用功能，批量更新所有商品的成本、利润预估，从宏观上准确掌握全店铺的利润水平变化；第三，这张表格特别强调要为每件商品输入对应的 SKU 编码，这是为了在商品销售一段时间后，可以很方便地通过 Excel 的"查找功能"快速回查商品初期的定价与预算情况，在市场竞争或供应价格等外部因素发生变化的情况下，帮助卖家对商品的定价与营销策略进行调整。

另外，需要注意的是，图 8-21 中列出的这张预算表仅为基础版本，卖家可以根据自己的商品特性、个人喜好或财务工作习惯添加更多的变量。例如，某些卖家为了更好地把握全店铺的整体费用支出情况，会在预算时把"营销推广费用"或"售后退款重发总成本占销售额的比例"（即"售后服务费用与成本"）也添加到这张预算表中。这些做法都可以作为参考。

卖家可以依据跨境电商商品预算方法，结合本店铺过往的销售数据及店铺成长预期，以及商品的利润水平推算出店铺的整体盈利情况。

（三）数据记录的基本方法

跨境电商财务数据记录是构建跨境电商财务体系过程中必不可少的环节。

1. 商品采购的记录方法

商品采购的记录主要涉及两个方面的数据：一个是与商品直接相关的数据，包括商品名称、SKU、供应商名称、采购单价（每次可能有所变动）、采购数量、采购单运费等；另一个是与操作人员或部门相关的数据，包括采购仓库（具体进入卖家的哪个仓库）、采购员、采购日期与预计到达日期等。这些数据可以整理为一张比较清晰的 Excel 表格，如图 8-22 所示。

采购单号	采购单运费	采购仓库	采购员	采购日期	SKU	商品名称	采购币种	采购单价	采购数量	供应商名称	预计到达日期
P0010	¥75	本地仓库1	采购员甲	2024/3/17	WS0317R	商品1	CNY	¥13.5	20	供应商甲	2019/3/21
		本地仓库1	采购员甲	2024/3/17	WS0317B	商品2	CNY	¥22.5	100	供应商甲	2019/3/21
		本地仓库1	采购员甲	2024/3/17	WS0320W	商品3	CNY	¥5.6	30	供应商乙	2019/3/21

图 8-22 | 商品采购记录表

这些数据一方面真实地记录了每笔费用的产生，并将这些费用精准地落实到具体的商品上，如其中的"采购单运费"指为采购这批商品所支出的境内运费，可以按照商品的重量分摊到各个库存商品上；另一方面，对采购日期、预计到达日期、采购仓库等信息进行梳理，可以有效地帮助采购人员与仓库人员做好工作衔接。在实际操作过程中，许多仓库人员的工作都是靠一张张这样的商品采购记录表来进行有序安排的。

2. 物流费用的记录方法

物流费用的记录主要包括包裹号（或速卖通的订单号）、目的地、重量、运输方式、跟踪号等数据，可根据运输方式（参见其运费报价表）、重量与目的地，分别计算出每个包裹的实际运费。这些数据可以整理为一张运费记录表，如图 8-23 所示。

包裹号	收件人	目的地	重量（g）	运费	发货时间	运输方式	跟踪号
P30853098	Pelletier Dyna	CA	1000	¥75.80	2024/3/21	中邮挂号	RA128450790CN
P30782041	Marie Semple	GB	97	¥13.78	2024/3/21	中邮挂号	RA128450791CN
P30782042	fernando	ES	94	¥13.57	2024/3/22	中邮挂号	RA128450792CN
P30782043	melanle poulin	CA	402	¥35.74	2024/3/23	中邮挂号	RA128450793CN
P30782044	Sanna Hyvarinen	FI	211	¥20.70	2024/3/24	中邮挂号	RA128450794CN
P30782045	Margarete bruechner	DE	149	¥16.74	2024/3/25	中邮挂号	RA128450795CN
P30782046	margaret donald	NZ	314	¥27.30	2024/3/26	中邮挂号	RA128450796CN

图 8-23 | 运费记录表

3. 商品内部调拨的记录方法

在"发送商品到海外仓"或"商品从仓库借调到美工部门进行拍照"等情况下，商品的所有权是不会发生转移的，这时需要对这些行为设计一张"调拨单"作为财务记录，如图 8-24 所示。

调拨单号	发货仓库	收货仓库	运费	出库状态	入库状态	出库日期	入库日期	创建人	SKU	商品名称	调拨数量	已入库数量
AL0001621	青岛仓库1	德国海外仓FBA		已出库	未入库	2024/3/17		操作员1	d0317-1	商品1	20	0
AL0001621	青岛仓库1	德国海外仓FBA		已出库	未入库	2024/3/17		操作员1	d0317-2	商品2	12	0
AL0001621	青岛仓库1	德国海外仓FBA	¥520	已出库	未入库	2024/3/17		操作员1	d0317-3	商品3	25	0
AL0001621	青岛仓库1	德国海外仓FBA		已出库	未入库	2024/3/17		操作员1	d0317-4	商品4	10	0
AL0001621	青岛仓库1	德国海外仓FBA		已出库	未入库	2024/3/17		操作员1	d0317-5	商品5	20	0
AL0001621	青岛仓库1	德国海外仓FBA		已出库	未入库	2024/3/17		操作员1	d0317-6	商品6	30	0

图 8-24 | 调拨单

4. 平台费用的记录方法

平台费用主要指在跨境电商平台上进行销售所需支付给平台的开店费用、成交费用及其他费用。以速卖通为例，平台费用主要指速卖通会在交易完成后收取卖家订单成交总金额（包含商品金额和运费）的 5% 作为手续费，某些特殊类目可能会收取更高的比例。

平台费用的记录方法有两种。

第一种方法是用买家支付金额（含商品金额和运费）减去取消订单、退款等情况的金额，直接乘以 5%，由卖家自行计算并记账。退还给买家的那部分金额平台不会收取手续费。例如，一笔订单的费用为 100 美元，买卖双方达成部分退款 70 美元的协议，那么平台会针对成交的 30 美元收取交易手续费，即 30 美元×5%=1.5 美元，针对退款的金额平台不收取手续费。因此其计算公式为：

$$平台费用=（成交总金额-退款金额-取消订单金额）×5\%$$

这种由卖家自行计算的方法在快速对短期订单进行核算的时候非常方便。

第二种方法更加直接、准确，即到速卖通或类似平台的后台下载平台交易数据，从中直接提取出平台收取的手续费数据。

5. 各项杂费的记录方法

跨境电商零售业务所涉及的各项杂费，最常见的有包装材料费（包装袋、胶带、纸箱、牛皮气泡袋）、打印物料的消耗、库存正常损耗等各项无法直接划归到具体订单中的费用支出。这些费用的记录原则比较简单，就是"定期清点，每日流水记录消耗与每周（或每月）盘点相结合"。这些杂费在记录后，经过每月的定期盘点，在确认消耗属实、正常后即可用摊销的方式分摊到当月的净利润计算中。

6. 管理费用、行政费用、财务费用与税务支出的记录方法

跨境电商零售行业的管理费用、行政费用、财务费用与税费支出的记录方法与其他行业的相同。财务人员只需按照标准操作流程进行记录即可。

二、跨境电商财务监控与财务决算

如果做好财务内控，不仅可以直接帮助企业提高利润，还可以对企业的发展情况进行实时监控，做到心中有数。做好财务决算有助于判断管理过程中的决策方向，根据实际完成的经营情况做阶段性的合理调整，有利于达成团队目标和保持团队战斗力。

（一）财务监控

财务监控主要是要做好利润管理、库存管理和现金流管理 3 方面。

1. 利润管理

利润管理主要通过售价、日常利润监控表、月度利润报表、退款率进行监控。

（1）售价监控。

很多销售人员在售卖商品时经常会忽略商品的售价能否带来利润，尤其是在清库存时，会忽略掉平台派送费的计算，往往导致清库存的商品可能还存在亏损的情况。为了避免这种情况的发生，可以把商品分为 3 种类型——盈利款、盈亏平衡款、回款平衡款，使用不同的公式设置售价，确保商品售价合理。

另外，在 SKU 不多的情况下，卖家可以监控到位，但是如果 SKU 很多，就非常容易出错，通常可以借助表格每天监控售价的情况。

售价设置方法是：首先要获取测试商品的采购成本，预算头程运费，然后根据相同重量商品的当地配送方式，测算出当地的 FBA 配送费用，最后根据利润要求，结合成本、各类费用数据，测算出适合的售价。通过售价设置模板（见图 8-25），可以更方便地计算售价。

（2）日常利润监控表。

日常利润监控表（见图 8-26）是企业利润管理中最重要的表格，卖家从中可以分析出运营中的每个问题，并及时处理。

售价设置模板												
毛利目标	**30%**		**各站点配送费**					**各站点售价设置**				
MSKU	采购成本	头程运费	uk	de	fr	it	es	uk	de	fr	it	es
H30118-AW-SJ-HA	35	10	2.17	5.76	5.76	5.76	5.76	19.31	29.93	30.47	31.60	31.03
He9016-HW-K1342	40	8	2.17	5.76	5.76	5.76	5.76	20.22	30.94	31.50	32.67	32.08
He90142-ZWD	50	15	4.15	4.15	4.15	4.15	2.93	30.54	32.54	33.14	34.36	30.50
毛利目标	**0%**	**盈亏平衡**	**各站点配送费**					**各站点售价设置**				
MSKU	采购成本	头程运费	uk	de	fr	it	es	uk	de	fr	it	es
H30118-AW-SJ-HA	35	10	2.17	5.76	5.76	5.76	5.76	10.83	16.92	17.09	17.44	17.27
He9016-HW-K1342	40	8	2.17	5.76	5.76	5.76	5.76	11.34	17.49	17.67	18.03	17.85
He90142-ZWD	50	15	4.15	4.15	4.15	4.15	2.93	17.13	18.40	18.59	18.97	16.97
毛利目标			**各站点配送费**					**各站点售价设置**				
MSKU	采购成本	头程运费	uk	de	fr	it	es	uk	de	fr	it	es
H30118-AW-SJ-HA	35	10	2.17	5.76	5.76	5.76	5.76	3.18	8.34	8.43	8.60	8.52
He9016-HW-K1342	40	8	2.17	5.76	5.76	5.76	5.76	3.18	8.34	8.43	8.60	8.52
He90142-ZWD	50	15	4.15	4.15	4.15	4.15	2.93	6.07	6.01	6.07	6.20	4.33

图 8-25 | 售价设置模板

	日常利润监控表模板（一）																		
负责人	日期	SKU	账号	站点	汇率	平均售价（原币）	平均售价（RMB）	售价数量	账号业绩（原币）	账号业绩（RMB）	总佣金（原币）	单个佣金（原币）	佣金占比（%）	总处理费（原币）	单个处理费（原币）	处理费占比（%）	总广告费（RMB）	广告费占比（%）	单个广告费（RMB）
1	10月12日	XXA1	1			2069.00	117.93	1	2069	117.93	-197	-197	-10%	-360	-360	-17.40%	-409.70	-19.80%	-409.70
1	10月13日	XXA2	2			2069.00	117.93	1	2069	117.93	-197	-197	-10%	-360	-360	-17.40%	-409.70	-19.80%	-409.70
1	10月14日	XXA3	3			2069.00	117.93	1	2069	117.93	-197	-197	-10%	-360	-360	-17.40%	-409.70	-19.80%	-409.70
1	10月15日	XXA4	4			2069.00	117.93	1	2069	117.93	-197	-197	-10%	-360	-360	-17.40%	-409.70	-19.80%	-409.70
1	10月16日	XXA5	5			2069.00	117.93	1	2069	117.93	-197	-197	-10%	-360	-360	-17.40%	-409.70	-19.80%	-409.70
1	10月17日	XXA6	6			2069.00	117.93	1	2069	117.93	-197	-197	-10%	-360	-360	-17.40%	-409.70	-19.80%	-409.70

			日常利润监控表模板（二）										
周期	负责人	日期	SKU	账号	站点	采购成本（RMB）	采购成本占比（%）	运费（RMB）	上月运费占比（%）	预算比例其他费用分摊（RMB）	实际VET税费（RMB）	未来VET税费（RMB）	成本合计（RMB）	总毛利（RMB）	利润率（%）
	1	10月12日	XXA1	1		-40	-33.92%	-4.12	-3.49%	-3.54	0.00	0.00	-102.76	15.17	12.87%
	1	10月13日	XXA2	2		-40	-33.92%	-4.12	-3.49%	-3.54	0.00	0.00	-102.76	15.17	12.87%
	1	10月14日	XXA3	3		-40	-33.92%	-4.12	-3.49%	-3.54	0.00	0.00	-102.76	15.17	12.87%
	1	10月15日	XXA4	4		-40	-33.92%	-4.12	-3.49%	-3.54	0.00	0.00	-102.76	15.17	12.87%
	1	10月16日	XXA5	5		-40	-33.92%	-4.12	-3.49%	-3.54	0.00	0.00	-102.76	15.17	12.87%
	1	10月17日	XXA6	6		-40	-33.92%	-4.12	-3.49%	-3.54	0.00	0.00	-102.76	15.17	12.87%

图 8-26 | 日常利润监控表

日常利润监控表制作步骤：更新 SKU、商品成本及头程运费数据；在销售后台下载前一日交易明细数据并标注广告费用；匹配汇率及各订单成本、费用，计算出订单利润；汇总各站点订单数据，得出各站点当天销售额、毛利、毛利率数据；根据订单成本、费用占比，筛选出异常商品，再与相关部门分析原因。

（3）月度利润报表。

做好每日的利润监控后，整合成月度报表。只要每天都把数据做好，月度的经营管理数据就可以快速整理出来，然后交由管理层及时做好管理决策，提高企业的经营能力。

月度利润报表制作步骤：在销售后台下载各站点及账号月度销售报表；匹配更新后的商品成本、费用表；计算出各站点月度销售额、毛利、毛利率；汇总各站点月度报表，并计算出同、环比增长率；分析各费用占比情况，横、纵向对比增长率是否异常，并分析原因。

（4）退款率分析。

监控商品利润最容易忽略退款率的分析。退款原因的分析可以协助优化商品的研发，提高商品质量，提高复购率及转化率，同时可以降低退货及销毁带来的损失。如果卖家长期不关注退款率，会给店铺带来巨大损失。退款率分析如图 8-27 所示。

退款率分析		
平均退款率，高亮标出超出平均退款率的站点，与销售、开发、采购沟通，分析高退款率原因，减少退款，增加销售额及毛利		
站点	销售额	退款额	退款率
DE	100000	-5000	5.00%
ES	120000	-4000	3.33%
US	120000	-4000	3.33%
FR	600000	-55000	9.17%
合计	94000	-68000	7.23%

图 8-27 | 退款率分析

退款率计算步骤：根据每日利润表实时得出各 SKU 的退款率（根据各 SKU 退款数据/销售数据得出）；根据月度利润报表再次计算出准确的月度退款率（计算公式是退款额/销售额）。

2. 库存管理

库存管理问题除了积压风险，更棘手的是不及时补货导致的缺货问题，但新手卖家经常会遇到库存积压的困扰，所以对库存数据的监控要及时。这样才可以及时采取措施进行处理和调整，有效降低库存积压风险及提高库存动销比。

库存管理一般是对三大类商品进行库存分析，分别是盈利商品（重点商品）、引流商品（普通商品）、滞销商品。

（1）库存周转总表。

设置好库存周转总表（见图 8-28）可有效提高对库存商品周转天数的管理。根据商品销售情况，即可清楚商品是否需要清货或补货。可每月召开库存沟通会沟通库存问题，找出针对性方案。

◆　进：根据销售月均、日均数据，结合市场情况，制订采购计划；跟踪供应链信息，确保商品及时入库并按计划发往海外仓。

◆　销：根据日利润表动态关注商品销量。

◆　存：监控库存周转，减少滞销及避免缺货或断货；根据现有库存，预计商品数量是否可支撑接下来的销售任务或目标。

		重点商品					普通商品					滞销商品					合计				
国家	负责人	SKU数量	商品数量	库存值	周转天数	占比	SKU数量	商品数量	库存值	周转天数	占比	SKU数量	商品数量	库存值	周转天数	占比	SKU数量	商品数量	库存值	周转天数	占比
英国	X1	266	4882	251652.71	60	79.46%	21	633	29223.52	119	9.23%	74	7528	35818.01	7.7	11.31%	361	13044	316694.24	76.94	100.00%
法国	X2	319	7119	328639.66	56	67.92%	25	977	62755.17	155	12.97%	114	1939	92436.99	39.07	19.11%	458	10036	483831.81	56.62	100.00%
西班牙	X3	361	9384	444026.31	55	70.61%	33	1292	74238.81	170	11.81%	112	1942	110540.97	100.70	17.58%	506	12619	628806.09	108.10	100.00%
意大利	X4	305	8733	335440.60	40	78.47%	25	588	36656.56	137	8.58%	112	1407	55377.83	29.27	12.95%	442	10729	427474.99	81.24	100.00%
德国	X5	320	7429	371692.35	88	77.91%	29	721	34845.08	52	7.30%	88	1150	70544.82	34.84	14.79%	437	9302	477082.25	69.22	100.00%
欧洲汇总		1571	37547	1731451.63		74.19%	133	4211	237719.14		10.19%	500	13966	364718.62		15.63%	2204	55730	2333889.4		100.00%

图 8-28 | 库存周转总表

库存周转总表制作步骤：月初第一天，在销售后台下载上月各站点 FBA 库存报告；将店铺 SKU 转化为系统 SKU，汇总各仓储系统 SKU 得出的库存数据；根据 ERP 记录的销售出库数据及在库数据，通过库存周转率公式计算出各 SKU 库存周转率及周转天数；匹配各 SKU 成本，根据商品成本计算出各商品类型的在库金额及当期出入库金额；分析各商品的库存周转情况，判断是否存在缺断货及滞销情况。

（2）库存周转细表。

根据每个阶段的销售情况以及库存比例，可清楚地知道每一个 SKU 的周转天数，再根据海运或空运的不同渠道、供应商的交货周期分析商品的备货数量周期是否正常，设置"警告线"。通过库存周转细表（见图 8-29），卖家可以及时地完成对不同账号、不同站点、不同商品的库存数据监控。

库存周转细表											
系统SKU查找	是否组合SKU	6.30库存	1.31数量	成本价	判定	出库	期末	库存周转	出库金额	期末金额	商品分类
SKU1	0	0	10	21.67	0.00	0	0.00	0.00	0.00	0.00	重点商品
SKU2	0	0	10	21.00	3.50	1	2.50	77.50	21.00	52.50	重点商品
SKU3	0	0	10	21.00	8.00	3	5.00	51.67	63.00	105.00	重点商品
SKU4	0	0	10	12.00	6.00	1	5.00	155.00	12.00	60.00	重点商品

图 8-29 | 库存周转细表

库存管理中的重要公式如下。

$$库存周转率=当月销售出库成本÷当月平均库存$$

$$当月平均库存=（月初库存+月末库存）÷2$$
$$库存周转天数=当月天数÷库存周转率$$

3. 现金流管理

企业财务管理中，现金流是生命线，如果盲目地去开发或备货，忽略了现金回款及储备，那么一旦现金流断裂将直接导致企业无法经营下去。

（1）设置资金预警。

根据每日或每月的现金流账单数据，结合资金预算表，能够清楚地知道某个月或整年度是正营收还是负营收，明确每日的企业剩余资金情况，帮助企业做好规划管理。

应收账款管理：包括回到企业银行账户的资金、已提现在途的资金、在账户未能提现的资金等项目。

应付账款管理：包括物流费用货款、供应商未付月结或周结货款、每月人工成本总工资的应付金额等项目。

企业剩余资金的计算公式如下。

$$剩余资金=应收款-应付款$$

（2）防范资金风险的措施。

若发现资金在未来某个阶段有短缺风险，需要提前做好措施，如降低售价、提高回款额；与供应商或物流公司商谈账期；停止备货，减少风险投资；使用网贷、银行贷款（商通贷等）等。

（3）现金流管理模板。

现金流管理可以设计一个管理模板（见图8-30），将现金的实际情况记录下来，从而更好地监控店铺现金流的情况。现金流管理模板制作步骤：每日在销售后台下载各账户余额；出纳每日汇总各现金、银行账户余额；会计汇总各业务线当月开支（应付账款）数据（主要有采购支出、物流支出、办公支出、人力支出、税收支出等，支出最好按月列出）；根据销售情况，预估当月未来几天销售回款数据；测算当日资金余额；根据实收及实付资金填列现金流量表，计算各支出占比。

当日资金余额的计算公式如下。

$$当日资金余额=应收金额（亚马逊后台余额+未来销售回款）+现有余额（各现金、银行账户余额）-当日开支金额$$

月份	1月	2月	3月	4月	5月	6月	7月	8月	9月	10月	11月	12月	合计
月初金额	100.00	52.53	50.93	14.04	26.68	34.72	75.28	157.00	290.36	487.99			1289.53
现金流入	275.00	330.00	396.00	475.20	570.24	684.29	821.15	985.37	1182.45	1319.21			7038.91
采购支出	161.98	194.37	233.24	279.89	335.87	403.05	483.65	580.39	696.46	777.01			4145.91
1. 常规采购支出	100.00	155.11	186.13	223.35	268.03	321.63	385.96	463.15	555.78	620.06			3279.20
2. 新品开发支出	61.98	39.26	47.12	56.54	67.85	81.42	97.70	117.24	140.69	156.96			866.76
物流支出	45.00	63.60	67.64	71.99	76.70	81.79	87.30	93.26	99.71	106.69			793.68
其中: 海运	20.00	38.00	41.42	45.15	49.21	53.64	58.47	63.73	49.47	75.72			514.81
空运	15.00	15.30	15.61	15.92	16.24	16.56	16.89	17.23	17.57	17.93			164.25
陆运	10.00	10.30	10.61	10.93	11.26	11.59	11.94	12.30	12.67	13.05			114.65
运营支出	60.00	63.00	66.15	69.46	72.93	76.58	80.41	84.43	88.65	93.08			754.69
办公支出	10.00	10.00	10.00	10.00	10.00	10.00	10.00	10.00	10.00	10.00			99.30
人力支出	40.00	42.10	44.31	46.64	49.09	51.67	54.39	57.25	60.26	54.83			500.54
税收支出	5.50	8.53	11.55	14.58	17.61	20.64	23.67	26.70	29.74	30.47			188.99
净收入	-47.48	-51.60	-36.89	-17.36	8.04	40.56	81.73	133.35	197.63	247.82			555.80
月末金额	52.53	0.93	14.04	-3.32	34.72	75.28	157.00	290.36	487.99	735.81			1845.34
预计储备资金		50.00		30.00									80.00
总支出	262.48	318.60	366.74	423.10	489.27	567.15	659.01	767.60	896.17	978.30			5728.422 654
采购支出占比	61.71%	61.01%	63.60%	66.65%	68.65%	71.07%	73.39%	75.61%	77.72%	79.42%			72.37%
物流支出占比	17.14%	19.96%	18.44%	17.02%	15.68%	14.42%	13.25%	12.15%	11.13%	10.91%			13.86%
办公支出占比	3.81%	3.14%	2.73%	2.36%	2.04%	1.76%	1.52%	1.30%	1.12%	1.02%			1.73%
人力支出占比	15.24%	13.21%	12.08%	11.02%	10.03%	9.11%	8.25%	7.46%	6.72%	5.60%			8.74%
税收支出占比	2.10%	2.68%	3.15%	3.45%	3.60%	3.64%	3.59%	3.48%	3.32%	3.11%			3.30%

图 8-30 | 现金流管理模板

（二）财务决算

在企业经营管理中，财务体系分为财务预算、财务经营管理和财务决算。财务决算是对跨境电商店铺做阶段性分析总结。

1. 店铺费用预决算模板的制作

店铺费用预决算可以通过制作一个分析表（见图8-31），把每个月的销售额、退货金额、平台费用、销售成本、物流费用、运营成本、预缴税款等数据记录下来并及时进行分析，这样可以实时掌握店铺的盈利情况。

费用预决算及占比分析表 Part1

亚马逊

月份	预算数据				决算数据					
	1月	2月	合计	占比	1月	2月	当月是否超预算	累计完成	累计完成率	费用率
含税销售额	660	550	8760	100.00%	660	480	-70	2860	32.65%	100.00%
不含税销售额	581.84	488.78	7763.04	88.62%	581.84	488	-0.78	2588.53	33.34%	90.51%
退货	30.9	25.1	394.2	4.50%	30.9	28	2.9	138.6	35.16%	4.85%
平台费用	162.8	133.1	2103.75	24.02%	162.8	140	6.9	723.59	34.40%	25.30%
销售成本	164.8	137.2	2181.4	24.90%	164.8	130	-7.2	724.2	33.20%	25.32%
物流费用	77	67.5	1101	12.57%	77	60	-7.5	342	31.06%	11.96%
运营成本	48.1	41.7	678.3	7.74%	48.1	45	3.3	220.5	32.51%	7.71%
1. 广告费	35.1	29.9	481.8	5.50%	35.1	29.9	0	157.3	32.65%	5.50%
2. 社媒关联费	9.3	8.6	144.8	1.65%	9.3	8.6	0	43.2	29.83%	1.51%
3. 其他费用	3.7	3.2	51.7	0.59%	3.7	3.2	0	16.7	32.30%	0.58%
预缴税款	78.16	61.22	996.96	11.38%	78.16	55	-6.22	334.47	33.55%	11.69%
预缴税后毛利	98.24	84.18	1304.39	14.89%	98.24	84.18	0	438.82	33.64%	15.34%
毛利率	14.89%	15.31%		0.00%	14.89%	15.31%	0	75.00%		0.03%
实缴税款	23.45	18.37	299.09	3.41%	23.45	18.37	0	102.21	34.17%	3.57%
实缴税后毛利	152.95	127.04	2002.26	22.86%	152.95	127.04	0	677.31	33.83%	23.68%
（财务）毛利率	27.76%	24.20%	27.17%		27.76%	24.20%	0.00%	124.65%		0.04%

费用预决算及占比分析表 Part2

亚马逊

月份	预算数据				决算数据					
	1月	2月	合计	占比	1月	2月	当月是否超预算	累计完成	累计完成率	费用率
办公费用	6	6	72	0.82%	6	6	0	30	41.67%	1.05%
1. 固定费用	3.5	3.5	42	0.48%	3.5	3.5	0	17.5	41.67%	0.61%
2. 日常费用	2	2	24	0.27%	2	2	0	10	41.67%	0.35%
3. 其他费用	0.5	0.5	6	0.07%	0.5	0.5	0	2.5	41.67%	0.09%
人力成本	36	36	432	4.93%	36	36	0	180	41.67%	6.29%
1. 现有业务人力成本	28	28	336	3.84%	28	28	0	140	41.67%	4.90%
2. 项目储备人力成本	8	8	96	1.10%	8	8	0	40	41.67%	1.40%
营业外收入			0	0.00%			0	0		0.00%
财务费用	2	2	24	0.27%	2	2	0	10	41.67%	0.35%
国内税费	1	1	12	0.14%	1	1	0	5.	41.67%	0.17%
净利润	104.84	79.5	962.59	10.99%	104.84	79.5	0	438.63	45.57%	15.34%
净利率	15.89%	14.45%	10.99%	0.00%	15.89%	14.45%	0.00%	74.59%		0.03%
员工人数	42	42	531		42	42	0	216	40.68	7.55
人均产值	2.5	1.89	1.81		2.5	1.89	0			0.00%
税收实缴差异利润	54.71	42.86			54.71	42.86	0	238.48		8.34%

图 8-31 | 费用预决算模板

2. 店铺汇总报告表

在完成了店铺日常报表、月度报表和预决算报表的制作后，还需要将当月的数据做一个汇总，以便计算出店铺当月的净利润及利润率，分析各成本、费用的占比，以便更好地优化店铺的管理。

汇总报告表的制作步骤：做好月度销售报表，得出销售额、毛利润、利润率；将匹配的成本及费用数据填列进汇总报告里；根据当月发生的费用数据，填列各管理费用及财务费用；各销售额、成本、费用（营、管、财费用）填列完后，计算出当月净利润及净利润率；分析各成本、费用占比（同、环比分析及预决算分析）。

任务实施 ↓

网店与实体店一样，都面临着压货的风险，一旦库存积压太多，就会导致卖家资金流动不畅。再者，库存积压太多，商品就可能会面临贬值，这又是一笔损失。卖家需要补货时如果补了市场需求少的款式，从而造成库存积压，这还是一笔损失。所以，为减少损失，合理分配和控制库存是一项必不可少的措施。

陆谦正是意识到了这个问题的重要性，因此养成习惯在每个月末收集、整理库存数据，为后期的预测分析做好准备。因为店铺的商品主要是拼图，但拼图是无生命周期的商品，所以不需要着重关注哪个时间段卖得多、哪个时间段卖得少，只需要关注商品每个月的销量，以便及时补货。

📖 **【步骤一】查看库存数据**

进入速卖通跨境卖家中心，单击"商品"—"商品管理"选项，在该页面可以看到店铺中各种商品的库存数据，如图 8-32 所示。

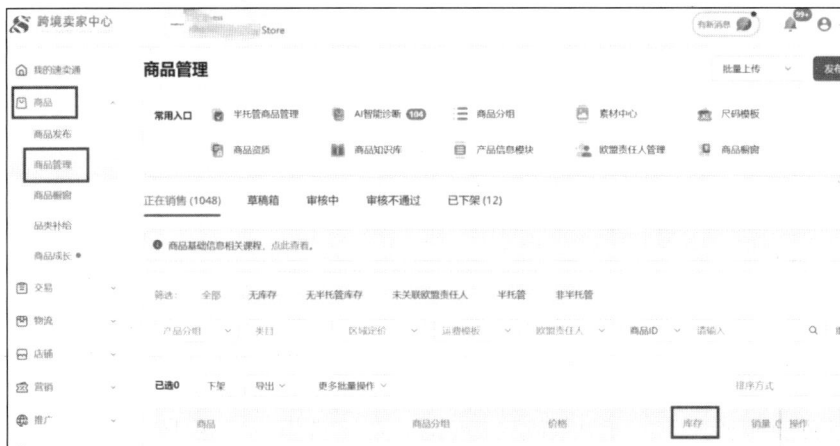

图 8-32 | 查看库存数据

📖 **【步骤二】收集并整理数据**

将所需的数据收集到 Excel 工作表中（见图 8-33），然后在图 8-34 所示的 C 列中计算销售量。由于 1 月只有月末的库存量，所以无法得到其销售量，在此可以省略。在 C2 单元格中输入公式"=B2-B3"，按下"Enter"键，然后向下复制公式，即可得到各月的销售量。

	A	B
1	日期	库存量
2	2023年1月	652
3	2023年2月	589
4	2023年3月	524
5	2023年4月	458
6	2023年5月	400
7	2023年6月	337
8	2023年7月	278
9	2023年8月	214
10	2023年9月	155
11	2023年10月	102
12	2023年11月	67
13	2023年12月	6

图 8-33 | 收集数据

	A	B	C
1	日期	库存量	销售量
2	2023年1月	652	
3	2023年2月	589	63
4	2023年3月	524	65
5	2023年4月	458	66
6	2023年5月	400	58
7	2023年6月	337	63
8	2023年7月	278	59
9	2023年8月	214	64
10	2023年9月	155	59
11	2023年10月	102	53
12	2023年11月	67	35
13	2023年12月	6	61
14			
15			

图 8-34 | 计算销售量

📖 **【步骤三】转到"加载项"对话框**

单击工作表中的"自定义快速访问工具栏"按钮，在展开的列表中单击"其他命令"选项（见图 8-35），弹出"Excel 选项"对话框。选择"加载项"，在该面板中单击"转到"按钮，如图 8-36所示。

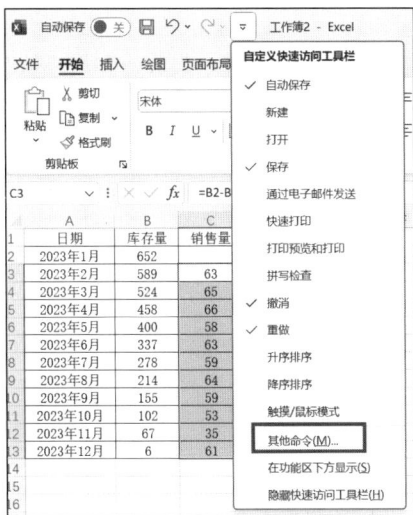

图 8-35 | 单击"其他命令"选项

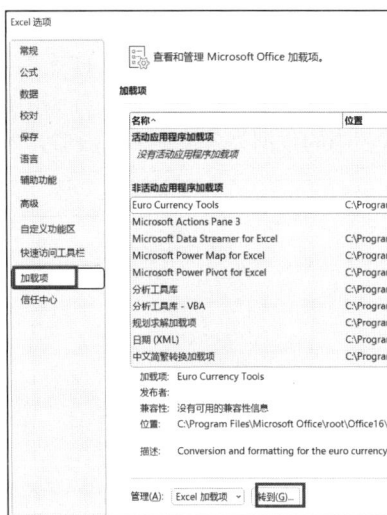

图 8-36 | "加载项"对话框

📖 【步骤四】添加分析工具库

弹出"加载项"对话框，勾选"分析工具库"复选框，然后单击"确定"按钮，如图 8-37 所示。返回工作表，切换至"数据"选项卡，可在"分析"组中看到"数据分析"工具，单击"数据分析"按钮，如图 8-38 所示。

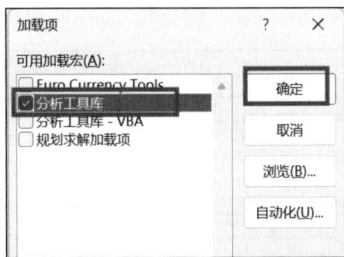

图 8-37 | 添加分析工具库

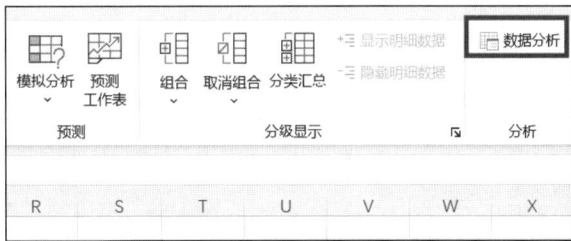

图 8-38 | 单击"数据分析"按钮

📖 【步骤五】启动并设置描述统计条件

弹出"数据分析"对话框，选择"分析工具"列表框中的"描述统计"，然后单击"确定"按钮，如图 8-39 所示。在弹出的"描述统计"对话框中设置好"输入区域"，选中"输出选项"下的"输出区域"单选按钮，并设置好"输出区域"，勾选"汇总统计"和"平均数置信度"复选框，单击"确定"按钮，如图 8-40 所示。

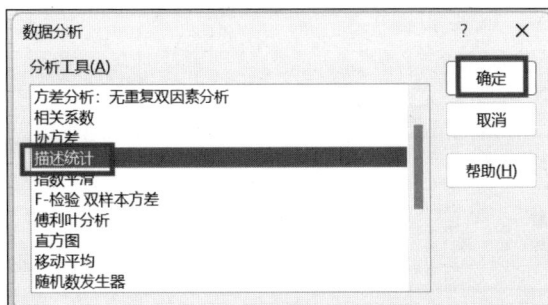

图 8-39 | 选择分析工具

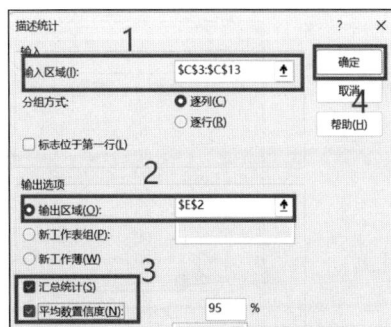

图 8-40 | 设置描述条件统计

【步骤六】显示描述统计结果并分组

返回工作表中，即可看到这 11 个月销售额的平均值、众数、标准差、最大值和最小值等，如图 8-41 所示。根据以上结果，在 H 列中对这 11 个观测值进行分组，其中组距为 5，总共分为了 8 个组，表中的数据为各个组的上限值，如图 8-42 所示。

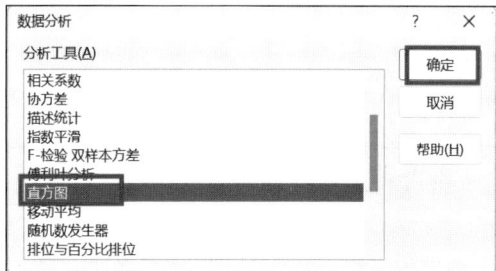

列1	
平均	58.72727
标准误差	2.625369
中位数	61
众数	63
标准差	8.707364
方差	75.81818
峰度	6.161503
偏度	-2.33279
区域	31
最小值	35
最大值	66
求和	646
观测数	11
置信度(95.	5.849686

图 8-41 | 显示分析结果

上限值（接收区域）
35
40
45
50
55
60
65
70

图 8-42 | 分组数据

【步骤七】设置直方图分析工具

使用相同的方法打开"数据分析"对话框，选择"直方图"，然后单击"确定"按钮，如图 8-43 所示。在弹出的"直方图"对话框中设置"输入区域""接收区域"和"输出区域"，然后勾选"图表输出"复选框，最后单击"确定"按钮，如图 8-44 所示。

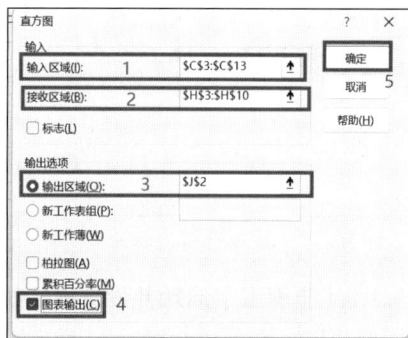

图 8-43 | 选择直方图分析工具

图 8-44 | 设置直方图条件

【步骤八】显示直方图效果

返回工作表中，即可看到各个区域的分布频率和直方图，如图 8-45 所示。

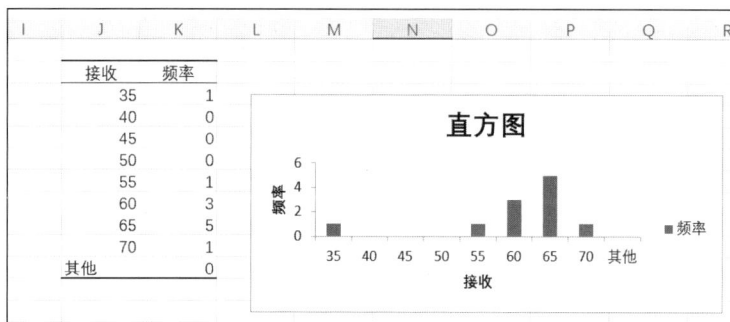

图 8-45 | 显示分布频率的直方图效果

根据以上的描述统计分析结果，可看到 2023 年的月销售量大多分布在 60～65 件，由此可以确定每年的年初进货量为 720～780 件，当然，这是在上一年的库存量较少且卖家流动资金足够的前提下。也就是说，如果上一年的库存量较多，卖家就要用以上区间进货量减去库存量，得到一个新的进货区间；而如果卖家的资金不足，则可每个月提前进货，或者是每 3 个月进一次货。这种进货方式需要注意进货时间间隔长短，避免发生缺货的情况。

岗位素养提升 ↓

Sora 来了，AI 是如何改变跨境电商的

跨境电商作为一个需要海量数据支撑与内容创作的数字化产业，是 AI 最重要的应用场景之一。进入 2024 年，跨境电商迎来了多方面的改变，业务模式上有备受瞩目的半托管，生产力方面则迎来了全新的 AI 创作工具 Sora。

回顾过去的几年，不同的 AI 工具接连诞生，对跨境电商的生产力进行着一次又一次的重构。Sora 会给跨境电商带来怎样的冲击？AI 又是如何渗透跨境电商的？对中大件卖家来说，AI 可以改变哪些环节的运作？

1. Sora 发布，跨境电商迎来全新生产力工具

2024 年 2 月 26 日，美国人工智能研究公司 OpenAI 发布的全新的人工智能文生视频大模型 Sora 正式开放申请，Sora 也成为 AI 新的里程碑，之所以这么说，是因为它又一次突破了人工智能生成内容（Artificial Intelligence Generated Content，AIGC）的界限，提高了 AI 驱动内容创作的上限。

在此之前，包括跨境电商在内的各行业主要使用 ChatGPT 进行文本生成，Midjourney 等 AI 绘画工具进行图片生成，再用虚拟数字人等进行视频创作，创作所需要的步骤较多。

Sora 则不一样，作为视频生成大模型，人们只需要输入文本和图片，Sora 就能基于这些内容拓展和生成最长 1 分钟的逼真短视频。更厉害的是，Sora 生成的短视频会深度模拟物理世界，内容可以包括多个角色及特定运动的复杂场景。

以往的文生视频模型一般只能生成几秒钟的短视频，而 Sora 的出现极大地降低了视频内容的制作门槛，尤其是对于现在已经进入社交媒体和内容时代的跨境电商产业来说。

2022 年 ChatGPT 发布后，AI 正以迅雷不及掩耳之势迅速席卷这个时代，同时也在跨境电商产业掀起一场又一场的生产力革命。

2. 跨境电商产业中布局 AI 的 3 类企业

随着 AI 进入快速发展阶段，跨境电商产业涌现出了一大批 AI 企业，如 2 月就有媒体称，原 PICO 副总裁任利锋的创业公司数美万物正式开启招募，专注跨境电商和 AI 制造方向。

目前来看，在跨境电商产业中布局 AI 的企业主要有 3 种：专业 AI 企业、引入 AI 应用的服务商、开发 AI 应用的电商平台。

专业 AI 企业如 Meta，往往聚焦于跨境电商的某个环节，并通过专业研发的 AI 技术和工具，为卖家业务提效。和其他类型的企业相比，Meta 更加专注于 AI 技术和目标业务场景，可以满足跨境电商当下需要精细化运营的发展需求。

除了专业 AI 企业，还有一些服务商在自身原有业务的基础上，引入了 AI 应用服务，提升自身商品的市场竞争力。例如，各类跨境电商 SaaS 工具提供商，或是在工具中新增 AI 文案、AI 关键词等服务模块，或是引入 ChatGPT，为自身其他服务进行升级，在原有的生产力基础上提速。

最后，跨境电商平台也同样紧跟时代步伐，开始推出平台专属的 AI 工具。2024 年 2 月 1 日，

亚马逊宣布将推出一款名为 Rufus 的生成式人工智能购物助手。Rufus 作为 AI 购物助手，可以基于买家的需求，为人们提供商品购买的相关建议，Rufus 未来很有可能会成为亚马逊上的一个买家常用工具，同时也会成为卖家重要的获取流量路径之一。

从 2023 年开始，亚马逊就陆续推出 AI 评论整合、AI 服装试穿、AI 链接编写等功能，TikTok、速卖通、OTTO、Wayfair 等平台也已针对 AI 进行布局。可以预见，未来各大平台还将推出更多的 AI 功能，以满足买卖双方越来越多样化的场景需求。

3. AI 融入中大件销售多个业务场景

身处 AI 迅猛发展的时代，卖家可以切身感受到，AI 已经渗入了商品贸易的每个环节，在人、货、场这三大跨境电商核心要素中，发挥着不可估量的价值和作用。

对中大件卖家来说，AI 同样可以在多个环节为卖家业务提效，如商品营销、售前导购、虚拟试用、安装指导、售后客服、买家反馈调研等，这里以商品营销和虚拟试用两个应用场景举例。

商品营销作为触达买家的最初环节，直接影响着商品的点击率和购买率，而 AI 的出现让中大件卖家的商品营销变得更加简单方便，尤其是那些由传统外贸工厂转型而来的卖家。

用 AI 进行商品详情页优化、撰写广告文案和邮件只是最初级的应用，作为贯穿商品营销全链路的存在，AI 在营销端的主要战场是广告投放和优化。通过对 AI 的深入应用，卖家可以在营销端实现广告自动创建、旺季广告预算、目标受众智能投放等。

虚拟试用则是当下中大件卖家中最受欢迎的另一个 AI 应用功能。通过该功能，可以生成 3D 视角的家具试用预览，让买家在线上进行虚拟试用，通过渲染为买家展示逼真的家装场景。

除了虚拟试用服务，现在的 AI 功能甚至可以让卖家根据自己的风格偏好，设计出属于自己的居住空间和家具风格。如 Wayfair 的生成式 AI 工具 Decorify，用户只要提供一张居住场景的照片，Decorify 就可以自动扩展出完整的家装设计空间，并向用户推荐相应的家具商品。

更为重要的是，卖家可以通过 AI 分析买家的试用数据，得出用户偏好画像，再反馈到商品设计和开发环节当中，为后续商品的开发和营销提供更精准的参考，推出更符合市场流行趋势和买家需求的商品。

除了跨境电商的运营和贸易环节，在交付环节中，AI 同样可以发挥重大作用。

以西邮物流为例，通过自研的 OMS、TMS、WMS 业务管理系统，以及大数据分析，西邮物流已经可以在美国做到智能分仓、多仓布货；通过对卖家的过往订单分布进行分析，模拟出销售热力分布图，从而为中大件卖家提供效率更高、成本更低的物流配送解决方案。

尽管 AI 已经从理论全面转向场景应用，但与业务模式和平台规则相比，跨境电商卖家对 AI 的反应仍然较为滞后，且 AI 目前在跨境电商产业中所展露的用途不过冰山一角。

随着 AI 的进一步发展，以及其在产业中不断地加速渗透，我们完全有理由相信，跨境电商产业生产力和创造力的全新发展阶段，将在不久后到来。

技能训练 ↓

一、单项选择题

1. 下列关于 PayPal 收款流程说法正确的是（　　　）。
   A. 收款流程是：确认订单—买家付款—卖家发货—买家收货—卖家收款
   B. 收款流程是：确认订单—买家付款—卖家收款—卖家发货—买家收货
   C. 收款流程是：确认订单—卖家发货—买家付款—卖家收款—买家收货
   D. 收款流程是：确认订单—买家付款—买家收货—卖家发货—卖家收款
2. QIWI Wallet 是（　　　）最大的第三方支付工具。

A. 美国 B. 俄罗斯 C. 意大利 D. 印度

二、多项选择题

1. 跨境电商卖家要给 PayPal 支付的费用有（　　）。
   A. 手续费 B. 银行系统占用费 C. 跨境费 D. 提现费
2. 下列哪些是跨境电商的收款方式？（　　）
   A. PayPal B. 国际支付宝 C. Skrill D. 电汇
3. 跨境电商业务常见的财税问题有（　　）。
   A. 业务风险问题 B. 业务效率问题 C. 业务效益问题 D. 业财融合问题
4. 跨境电商公司财务监控主要是要做好（　　）3 方面。
   A. 利润管理 B. 库存管理 C. 信息流管理 D. 现金流管理

三、判断题

1. 国际支付宝是一种支付工具，可以直接收款或支付。（　　）
2. 速卖通卖家使用国际支付宝，不管是美元还是人民币提现都要支付提现费。（　　）
3. 结算是指交易账户间完成资金划拨的过程，也就是钱从一个账户到另一个账户的过程。（　　）

四、能力训练题

小刘新入职一家跨境电商企业，该企业近几年来发展平稳，销售额连年攀升（见表 8-1）。公司领导需要在年终报告中总结近几年来企业的发展状况，要求小刘制作相应的图表，并使用图表趋势预测法完成未来 3 年的销售额预测。请协助小刘完成上述两项工作。

表 8-1　公司销售额统计

单位：万元

年份	2021	2022	2023	2024
销售额	896.6	975.42	1002.5	1521.4

参考文献

[1] 易传识网络科技. 跨境电商多平台运营实战基础［M］. 3 版. 北京：电子工业出版社，2020.

[2] 马述忠，卢传胜，丁红朝，张夏恒. 跨境电商理论与实务［M］. 杭州：浙江大学出版社，2018.

[3] 速卖通大学. 跨境电商数据化管理［M］. 北京：电子工业出版社，2016.

[4] 速卖通大学. 跨境电商客服［M］. 北京：电子工业出版社，2015.

[5] 刘建珍，刘亚男，陈文婕. 网店金牌客服（视频指导版）［M］. 2 版. 北京：人民邮电出版社，2018.

[6] 速卖通大学. 跨境电商运营与管理［M］. 北京：电子工业出版社，2017.

[7] 杨旭，汤海京，丁刚毅. 数据科学导论［M］. 北京：北京理工大学出版社，2014.

[8] 廖润东，肖旭，张枝军. 跨境电商 B2C 数据运营［M］. 北京：电子工业出版社，2021.

[9] 老魏. 亚马逊跨境电商运营宝典［M］. 北京：电子工业出版社，2018.

[10] 海猫跨境编委会. Amazon 大卖家［M］. 武汉：华中科技大学出版社，2018.